Family
Education

Children's
Development
and
Education

0-6岁儿童家庭教育指导丛书

江苏省高校哲学社会科学研究重大项目

# 4-5岁

# 儿童的发展与教育

李 旭 刘晶波 编著

南京师范大学出版社
NANJING NORMAL UNIVERSITY PRESS

**图书在版编目(CIP)数据**

4—5岁儿童的发展与教育 / 李旭,刘晶波编著. —南京 : 南京师范大学出版社, 2020. 9

(0—6岁儿童家庭教育指导丛书)

ISBN 978-7-5651-4652-7

Ⅰ. ①4… Ⅱ. ①李… ②刘… Ⅲ. ①学前儿童—家庭教育 Ⅳ. ①G781

中国版本图书馆CIP数据核字(2020)第108902号

---

书　　名　4—5岁儿童的发展与教育
丛 书 名　0—6岁儿童家庭教育指导丛书
编　　著　李　旭　刘晶波
策划编辑　彭艳梅
责任编辑　魏　丽
出版发行　南京师范大学出版社
地　　址　江苏省南京市玄武区后宰门西村9号(邮编:210016)
电　　话　(025)83598919(总编办)　83598412(营销部)　83598312(邮购部)
网　　址　http://press. njnu. edu. cn
电子信箱　nspzbb@ njnu. edu. cn
照　　排　南京凯建文化发展有限公司
印　　刷　南京玉河印刷厂
开　　本　787毫米×960毫米　1/16
印　　张　19. 5
字　　数　251千
版　　次　2020年9月第1版　2020年9月第1次印刷
书　　号　ISBN 978-7-5651-4652-7
定　　价　58. 00元

出 版 人　张志刚

---

# 丛书使用说明

## 一、 丛书简介

“0—6 岁儿童家庭教育指导丛书”分为 6 个分册，每个年龄段一册。各分册由“儿童家庭教育指导纲要”“儿童敏感期与教育指导”“儿童发展进程与教育指导”三大部分构成。三大部分从宏观教育理念到中观教育规划，再到微观教育行为，层层深入，逐步细化，最终落脚在孩子的具体发展上。家长在教育自己孩子的时候，首先必须明确：“我应该以怎样的观念来教育孩子？”“我应该让孩子在哪些方面获得发展？”“这些能力在什么时候、用什么方法来培养最适应、最高效？”而“0—6 岁儿童家庭教育指导丛书”的编排正是顺应这种逻辑系统展开的。

“儿童家庭教育指导纲要”以条文的方式，将科学且先进的家庭教育观念进行了分门别类、简明扼要的归纳和提炼，以便于家长建立系统完整的家庭教育观念体系。这些条文性的家庭教育常规语言通俗、义理明确，每个家长都能理解，但践行先进理念、改变落后观念、革除教育恶习对每个家长来说却并非易事。因此，本部分的重要意图在于帮助家长树立正确的家庭教育观念，同时本部分也是家庭教育警示录，忠告家长务必杜绝消极教育行为的发生，确保孩子始终能在积极、健康、温馨、和睦的家庭教育氛围中幸福快乐地成长。尽管本部分篇幅不大，但它是整套丛书的灵魂，对家庭教育目标、教育内容、教育行为和教育方法具有全局性的统领作用。

“儿童敏感期与教育指导”以列表的方式，将 0—6 岁儿童各关键能力的发展敏感期按其大体出现的先后顺序一一呈列出来，对各敏感期内儿童的典型行为表现进行了描述，以便于家长据此观察和判断，同时还为家长提供了相应的教育指导策略以备参考。本部分篇幅也不大，主要是让家长对 0—6 岁阶段需要关注儿童哪些关键能力的发展以及各种关键能力发展的最佳时期有一个整体把握，以便于家长在大脑中形成一个总体的教育蓝图。因此，第二部分内容可以说是第一部分的宏观教育理念和第三部分的微观教育行为之间的中观教育规划。

“儿童发展进程与教育指导”是本书的实践部分，是家庭教育理念和家庭教育规划的具体化，也是本书的核心。本部分从营养与保健、护理与自理、感知觉发展、粗大动作、精细动作、视觉空间、绘画与书写、音乐与律动、学习能力、语言发展、数理逻辑、认知与探索、情绪情感、社会认知与交往、自我意识与个性等 15 个领域，系统展现了 0—6 岁儿童的身心发展进程，并精心设计了与各发展阶段及各发展领域相适宜的教育活动。本部分内容体系庞大，为了便于家长清晰地把握各个领域、各种能力的发展进程、教育目标和教育要求，本丛书采用了信息编码技术，既便于家长在庞大的课程体系中查找所需信息，也使各领域及其关键能力自成体系。比如，在“发展进程与目标评价”中，“精细动作”领域中的“叠高（积木）”这一能力的发展进程和目标如下。

（10 个月）叠高：10 个月开始玩积木，能尝试把一块积木搭在另一块

上。(→11个月)

(11个月)叠高:用拇指、食指与中指,自积木的上端拿起,将2块积木叠高。(10个月·12个月)

(12个月)叠高:能叠高两三块积木。(11个月·13个月)

(13个月)叠高:能叠高两三块积木。(12个月·14个月)

(14个月)叠高:能叠高两三块积木。(13个月·15个月)

(15个月)叠高:能叠高3块积木。(14个月·16个月)

(16个月)叠高:能叠高4块积木。(15个月·17个月)

…………

(38—40个月)叠高:能叠高10块以上积木。(→36个月)

从上述范例可见,孩子从10个月开始就能尝试玩"叠高(积木)"的游戏了。但孩子的能力也仅是"尝试把一块积木搭在另一块上"。编码符号"(→11个月)"则指示孩子到11个月大时的"叠高"能力:能用拇指、食指与中指,自积木的上端拿起,将2块积木叠高。从11个月的能力表述来看,孩子叠高积木时动作的精细程度有所提高,12个月时已经"能叠高两三块积木"了。11个月时"叠高"能力表述条目后面的编码符号"(10个月·12个月)"则可以帮助家长往前查找孩子"10个月大时的叠高能力是怎样的",往后查找孩子"12个月大时的叠高能力是怎样的"。如果孩子在12个月时还达不到"叠高两三块积木"的水平,家长也不必强迫孩子去玩"叠高3块积木"的游戏,可以降低一点难度,先玩"叠高2块积木"的游戏,即执行11个月大时的能力标准。从12、13、14个月的"叠高"能力发展进展来看,似乎没有什么明显提高,这说明孩子的能力发展并非是匀速上升的,都有一个由笨拙到熟练再到提升的过程。没有12、13、14、15这几个月的反复练习,就不可能有16个月时的"能叠高4块积木"的飞跃。上述范例还表示,孩子"叠高(积木)"能力的训练期开始于"10个月",经过系统化训练,大约成熟于“38—40个月”。因此,信息编码在一定程度上也规范着家长的教育节奏,既不要超前,也不要错失良机,要使教育的节奏符合孩子发展的节奏。在适当的时候,用适当的方式进行适当的教育,这才是真正的教育智慧。

“实现途径与教育指导”中的若干教育活动设计,与“发展进程与目标评价”中的相关发展目标具有一定程度上的一一对应关系,以使每一项能力的发展都有相应的教育途径来实现,而且这些途径都是游戏化、生活化、情景化的,符合孩子的认知和情趣特点。比如,“(10个月)叠高:10个月开始玩积木,能尝试把一块积木搭在另一块上。(→11个月)”,其相应实现途径是“叠高积木(2层):给孩子提供大一点的积木,示范如何在一块积木上叠放另一块积木,然后引导孩子模仿”。需要说明的是,在促进孩子某一能力的发展方面,文中提供的案例是相当有限的,而且不一定适合于每一个家庭或每一个孩子,因此,“举一反三”是家长必须具备的“教育智慧”,不必生搬硬套现成的案例。

第三部分各章节开头的“本章导读”,可以让家长从整体上了解本月龄段的孩子在相关发展领域的教育重点。“综合益智玩具”部分向家长简要介绍了各年龄段孩子适用的益智玩具,这些玩具的最大特点就是“多种功能,多种玩法”,对孩子在“精细动作、视觉空间、数理逻辑、认知与探索、学习能力、互动交往、愉悦心情、个性涵养”等方面的发展具有综合价值。为了帮助家长根据孩子的年龄特点和发展水平适当地使用这些玩具,该部分以“近期教育功能”“后期教育功能”“玩具的运用”等方式,指导家长如何正确利用这些玩具所蕴含的教育功能。

最后需要说明的是,“0—6岁儿童家庭教育指导丛书”可谓是一部教科书式的亲子教育课程,而成为课程者,必须具备“全面的科学性”和“合理的规划性”。“0—6岁儿童家庭教育指导丛书”是在广泛参阅相关研究成果和成功实践的基础上编撰而成的，具有较高程度的科学性、规范性和可操作性。然而，人们对儿童发展规律的认识目前尚不够全面、不够系统。为了确保“0—6岁儿童家庭教育指导丛书”的全面性和系统性，本丛书在某些方面对部分研究空白进行了必要的承上启下式的合理规划。这必然在一定程度上削弱了本丛书的“科学性”，但也给本丛书的进一步“科学化”留下了深入探索的空间。本丛书将密切关注教育科学的新近研究成果，并将之不断充实到丛书中来，使本丛书随着教育科学研究的进展而逐步完善，使家庭早期教育更加儿童化、科学化、规范化、系统化、情趣化和游戏化。这是一个永无止境的探索过程！

## 二、本册简介

遵循48—60个月儿童的身心发展规律，尤其是该阶段儿童关键能力发展敏感期的先后顺序，4—5岁儿童的教育要点主要包括：

注意力培养敏感期（2.5—6岁）——能较长时间稳定地集中注意力做一件事情；让孩子做事前，要明确活动的目的和任务。

审美敏感期（2.5—6岁）——能初步感受到音乐作品中的某些突出的感情色彩；能专注地观看同伴表演布偶戏或舞蹈；能对别人的绘画作品发表意见、询问所用的方法、对于别人所表达的感受感到有兴趣或注意到一些细节。

社会规范敏感期（2.5—6岁）——学会使用讨论、协商、合作、建议等交往技能；在参加各种社会性活动（如聚会、参观、演出等）中，帮助孩子理解、接纳、确立适宜的社会规范与日常礼节。

语音发展敏感期（3—5岁）——可通过各种交流活动、谈话、讲故事、唱歌谣等来增加孩子与他人的言语交流机会；通过亲子阅读、看图讲述、语言游戏等来扩大和丰富词汇。

性别意识发展敏感期（3—5岁）——家长可以用科学的语言和立场回答有关性别之类的问题；父母要有意识地以各自良好的性别形象潜移默化地影响孩子。

人际关系敏感期（3—5岁）——鼓励孩子参加各种团体活动；能与不同的孩子一起玩；能有自己的亲密同伴，发展特别的友谊；知道关心同伴、老师及长辈；能够意识到领导者的意义。

主动性发展敏感期（3—6岁）——有较强的独立愿望和独立做事的能力，自己能做的事情不请求别人帮忙；积极地响应别人要他尝试新事物的建议；能根据任务要求自己形成一个计划，然后设法完成自己的计划。

责任心发展敏感期（3—6岁）——能接受成人的指令，完成一些力所能及的任务；具有一定的自我管理和自我服务能力；逐渐养成做事有始有终、负责到底的良好习惯。

情商培养敏感期（3—6岁）——家庭要为孩子营造宽松愉快的生活气氛和充满关爱的精神环境；培养孩子积极健康的情绪情感，如自信感、信赖感、合群感；培养移情的能力和情感调控能力；要有意识地对孩子进行爱的教育。

小肌肉发展敏感期（3—6岁）——为孩子提供一些训练小肌肉的玩具（如插塑、珠子、各种纸张、螺丝、夹子、筷子等），让孩子通过插、穿、撕、剪、折、拧、夹等各种动作来操作玩具；提供各种操作工具（如钳子、槌子、钉子等），锻炼其使用工具的能力和动手能力，让小手变巧手。

观察能力培养敏感期（3—6岁）——能对某一对象进行长期持续的观察；能观察到动植物的细节特征、生活习性；会运用一定的观察方法（如比较相似性和差异性）；会使用适当的方式记录和总结观察结果。

音乐敏感期（3—6岁）——通过倾听优美的音乐，培养孩子对音乐的感知力和领悟力；通过游戏的方式进行节奏训练，可以让孩子从单纯的节奏练习向旋律、音准方面过渡；学习实际的音乐技能，比如选学感兴趣的乐器。

绘画敏感期（3—6 岁）——逐渐培养实际的绘画能力，如能尝试使用不同颜色给较为复杂的结构图填色；能画出有立体感的积木、瓶子、碗、杯子、房子、树木等；以不同的方式在画板上画水彩等。

学习外语的敏感期（3—12 岁）——通过做游戏等轻松的方式让孩子在不知不觉中学外语；在听故事、讲故事中学习外语；为孩子学外语创造语言环境，如家长可以在日常生活情境中使用外语和孩子交流；在孩子 3 岁时听、说能力得以发展的基础上，到 4—5 岁时可以开始外文阅读。

书写敏感期（3.5—4.5 岁）——通过日常生活和阅读活动中常见的简单标记、文字符号来引发孩子的书写兴趣，并提供不同的书写材料（粉笔、蜡笔、水彩笔、沙、土、水、纸等），让孩子自由地进行涂涂、画画、写写。

数概念敏感期（4—5 岁）——利用生动的形象，教孩子认识数字符号；寻找生活中见到的数字；使用实物排序，帮助孩子建立数学关系；玩“接数游戏”，包括顺接数和倒接数；玩“扑克牌接龙”游戏等。

学习书面语言敏感期（4—5 岁）——在亲子阅读中培养孩子对文字认知的兴趣；家长讲过故事之后，可以要求孩子根据图片把故事复述一遍；可教孩子一些简单的绕口令、内容浅易的儿歌和朗朗上口的童谣，边教边表演；避免孤立识字，要让孩子在整体的语言环境中识字，也可以让孩子通过“实物配合文字”的形式来认字。

直觉思维发展敏感期（4—6.5 岁）——家长应有意识、有计划地组织各种活动，丰富孩子的感性知识及表象；通过各种有效途径培养直觉思维，如简单的分类游戏、图形辨认、模式辨认、简单排序、建构与造型拼图、迷宫、各种角色扮演游戏、绘画活动和其他各种操作活动。

阅读敏感期(4.5—5.5岁)——懂得读书的顺序;能对故事中的一些行为提出问题、发表看法、做出评价;能将故事的内容与自己的经验相联系;能预测故事接下来会发生什么;会用自己的观点评论故事中的角色,讲清故事的经验教训等。

# 序 一

教育作为人类的一种社会实践活动,实质上担负着三个方面的正向功能:一是帮助个体适应他当下的社会生活并生存下去,二是帮助每一个族群传承他们积淀下来的文明与创新,三是帮助个体与族群建立积极的连接,让个体在其自身潜能得以发挥的同时推进人类文化的发展。在先民那里,这三项功能大部分是由家庭——这个个体最早归属、人类社会最基础的组织单位来实现的,是在孩子与大人之间从早到晚的家庭生活里、从春到冬的日子里得以实现的。随着人类社会生产力水平的不断提高、社会分工的日益细化,以及人们关于"术业有专攻"认知的增强、对效率至上的无尽追求,独立于家庭的、专门化的教育机构被创立出来,并逐步对应、覆盖到了人类个体成长过程中的各个年龄阶段。

幼儿园的设立,在人类社会所有的专门教育机构中来得最为晚近。相比于其他教育机构而言,除了及早开端、规范教育之外,幼儿园还兼具为家庭提供社会福利和保障的功能——替代家长照护幼儿的日常生活、饮食起居。"孩子可以在安全、美观的环境中,由训练有素的专业人员照顾,跟着他们按计划学习本领;自己不仅放心,而且可以有整块的、可以自由支配的时间!”这对于任何一位自从孩子出生就每天不离其左右的父母来说都是一个巨大的解放。所以,不论你去访问哪位家长,在问及“你第一次把孩子送入幼儿园的感觉”时,都会从他们的言谈举止中感到他们由衷的放松。然而,有趣的是,在幼儿园教育推进的过程中,教师从不认为家长们可以如“甩手掌柜”般放松,家长自身也时不时会因为孩子的教育问题而体验多种焦虑。究其原因,在幼儿园一方,比较经典的理由应该是对“5+2=0”现象[①]的觉察:如果没有家长的配合,幼儿园教师付出再多的努力,教育效果也难以达到既定的目标并保持下去;在家长方面,动因则在于一个普遍的困惑:我真的很想好好教育这个孩子,可是真的不知道怎样才能教育好他。两者相加,我们看到的是以下两个不争的事实:其一,优质的、有效的幼儿教育是以幼儿园与家庭、幼儿教师与家长之间形成积极的教育合力为必要条件的;其二,家长,尽管他们都有过当孩子的经历,但是他们和孩子的沟通效果却往往并不理想,更谈不上可以顺理成章地履行好家庭教育的职责。由此,也便敦促一些教育研究者在立足于幼儿教育理论与实践领域研究的同时,还必须开辟一条辅路——探寻、建构并最终能够引导家长们去践行理想的家庭教育。李旭和我,以及我们研究团队的其他成员是此类研究者中的一部分,“0—6岁儿童家庭教育指导丛书”则是我们相关研究成果中的一部分。

李旭对于家庭教育问题研究的执着早在他就读南京师范大学硕士期间就有充分的显现。彼时,他初为人父,铆足了劲想用自己所学给他的宝贝女儿以最好的教育、最好的人生。这份执着在他进入南京市实验幼儿园工作以后,在他面对众多的家长、目睹了众多的家庭教育困境之时得到了升华。我清楚地记得那个隆冬的正午,他来我办公室参加午餐会,动情地

① 幼儿园教育实践中的一个通俗现象,指孩子一周5天在幼儿园里养成的良好行为习惯等,因为周末两天在家里家长没有或者降低要求而消失殆尽。

讲起他想为在家庭教育实践的沼泽中挣扎的家长们提供尽可能切实的支持与帮助的神情,以及他语气中的那份坚定。

我的基础研究方向是幼儿社会性发展与教育,常规的工作是对幼儿显性的行为及其背后隐性的心理需要进行分析,对如何帮助孩子养成适宜的社会行为、管理自己的情绪提供策略与方法。在进行这项工作的过程中,尤其是在对幼儿的行为与情感偏差进行纠偏与修复的时候,我从对亲子互动行为的分析进入了家庭教育研究领域。从 1995 年起,我以志愿者的身份为深陷养育困境的家长提供咨询与辅导服务,数不清的第一手案例带给我太多的发现,我也归纳出了之前所不曾想到的多个判断。比如:生理父母并不必然和其社会角色匹配一致;父母们对家庭教育的理解与担当是需要借助其"父母龄"这一指标来核定的;家庭教育决不能只被看作家庭中成年人对未成年人的教养,而必须扩展到对父母自身社会性发展的支持与引导;家庭教育实践需要有足够强大的外力机构推动;所有外力支持机构中,幼儿园是最佳选择;我们应该以幼儿园为基地,分步骤、多维度、递进式地提升家庭教育的质量等。

2016 年,我们团队接手了一所处于毛坯状态的幼儿园。在对之进行目标定位、环境设计、课程设计、教师培训时,我们便将先前累积的家庭教育的相关研究成果分步骤带入到教育实践过程中,一方面是想检验、丰富这些研究成果,另一方面则确实是想实现"用教育研究去革新教育实践"的人生理想。在这一教育实践过程中,我们因为家长的进步、家长与孩子的共同成长而不断地收获一个又一个欣喜,与此同时也强烈地意识到:我们的研究成果虽然丰富、细致,但是整体的逻辑与脉络不够严密,这种情况对于在一所我们倾力打造、寸步不离的幼儿园中引导家庭教育、促进家长的社会性发展是可行的,但是如果要对之进行扩展或者复制,以便使更多的家庭、家长、孩子获益则是受限的。我们需要把这项研究放在更广的视角重新梳理、加深、扩宽、整合。为此,2018 年我们的课题“新时代家庭教育理论与实践创新”申报了江苏高校哲学社会科学研究基金重大项目并最终获批准,这个课题从两个大的分支:支持家长对幼儿心理与行为发展的认知与教育、支持家长自身作为成年人的社会性行为与心理发展,来深度推动我们的研究。目前,课题研究工作按计划进展顺利。

为避免结题时成果堆积,我们决定先将第一分支的研究成果进行整理出版。“0—6 岁儿童家庭教育指导丛书”本着科学而务实的家庭教育指导理念,立足于 0—6 岁儿童全面、和谐、优质与可持续发展,遵循 0—6 岁儿童的发展规律、年龄特点和教育规律,对 0—6 岁儿童家庭教育方案进行了一体化设计。该丛书共分 6 册,每个年龄段一册。各分册由三大部分构成,第一部分为“儿童家庭教育指导纲要”,第二部分为“儿童敏感期与教育指导”,第三部分为“儿童发展进程与教育指导”。该丛书基于家庭早期教育理论和实践前沿与家庭早期教育困境,遵循严谨的学术研究规范,在自有研究的基础上,适度融合了中外 0—6 岁儿童发展与教育的相关理论和实践智慧,是一套较为系统而实用的家庭教育指导用书,可为不同家庭和不同家长在孩子早期教育方面提供有益的参考。

或许因为太过热爱自己的专业,或许也因为年少时所植根下的人生理想,我们无比期待可以“把研究成果写在大地上”,无比期待能因为我们的努力帮助到每一位为了教育好孩子而不遗余力的、值得被尊敬和爱戴的父母。

刘晶波

2020 年 7 月 1 日

# 序 二

**怎么理解“教育”？**

古往今来，一些教育家、思想家和哲人把教育界定得偏学术化，以至于在“什么是教育”这个问题面前，许多人乃至一些教育学者都会感觉到困惑。而当我们不知道“什么是教育”的时候，我们却在“教育”我们的孩子！这就像不懂医术的人去给病人看病一样！

什么是教育？简而言之，教育就是“促进人的快乐成长”。

具体而言：

“成长”是目的。要成长，就必须做出合理的“人文”选择——在人的自身发展和社会发展之间取得平衡。

“促进”是手段。要促进，就必须遵循一定的“科学”规律——人的发展规律以及教育的内在规律。

“快乐”是体验。要快乐，就必须使教育成为一门“艺术”——把愉快的事情做愉快，把不愉快的事情也做愉快。

因此，教育学也是人文、科学与艺术相互融合的智慧之学。

依据“教育就是促进人的快乐成长”这一前提，再来判断一些“所谓的教育能否称其为教育”的标准就不言自明了。对教育者(家长、教师等)来说,这个标准就是:我促进孩子成长了吗?孩子快乐吗?对受教育者来说,这个标准仍然是:我成长了吗?我体验到快乐了吗?有快乐没成长,不应称其为教育;有成长没快乐,也不应称其为教育。促进人的快乐成长,这是教育称其为教育的最低标准,是教育的底线。不论是家庭教育还是学校教育,都必须遵循这个最基本的标准。

因此,促进孩子的快乐成长,既是本丛书秉持的最基本的教育理念,也是本丛书最基本的价值追求。

**早期教育有多重要?**

人具有发展各种能力的可能性,但发展并不等速,且有着不同的关键时期。而人一生中几乎所有关键能力的发展关键期都在0—6岁,以后所有的发展都是基于其上的。因此,0—6岁的教育对人一生的发展具有决定性的影响。一个成年人的言行举止和个性品质与他幼年的生活经历和教育影响密切相关。“三岁见大,七岁见老”虽是古训,但其中也不乏对儿童发展规律性的认识。

强调早期教育的重要性,并不意味着认同“不要让孩子输在起跑线上”的论断,也不赞成所谓的“顺其自然”的观点。早期教育应该且必须在遵循儿童发展规律的基础上有所作为。这也是本丛书所秉持的基本立场。

**早期教育有规律可循吗?**

不难理解,人的高级能力的获得都是建立在前期能力的基础之上的,这个前期能力最早可以追溯到人出生时与生俱来的原始本能。在原始本能与高级能力之间有无数个成长阶梯,你不可能让新生儿独自站立起来,他必须经历“七坐八爬九扶站”这一不可逾越的成长过程。因此,教育必须清清楚楚地知道各种高级能力的发展需要经过哪些前期阶梯，并严格沿着这些阶梯一步一步地使各层级能力获得坚实的发展，否则对任一成长阶梯的忽视或拔高，都会给下一阶梯的发展造成不良后果。

本丛书的独到之处就在于对儿童各种能力的发展阶梯做了具体明确的特征描述，并将教育指导与发展进程一一匹配起来。教育不超前，不滞后，只按婴幼儿发展规律进行教育。不追求超常发展，只追求正常、全面、和谐的发展，为婴幼儿未来多种可能的发展培养基本素质。我们认为，把当下的发展任务做扎实，就是对未来高品质发展的最好投资。

**早期教育的核心任务是什么？**

早期教育不是提前让孩子掌握多少知识，会背多少诗，会写多少字，会算多难的算术题。单纯追求知识学习是一种极其狭隘的早期教育观念。本丛书的核心任务是促进孩子综合素质的全面发展——身体健康、心智发达、情感积极、个性和谐、自理自律。现实一点地说，即使把孩子当成“学习工具”，也必须“工欲善其事，必先利其器”。我们要考虑的不是“小时候有没有学多少东西”，而是其“心智发展是否完善”“是否愿意去做他该做的事”。如果我们希望孩子入学后能够成为一个学习高手，我们首先就要让孩子在入学前具备良好的学习能力和学习态度，具备良好的学习准备状态。“磨刀不误砍柴工”正是这个道理！

**早期教育最适合的教育方法是什么？**

以成人为中心的教育，孩子不得不按照成人的意愿去学习成人化的知识和成人化的经验，教育方法也多是强行灌输、死记硬背、机械重复。而本丛书力图以孩子为中心，从孩子的兴趣和需要出发，选择孩子易于理解的内容，采用符合孩子认知和情趣特点的方式，让孩子在游戏化、生活化、情境化的活动过程中建构自己的认知和经验，丰富自己的情感体验，塑造自己的个性品质，锻炼自主解决问题的能力。

本丛书教育方法的基本指导思想就是：孩子能想的就让孩子自己想，孩子能说的就让孩子自己说，孩子能做的就让孩子自己做，孩子能承担的责任就让孩子自己承担。

**快乐成长，可能吗？**

没有一个家长不希望自己的孩子快乐成长，但很少有家长能让孩子真正体会到成长的快乐。究其根源，在成人主导的社会里，孩子多是被迫的。当一个人被迫去做即使是他该做的事情的时候，他是不会感到快乐的。如何让孩子乐意去做他该做的事情呢？这全依赖于家长的教育智慧了。你急于获得这些教育智慧吗？请你走入“0—6 岁儿童家庭教育指导丛书”吧！

李　旭

2020 年 3 月 5 日

# 目 录

## 第二篇　4—5岁儿童敏感期与教育指导



## 第三篇　4—5岁儿童发展进程与教育指导

## 附录部分

# 第一篇 3—6岁儿童家庭教育指导纲要

**篇首语** “3—6岁儿童家庭教育指导纲要”在“缔造家庭教育新生代”的鲜明旗帜下容纳名家之说，汇聚经典智慧，凝炼精辟之言，旨在呼吁为人父母者务必“明悟家教之理、力行家教之道”，把孩子从旧教育中解脱出来，让他们在民主、自由、自律、自强的教育环境下茁壮成长。

## 第一章　儿童观与教育观

第一条　儿童首先是人。儿童享有人应有的尊严、权利及其他基本人权。成人要尊重儿童的人格、权利和合理的需求。

第二条　儿童是完整的个体。教育要动员儿童的体力、智力、情感、意志等要素的整体参与,促进儿童身体、认知、品德、情感、个性等方面的整体协调发展。

第三条　儿童是独立的个体。儿童有他特有的看法、想法和感情。成人不要用自己的看法、想法和感情去代替儿童的看法、想法和感情。

第四条　每个儿童都是不同的。不同的遗传因素、教育环境和主观努力决定了个体间发展水平的差异。教育必须尊重儿童之间的差异,发展儿童的个性。

第五条　儿童具有天真、纯朴、自然、自由的天性。教育的使命就是要处理好个性自由和外部控制的关系,使儿童的本性、天赋和能力得到自由发展,并获得快乐和幸福。

第六条　儿童是不成熟的。儿童会经常犯错误,有些错误还会反复出现。失误和犯错是儿童成长过程中不可避免的。

第七条　儿童具有与生俱来的社交本能、建造本能、探究本能和表现本能。成人必须为儿童内在潜能的发展提供有准备的环境,促进其潜在力量的自然生长。

第八条　儿童是好奇的。儿童刚降生时是无知无识的,对陌生的世界充满求知欲望,一切事物都会引起儿童强烈的好奇心。

第九条　儿童是好游戏的。游戏是儿童的基本生活方式,且终日乐此不疲。要让儿童尽情地去享受他的游戏、他的嬉笑和愉快的本能。

第十条　儿童是好模仿的。儿童对成人的一言一行和同伴的一举一动都会主动模仿。模仿是人的本能，是儿童学习、成长的重要方式。

第十一条　儿童是喜欢合群的。儿童群体本身就是一种社会形态，儿童的好群性是培养其服务精神、合作精神的根本。

第十二条　儿童是喜欢野外生活的。野外生活是一种情趣，充满冒险趣味。走出家门，回归自然，才符合儿童好玩的天性。

第十三条　儿童具有丰富的想象力和创造力。成人要解放儿童的头脑，让他充分思考；解放儿童的双手，让他动手操作；解放儿童的眼睛，让他亲自观察；解放儿童的嘴巴，让他充分表达。

第十四条　儿童的发展呈现阶段性及各阶段发展的不均衡性。教育必须遵循儿童身心发展的内在规律。不能让儿童过早地承受生活和学习压力，不能揠苗助长。

第十五条　儿童发展存在着敏感期。各种敏感期的出现具有一定的顺序性和延续性，儿童就是通过经历一个又一个敏感期不断得到发展的。

第十六条　儿童是主动的学习者，而不是被动的接收器。教育要充分调动儿童学习的积极性、主动性和创造性，不能用灌输的、机械的、强制的方式迫使儿童学习。

第十七条　儿童不是旧时代的继承者，而是新时代的创造者，是建设文明和国家的重要力量。成人应当对儿童充满敬畏与期待。

## 第二章　家庭教育的基本观念

第十八条　视孩子为独特个体和发展对象，摒弃掌上明珠的儿童观和传宗接代的工具观。

第十九条　成长环境极为重要。近朱者赤，近墨者黑；蓬生麻中，不扶而直。

第二十条　任何时候都要对孩子满怀希望，任何时候都要让孩子看到希望。

第二十一条　对孩子确立合理期望值。过高期望或过分挑剔会引起压抑与叛逆。

第二十二条　永远相信孩子的能力，尊重并培养孩子的个性，不与他人攀比。

第二十三条　习惯决定命运。习惯养得好，终身受其益；习惯养不好，终身受其累。

第二十四条　让孩子从小养成读书习惯，且让孩子多读能够打动心灵的好书。

第二十五条　培养孩子踏踏实实从小事做起的习惯，积小成方能成大事。

第二十六条　培养孩子的诚实品格，谨防蓄意作伪或欺骗，一旦发现绝不姑息。

第二十七条　孩子常常是利己的。要教导孩子，不经允许绝不拿别人的东西。

第二十八条　尽量满足孩子的合理需求，对不当要求不做无原则的妥协或让步。

第二十九条　对孩子的规约要是非分明、始终如一，不可出尔反尔、反复无常。

第三十条　行为规范的实施应考虑孩子的心理感受，乐于接纳才有助于内化。

第三十一条　积极、客观地评价孩子，既赞扬优点也指出（但不是批评）不足。

第三十二条　多赏识少挑剔。要用淘金般的工夫在最细微处发现孩子的闪光点。

第三十三条　多表扬少批评。表扬使人自信、坚定，批评使人孤僻、悲观。

第三十四条　多训练少训斥。好习惯是靠训练养成的，训斥只会增加挫败感。

第三十五条　多放手少干预。过多干涉会阻碍孩子独立性、自主性与创造性的发展。

第三十六条　多引导少数落。引导容易使孩子明事理，数落容易让孩子生厌恶。

第三十七条　多沟通少强制。犹如大禹治水，“疏通”比“封堵”的效果好。

第三十八条　要让孩子真正成为自己的主人，就要从小培养他的独立自主能力。

第三十九条　鼓励孩子不依赖成人，多给孩子提供独立思考的空间和自主决定的机会。

第四十条　在力所能及的事情中帮助孩子树立自主、独立和责任意识。

第四十一条　鼓励孩子发现问题、分析问题、解决问题，培养问题意识和行动能力。

第四十二条　善于发现、肯定和鼓励孩子的每一点新意和创意，培养创新思维。

第四十三条　让孩子积极乐观地认识自己的才干，培养独立生存的能力和智慧。

第四十四条　不要仅停留于物质奖赏,还要让孩子体会到努力与创造的真正喜悦。

第四十五条　经历就是财富！要让孩子亲身去体验,不论是成功还是失败。

第四十六条　引导孩子积极参与各种有益的社交活动,培养孩子的社交能力。

第四十七条　塑造孩子良好的行为习惯,使之逐步自觉遵守规则,形成规则意识。

第四十八条　让孩子逐步学会自我约束、自我评价,对自己的行为负责。

## 第三章　合格父母的基本要求

第四十九条　教育好孩子是父母的天职,绝不能以任何借口不履行教子的义务。

第五十条　不以事业为借口掩盖家教的失职。真正的成功是事业与家庭双赢。

第五十一条　教育子女在于使其独立。施恩图报有悖亲情本意,更易招致对立。

第五十二条　尽可能多抽时间与孩子共度亲子时光,一起游戏、读书、交流或休闲。

第五十三条　不在孩子面前争吵。纷争迭起的家庭必定给孩子的成长留下阴影。

第五十四条　不把工作烦恼带回家，不让不良情绪影响孩子，更不要迁怒于孩子。

第五十五条　在孩子面前要言行自律。对孩子许诺的事情一定要做到。

第五十六条　无条件尊重孩子的人格，不分时间、场合，不论优点、缺点。

第五十七条　不要认为"孩子是自己的"就可以随心所欲，想怎么说就怎么说。

第五十八条　不要为了自己的尊严伤害孩子的自尊，可用适当方式承认自己的过错。

第五十九条　对孩子的关爱要理智有度，不能忽冷忽热、喜怒无常。

第六十条　用全面和发展的眼光看待孩子，不一叶障目，只盯缺点，忽视优点。

第六十一条　合理把握民主与规则的尺度，要宽松有度，言出必行，赏罚分明。

第六十二条　不恐吓、辱骂、体罚孩子，不讥讽孩子的过错，不翻孩子的陈年旧账。

第六十三条　不欺骗孩子。欺骗一旦败露就会失去信任，孩子也会从中习得欺骗伎俩。

第六十四条　批评孩子时不以强权压倒孩子，给孩子解释和辩解的机会。

第六十五条　谅解孩子的无知与过失。处困境时多鼓励，受伤害时多安慰。

第六十六条　冷静机智地处理棘手问题，对孩子的惩罚务必三思而后行。

第六十七条　不可因一时之怒，痛骂或毒打孩子，以致酿成追悔莫及之事。

第六十八条　不要视孩子的反抗为大逆不道，它能促使家长反思教育观念和行为。

第六十九条　不断革新教育观念，改进教育方法，割除不良的教育行为和习惯。

第七十条　最大可能地读懂孩子的情绪、行为、想法和感受，习惯换位思考。

第七十一条　尊重孩子的自主权，不强迫孩子，给孩子自己选择和判断的机会。

第七十二条　凡是孩子自己能做的事尽量让孩子自己做，家长不插手、不包办。

第七十三条　对孩子的帮助要恰到好处，既不包办代替也不袖手旁观，该帮则帮。

第七十四条　孩子做事有畏难情绪时切记不要指责，要采取具体措施帮助他们。

第七十五条　对孩子的提问不敷衍塞责，必要时可与孩子一起去探讨、去解决。

第七十六条　给孩子讲道理要浅显易懂，切合孩子的理解水平，注意说话技巧。

第七十七条　机智地拒绝孩子的不合理要求，让孩子学会自我克制和耐心等待。

第七十八条　给孩子找点需要长期坚持的事情做，以磨炼孩子的意志和韧性。

第七十九条　合理规划、精心安排家庭日常生活，尽量让孩子过有规律的生活。

第八十条　要让孩子领悟到世上最宝贵的是时间，培养珍惜时间的优良家风。

第八十一条　父母要养成写家庭教育日记的习惯，以促进经验总结与自我反思。

## 第四章　家庭教育原则

第八十二条　民主原则：家长不能有“我的孩子我做主”的思想，要给予并尊重孩子的话语权。但民主化的家庭教育必须以合理、严明的规范为保障。

第八十三条　平等原则：孩子与父母在人格与尊严面前应彼此平等。“独裁”对孩子人格的影响将是灾难性的。

第八十四条　尊重原则：父母不得以严格为借口对孩子言辞苛刻，乃至伤其自尊。强权和训斥下言听计从的孩子很可能成为唯唯诺诺的人。

第八十五条　感情交流原则：教育之道在以心换心，精诚所至，金石为开。忽视或缺乏情感交流，孩子的心离家长会越来越远。

第八十六条　自由原则：尊重并培育孩子的合理自主意识和自我管理能力。管教不当往往吃力不讨好，甚至酿成悲剧。

第八十七条　榜样原则：孩子是家长的影子，家长在孩子面前一定要做好榜样，别在孩子稚嫩的心灵里种下不良的种子。

第八十八条　统一原则：家长的教育观念和教育行为要尽量协调一致。观念分歧、口径不一可能使孩子无所适从或投机钻营。

第八十九条　信任原则：家长的信任会增添孩子的信心、勇气与力量。

家长的不信任与苛刻容易导致孩子的挫败、气馁与谎言。

第九十条　宽容原则：人非圣贤，孰能无过？更何况是成长中的孩子！在错误中学习也是一种成长方式，家长应宽容对待。

第九十一条　鼓励原则：没人喜欢被批评、受指责，更何况是需要鼓励的孩子。所以“数子十过，不如赞子一长”！

第九十二条　严慈相济原则：对孩子来说，家长应该扮演“亦亲亦师亦友”等多重角色。家长要严中有爱、爱中有严。严在当严处，爱在细微中。

第九十三条　宽严有度原则：孩子思维无疆界、行为无法度。过严过宽均有失其平衡。既给予充分机会以发展自主，也给予必要限制以养其规范。

第九十四条　因材施教原则：每个孩子天资不同，生性有别，兴趣各异，发展有快慢。教育的方式、方法要因人而异，不可教条化。

第九十五条　长善救失原则：善于发现并发挥孩子的长处，改正缺点、弥补偏差。但扬长比补短更重要，不要只顾补救短处而忽略长处。

第九十六条　训导结合原则：对孩子的教育既要晓之以理，又要动之以情，更要在合理准则下建立行为规范，养成良好的行为习惯。

第九十七条　积极暗示原则：孩子爱听好话，不爱听命令，尤其反感恶言恶语。积极暗示比消极命令更容易使孩子主动改过和争取进步。

第九十八条　防微杜渐原则：不良的性情和行为习惯一旦形成就很难改变。家庭教育要未雨绸缪，防患于未然。

第九十九条　循序渐进原则：任何能力与习惯的培养既不能操之过急，也不能掉以轻心。要依循身心发展的阶梯顺势引导，亦步亦趋，避免过与不及。

# 第五章 家庭教育法则

第一百条　归属法则:保证孩子在积极健康、温暖和睦的家庭环境中成长。

第一百零一条　希望法则:永远让孩子看到希望,千万不能使其陷入自暴自弃的境地。

第一百零二条　力量法则:孩子的心灵稚嫩而脆弱,家长永远不要与孩子斗强。

第一百零三条　心境法则:孩子的情绪强于理智,要为孩子营造良好的做事心境。

第一百零四条　管理法则:孩子未成年之前,引导和管束是父母不可推卸的责任。

第一百零五条　声言法则:要倾听孩子的心声,做孩子最忠实可靠的倾诉对象。

第一百零六条　迂回法则:灵活变通地应对孩子的执拗。此路不通,可另辟蹊径。

第一百零七条　自然法则:遵循和顺应孩子的成长规律和年龄特点,不揠苗助长。

第一百零八条　游戏法则:游戏是孩子的天性。游戏教育法能减少许多痛苦和麻烦。

第一百零九条　距离法则:尊重并培养孩子的独立意识,并与之保持适度的距离。

第一百一十条　奖惩法则:激励为上策,惩罚永远是下策,且易招致逆反和报复。

第一百一十一条　界限法则:让孩子从小就体认到道德和规则的界限,不明知故犯。

第一百一十二条　后果法则:让孩子了解乃至体验其行为可能产生的不良后果。

第一百一十三条　目标法则:学习和习惯的养成都需要有具体可行的目标和计划。

## 第六章　家庭教育戒律

第一百一十四条　不要过多地帮助孩子。鼓励孩子"自己的事情自己做",以免孩子好逸恶劳。

第一百一十五条　不空洞虚伪地奉承孩子,以免孩子养成贪图虚荣的不良习气。

第一百一十六条　不要无限制地满足孩子的欲望,以免孩子养成贪得无厌的习性。

第一百一十七条　不要对孩子过于严厉,以免养成唯唯诺诺或阳奉阴违的习性。

第一百一十八条　不要在无意过失上小题大做,以免孩子处处谨小慎微、缩手缩脚。

第一百一十九条　不要当他人之面批评、数落孩子,以免造成孩子的心理畸形。

第一百二十条　千万别骂孩子蠢笨,以免杀伤乃至毁灭孩子的自信和自尊。

# 第七章 家庭教育智慧

一、劝诫的智慧

第一百二十一条　人对斥责生来就有排斥的本性。与其善意责备，不如正面引导。

第一百二十二条　对孩子的辩解或反抗，不要以父母的权威或霸道去强行压制。

第一百二十三条　要让情绪激动的孩子坦然接受，就要用比平常低的声音说话。

第一百二十四条　给孩子适当发泄情绪的机会和场所，孩子的不满就能消除。

第一百二十五条　以提议或商量的语气提出意见，孩子会因受到尊重而更易接受。

第一百二十六条　纠正孩子时，不要说“别做什么”，而要说“应该做什么”。

二、纠错的智慧

第一百二十七条　孩子是生理、心理都尚不成熟的人，所以他们是最容易犯错误的人。

第一百二十八条　尝试错误是孩子认识世界的重要方式。有尝试就有可能出现错误。

第一百二十九条　在孩子过错方面，“树大自然直”或“不打不成器”的观念都是很危险的。

第一百三十条　孩子犯错而自感羞愧已是一种惩罚，就不要再责难他、令他难堪了。

第一百三十一条　对孩子成长中的种种过失要多一点宽容，多一点引导，少一点苛责。

第一百三十二条　要客观分析孩子的错误及危害，但不要刻意渲染或放大孩子的错误。

第一百三十三条　把错误当作教育资源和教育契机，而不是让错误成为孩子成长之痛。

第一百三十四条　不替孩子的错误“擦屁股”，要让孩子自己承担责任、弥补过失。

第一百三十五条　将帮助孩子改错的过程当作教育孩子辨别是非、美丑、善恶的过程。

第一百三十六条　帮助孩子分析错误，增强孩子对自我行为的自我监控和自我纠错能力。

第一百三十七条　纠错要以情感之、以理服之。强行改过只能暂禁其行，很难革除其念。

第一百三十八条　对孩子改正错误的愿望和行动予以充分肯定，并且做到既往不咎。

三、赞美的智慧

第一百三十九条　表扬和奖励要坚持原则，掌握分寸，既不吝啬也不滥用。

第一百四十条　表扬要及时、具体、真诚，不仅要看结果，还要看过程。

第一百四十一条　每天至少捕捉到孩子一到两个良好的行为表现并给予适当的赞美。

第一百四十二条　赞美孩子时，必须由衷地表现出和他一样高兴的心情。

第一百四十三条　在他人面前，或借他人的话来赞美孩子，孩子会更加信心百倍。

第一百四十四条　他人赞美自己孩子时要坦然接受，以增强孩子的自我认同。

第一百四十五条　鼓励和表扬应更多倾向于孩子的后天努力，而不是天资或聪颖。

四、评价的智慧

第一百四十六条　学会欣赏自己的孩子，不将他的缺点与别人的优点相比较。

第一百四十七条　为避免消极评价产生负面影响，在评价前先提提值得赞美的地方。

第一百四十八条　对缺点多的孩子说话时，要多用积极言语，少用或不用消极言语。

第一百四十九条　父母嘴边常挂“没出息”等消极话语，可能会使孩子真的没出息。

第一百五十条　在孩子面前常说“反正”等话语，孩子会觉得被看贬而放弃努力。

第一百五十一条　不论是积极评价还是消极评价，尽量让孩子自己做出客观评价。

## 第八章　学习品质培养

第一百五十二条　培养观察力：解放孩子的双眼，让他随时随地地去观察、去发现。

第一百五十三条　丰富想象力：解放孩子的大脑，让他海阔天空地去想象、去思考。

第一百五十四条　培养创造力：解放孩子的双手，让他随心所欲地去探究、去创造。

第一百五十五条　锻炼表达能力：解放孩子的嘴巴，让他畅所欲言。

第一百五十六条　锻炼记忆力：充实孩子的大脑，让他运用多种方法去积累、去记忆。

第一百五十七条　培养思维能力：经常提出问题，让他通过不同途径去追问、去解答。

第一百五十八条　激发学习热情：学习未必都愉快，家长要想方设法去激发、去鼓励。

## 第九章　心理健康教育

第一百五十九条　让孩子学会“自个儿找乐”，因为快乐的孩子更易成功。

第一百六十条　每天都给孩子适当的自由活动的时间和空间。

第一百六十一条　尊重孩子的意愿，让他自己选择和发展自己的兴趣与爱好。

第一百六十二条　确保孩子在某些方面有所成就，因为只有成功才能带来真正的快乐。

第一百六十三条　父母在孩子面前应表现得积极乐观，不要怨天尤人、消极悲观。

第一百六十四条　遇事时家长不要用自己的恐惧或焦虑去影响孩子的心境。

第一百六十五条　孩子的心是稚嫩的。父母不得在有意或无意间伤害孩子的自尊心。

第一百六十六条　不要对孩子过于苛刻,否则会导致孩子逃避、反抗甚至离家出走。

第一百六十七条　家长可理解或安慰孩子,但不可同情或怜悯孩子,以免其更加脆弱。

第一百六十八条　洞悉孩子的性格和脾气,设法在不良情绪爆发之前调节心境。

第一百六十九条　鼓励孩子多与同龄人一起生活、学习、娱乐,而不仅是与亲人相处。

第一百七十条　永远让孩子体会到亲情的温暖,让家成为孩子最留恋的温馨港湾。

第一百七十一条　让孩子从小形成一种信念:只要不放弃,就没有过不去的坎。

## 第十章　性格品质培养

一、热情与开朗

第一百七十二条　培养孩子以乐观的心态对待成败,做到胜不骄、败不馁。

第一百七十三条　孩子对事物与生俱来的自然热情非常脆弱,只能小心呵护,不能伤害。

第一百七十四条　孩子也会多愁善感。家长要善于将孩子的消极情绪引向积极的方面。

第一百七十五条　在孩子不良情绪爆发之前,先转移他的注意力或安抚他,使他平静下来。

第一百七十六条　培养孩子自我调节情绪的能力,使他成为驾驭自己情绪的主人。

第一百七十七条　通过诗歌、绘画、音乐或舞蹈等艺术形式陶冶孩子的情趣与情操。

第一百七十八条　营造和睦幸福的家庭氛围,保证孩子享有完整和谐的家庭生活。

二、自主与自信

第一百七十九条　鼓励并指导孩子尽量“自己的事情自己做”“自己的问题自己解决”。

第一百八十条　让孩子学会在应该表明立场的时候就要明确表明自己的立场。

第一百八十一条　孩子的天资和兴趣要早发现、早诱导,以使孩子早日获得成功感。

第一百八十二条　鼓励并强化孩子的独立人格,在任何场合都要做到不卑不亢、自信从容。

第一百八十三条　激励和珍惜孩子争当优秀的愿望,并使之在一步步努力中得以实现。

第一百八十四条　真诚赞扬孩子的每个进步,在点点滴滴的成功体验中积累自信。

第一百八十五条　用孩子自己的成功事例和良好表现激发孩子的自我效能感。

三、自制与自律

第一百八十六条　家长要有意识地训练孩子的耐性,使其懂得必要时需耐心等待。

第一百八十七条　对孩子的无理要求绝不妥协，并尽量解释清楚不予满足的理由。

第一百八十八条　在孩子做事之前要先让他明确具体要求，并鼓励他按要求约束自己。

第一百八十九条　教给孩子在无人约束的状态下自我暗示、自我控制的方法和技巧。

第一百九十条　培养孩子做事要善始善终、今日事今日毕，不虎头蛇尾或半途而废。

四、勇敢与果断

第一百九十一条　适当赋予孩子独立决策的权利，让孩子从小就懂得怎样使用自己的权利。

第一百九十二条　训练孩子遇事冷静、当机立断的处事风格，不手忙脚乱、优柔寡断。

第一百九十三条　培养孩子不畏艰难、敢于挑战的勇气和不怕失败、积极进取的斗志。

五、乐群与合群

第一百九十四条　鼓励孩子积极参加各种派对、小组或群体活动，让孩子学会交往。

第一百九十五条　在孩子与他人共同完成任务当中培养孩子的合作能力。

第一百九十六条　引导孩子学会从他人角度看问题，养成乐于接纳他人善意的好习惯。

第一百九十七条　同伴性格对孩子性格的影响不可小觑。多让孩子与优雅的人交往。

第一百九十八条　多让性格软弱的孩子和大胆开朗的伙伴交往，以增强胆识和开阔胸襟。

六、体贴与责任

第一百九十九条　从自我服务和对自己做的事情承担责任开始，培养孩子的责任意识。

第二百条　让孩子真切地理解父母的苦心，了解父母的感受，体谅父母的辛苦。

第二百零一条　让孩子学会与人为善、宽厚待人，尊重他人权益，谅解别人的不足。

**名家名言**

大自然希望儿童在成人以前就要像儿童的样子。如果我们打乱了这个次序，我们就会造成一些早熟的果实，它们长得既不丰满也不甜美，而且很快就会腐烂。我们将造成一些年纪轻轻的博士和老态龙钟的儿童。

（法国哲学家、教育家　卢梭）

**本篇重要参考资料**


· 陈鹤琴. 陈鹤琴全集(第二卷)[M]. 南京:江苏教育出版社,1989.

· 陶行知. 陶行知全集(第七卷)[M]. 成都. 四川教育出版社,1991.

· [美]杜威. 学校与社会·明日之学校[M]. 赵祥麟,等译. 北京:人民教育出版社,1994.

· 刘晓东. 儿童教育新论[M]. 南京:江苏教育出版社,1998.

· [法]卢梭. 爱弥儿[M]. 李平沤,译. 北京:商务印书馆,1978.

· 王志明. 关于儿童观的研究[J]. 学前教育研究,1994.

· 虞永平. 论儿童观[J]. 学前教育研究,1995.

· 霍力岩. 试论蒙台梭利的儿童观[J]. 比较教育研究,2000(6).

· [美]lenaBodrova, DeborahJ. Lenong. 心灵帮手——Vygotsky 学派之幼儿教学法[M]. 蔡宜纯,译. 台北:心理出版社股份有限公司,2009.

· [美]詹森. 基于脑的学习:教学与训练的新科学(修订版)[M]. 梁平,译. 上海:华东师范大学出版社,2007.

· [意]蒙台梭利. 发现孩子[M]. 胡纯玉,译. 北京:中国发展出版社,2006.

· [瑞士]HildegardRessel. 孩子真正需要什么[M]. 肖素第,译. 北京:中国轻工业出版社,2002.

· [英]洛克. 约翰·洛克的家庭教育[M]. 海鸣,译. 福州:海峡文艺出版社,2005.

· [英]夏洛特·梅森. 儿童生来是人[M]. 邵燕楠,等译. 北京:中国发展出版社,2003.

· [英]夏洛特·梅森. 教育是一种训练[M]. 赵昌荣,等译. 北京:

中国发展出版社,2003.

·［英］夏洛特·梅森.如何培养孩子的性格［M］.刘扬,等译.北京:中国发展出版社,2003.

·［英］夏洛特·梅森.夏洛特·梅森家庭教育法［M］.程红艳,等译.北京:中国发展出版社,2003.

·［英］夏洛特·梅森.父母与孩子［M］.赵昌荣,等译.北京:中国发展出版社,2003.

·［美］西诺蒙.培养有个性的孩子［M］.刘月,译.北京:中国商业出版社,2004.

·［美］斯考特·J.拉尔森,等.我们这样管孩子［M］.杜江,等译.北京:金城出版社,2004.

·［美］塞德兹.俗物与天才［M］.柏桦,译.北京:京华出版社,2001.

·［美］德雷屈尔,等.快乐教育法［M］.张荣福,等译.上海:上海古籍出版社,2004.

·晨曦.斯宾塞的科学家庭教育［M］.台北:高宝出版社,2004.

·陈建翔.国外最著名的十大家教主张［M］.北京:北京出版社,2005.

·贾戴翊.世界最伟大的教育法则［M］.北京:海豚出版社,2005.

·曾知寒.世界名人家教智慧［M］.北京:新世界出版社,2005.

·晨曦.世界一流的美国家庭教育:哈佛素质教育理念的成功实践［M］.北京:海潮出版社,2004.

·［美］斯托夫人,等.哈佛教子枕边书［M］.亚北,等译.北京:中国妇女出版社,2003.

·［美］特恩布尔.做称职的父母［M］.吕博,译.桂林:广西师范大学出版社,2002.

· 卢勤.写给世纪父母[M].北京:中国妇女出版社,2001.

· [美]华森.犹太家教圣经[M].北京:中国妇女出版社,2009.

· 王中合.犹太人教子枕边书[M].北京:中国商业出版社,2004.

· 历志红,王燕.犹太人的家庭教育[M].开封:河南大学出版社,2003.

· 张挚,陈静.婴幼儿养育指南[M].北京:中国妇女出版社,2006.

# 第二篇　4—5 岁儿童敏感期与教育指导

**篇首语**　所谓敏感期，是指处在不同发展阶段的儿童表现出对于某种事物或活动的特别敏感或特别感兴趣。在特定敏感期内，儿童该种能力的发展特别容易而迅速，是该种能力培养的关键时期，因此敏感期有时也称为关键期。

## 本篇导读

儿童各种敏感期的出现具有一定的顺序性和延续性。在某一特定的敏感期内,该种能力的发展将为下一个敏感期敏感能力的发展奠定基础。儿童就是通过经历一个又一个敏感期不断得到发展的。4—5岁儿童大致经历如下敏感期:感官发展敏感期(0—6岁)、空间敏感期(0—6岁)、个性形成敏感期(1—6岁)、注意力培养敏感期(2.5—6岁)、审美敏感期(2.5—6岁)、社会规范敏感期(2.5—6岁)、语音发展敏感期(3—5岁)、性别意识发展敏感期(3—5岁)、人际关系敏感期(3—5岁)、主动性发展敏感期(3—6岁)、责任心发展敏感期(3—6岁)、情商培养敏感期(3—6岁)、小肌肉发展敏感期(3—6岁)、观察能力培养敏感期(3—6岁)、音乐敏感期(3—6岁)、绘画敏感期(3—6岁)、学习外语的敏感期(3—12岁)、书写敏感期(3.5—4.5岁)、数概念敏感期(4—5岁)、学习书面语言敏感期(4—5岁)、直觉思维发展敏感期(4—6.5岁)、阅读敏感期(4.5—5.5岁)。

在整个童年期,有的敏感期出现后就过去了,而有些敏感期将一直伴随着孩子的发展。这些敏感期就称为"螺旋状的敏感期"。所谓螺旋状,是指在孩子的每个年龄段都会出现,比如绘画、音乐、语言、审美、动作发展、视觉空间、数理逻辑、社会交往、情绪情感、自我认识等敏感期。这些敏感期在每一个年龄段又会有不同层次的表现,如绘画敏感期,2岁左右的孩子就能涂鸦了,3岁左右可以画出大体的形象，然后开始喜欢使用色彩，5 岁左右就能画出简单的作品，6 岁左右时，有的孩子就能画简单的连环画了。

敏感期出现的时间虽有一定的规律，但又因个体差异而各有不同，无法整齐划一，需要成人客观细心地去观察和发现。当观察到孩子某项敏感期出现时，应尽可能为孩子提供一个满足他成长需求的环境。同时我们也应该认识到，在人生发展中并不存在一个魔术般的时期，强调敏感期的教育并不等于否认或忽视非敏感期的教育作用，教育在儿童心理发展中始终起着主导作用。

## 4—5 岁儿童敏感期与教育指导一览表

| 敏感期 | 敏感期时间 | 行为表现 | 教育指导 |
| --- | --- | --- | --- |
| 感官发展敏感期 | 0—6 岁 | (1) 从出生起,孩子就会借着听觉、视觉、味觉、触觉等感官来熟悉环境、了解事物。3 岁前,孩子透过潜意识的“吸收性心智”吸收周遭事物,3—6 岁则更能具体地透过感官分析、判断环境里的事物。<br>(2) 各感官敏感期分别为:0—2.5 岁是听觉发育敏感期;0—1 岁是视觉发育的敏感期;0—2 岁是触觉发育的敏感期;2.5—3 岁是大小知觉发展的敏感期;3 岁左右是方位知觉发展的敏感期;3—6 岁是观察力发展的敏感期。 | (1) 尽量让孩子直接与实物接触。通过多种渠道(看、听、嗅、摆弄)感知对象。<br>(2) 给孩子提供运用他们的感官去探索的机会。比如利用感官教具(如听觉筒、触觉板等)训练孩子感官的敏锐性。也可准备多样感官教材(如不同颜色、大小、形状的玩具,不同风格的音乐等),或在生活中随机引导孩子运用五官感受周遭事物。尤其当孩子充满探索欲望时,在不具危险性或不侵犯他人他物的前提下,应尽可能满足孩子的需求。<br>(3) 开展专门的游戏活动锻炼孩子的感知觉。 |
| 空间敏感期 | 0—6 岁 | 视觉空间能力在 0—6 岁持续发展,2.5 岁是孩子空间概念进步最快的阶段。对空间的探索和认识,每个年龄阶段的发展内容都有所不同。<br>(1) 1 岁左右:喜欢将小东西从洞眼塞进去、取出来;爬来爬去;抓这抓那;移动物体;等等。 | (1) 0—1 岁:这一时期,虽然孩子并没有什么明确的空间概念,视力也还不是很好,但他出生时就有听觉,可以运用声音帮助孩子建立方向感(如寻声找物等)。<br>(2) 1—2 岁:这一时期的孩子能够熟练地爬,开始蹒跚学步,对周围的事物充满好奇。父母可以给孩子创造一个安全的爬和学走的环境,让孩子在爬和走的过程中加强空间意识。 |

续表

| 敏感期 | 敏感期时间 | 行为表现 | 教育指导 |
| --- | --- | --- | --- |
| | | (2) 2 岁左右:喜欢爬高(如爬窗台、爬桌子、爬楼梯等);钻进不同大小的空间;喜欢乱丢东西;等等。<br>(3) 3 岁左右:喜爱攀爬楼梯;从高处往下跳(如跳下矮墩);钻进狭窄的空间;喜欢将物品垒高、排列(如积木的垒高和排序);喜欢跑、跳、跨、登、旋转;等等。<br>(4) 4 岁以后:能通过物体的具体位置(直观的位置)探索空间,还能通过不在视野中的物体(直观外的位置)探索空间;他们通过反复排列,探索空间的形状,感知空间的层次。<br>空间感有助于孩子学习数学和自然科学。 | (3) 2—5 岁:这是孩子空间智能发展最快的时期,尤其是在 3 岁以后,进入方位敏感期,孩子已能够对物体的大小、形状、上下、前后、左右、远近产生准确的空间概念,并能通过自身的运动来确定物体的空间位置关系。这一时期,可通过让孩子拍球、画画、搭积木、排序、拼插、捏橡皮泥、转动、变换位置、帮助家长收拾和摆放东西等,从理解空间和表述空间两方面发展孩子的空间智能。<br>(4) 5—7 岁:这一时期,孩子已能够利用明显的标记对物体定位。家长可以指导孩子去感受、体验行走的路线和认明标志物,引导孩子学习看地图找方向等。<br>(5) 家长要经常结合物体的具体空间位置,帮助孩子理解和使用空间方位词。 |
| 个性形成敏感期 | 1—6 岁 | 个性是指一个人比较稳定的、具有一定倾向性的各种心理特点或品质的独特组合。它包括人的需要、兴趣、性格、能力、自我意识等。对孩子来说,个性发展的主要内容包括能力、气质和性格。不同阶段孩子个 | (1) 孩子的性格虽受遗传的影响,但环境和教育对性格的形成起着决定性的作用。因此,成人必须时刻注意自己的言行举止、情绪态度对孩子性格的影响,要使自己的态度、言行成为孩子良好性格形成的积极的促进因素。<br>(2) 家庭是孩子性格形成的摇篮,对 |

续表

| 敏感期 | 敏感期时间 | 行为表现 | 教育指导 |
|---|---|---|---|
| | | 性特征的主要表现也各不相同。<br>(1) 2岁前,个性各心理成分还没有完全发展起来,其心理活动是零碎的、片段的,还没有形成系统,因此个性不可能发展。<br>(2) 2岁后,个性逐步萌芽,心理结构的各成分开始组织起来,并有了某种倾向性的表现,但还没有形成稳定倾向性的个性系统。<br>(3) 3—6岁是孩子个性开始形成的时期。这时期个性的各种心理结构成分开始发展,行为的冲动性相对减少,自觉性相对增多,开始能比较自觉地控制、调节自己的行为,特别到了5—6岁,心理活动的独立性和目的性逐步增长起来,开始能为较远的目的而行动,能使自己的行动服从于成人或集体的要求,性格、能力、自我意识也已经初步发展起来;同时,各种心理活动不仅已经结合成为整体,而且表现出明显的、稳定的倾向 | 孩子性格的影响很大。一些研究表明,民主型的家庭会养成孩子合作、独立、温顺型的性格;专制型的家庭会形成孩子反抗、情绪不稳定、依赖、服从的性格;家长溺爱孩子会造成任性、反抗、幼稚、神经质的性格。为使孩子形成良好的性格,必须有良好的家庭教养方式。<br>(3) 成人要以亲切的关爱、耐心的教育、积极的诱导对待各种不同个性倾向的孩子,尤其是性情易躁、易怒的孩子和性格孤僻、胆小、缄默的孩子。<br>(4) 要注重孩子良好行为习惯培养,比如培养良好的睡眠、饮食、卫生等习惯,培养孩子穿脱衣服、鞋袜、解纽扣和鞋带等生活自理能力和简单的劳动能力。<br>(5) 开展丰富多样的游戏活动和交往活动,培养孩子与同伴友好合作、谦让、讲礼貌、关心他人等优良品德,并通过这些活动使孩子学会控制自己的情绪和欲望。<br>(6) 要根据孩子的兴趣与需要,为他们提供丰富而适宜的智力活动,并经常结合孩子的生活实际向他们提出各种问题,培养他们从小爱思考、爱观察的习惯。 |

续表

| 敏感期 | 敏感期时间 | 行为表现 | 教育指导 |
| --- | --- | --- | --- |
| | | 性,形成个人的独特性。每个孩子在各个不同场合、情境中,对不同的事件,都倾向于以一种自身独有的方式去反应,表现出自己所特有的态度和行为方式。<br>(4) 在幼儿期,个性只能是形成的开始,或是个性初具雏形。直到成熟年龄(大约18岁左右),个性才基本定型,而且在个性定型以后,还可能发生变化。 | (7) 从小培养孩子的自信心、责任感和荣誉感。当孩子遇到困难时,家长不要马上伸手相助,应鼓励孩子尝试自己克服困难。<br>(8) 成人对孩子要始终以积极的鼓励、激励、表扬为主。如果一直受到周围人肯定的、积极的评价,孩子往往会对自己产生一种满意感、自信感;而经常受到周围人否定的、消极的评价,就容易产生一种自卑感、孤独感,无益于良好个性品质的发展。 |
| 注意力培养敏感期 | 2.5—6岁 | 2.5岁之前,孩子的注意力基本属于无意注意。到2.5岁左右,有意注意就会发展起来,孩子能够在短时间内有目的地将注意力集中在所指向的对象上,并开始有意学习控制注意力。3—6岁的时候,孩子的注意范围会逐步扩大,注意能力也会逐渐提高。因此,2.5—6岁是注意力训练的关键期,在这一时期对孩子进行系统训练,能够有效发展孩子的注意力水平。 | (1) 培养孩子稳定的情绪。<br>(2) 加强孩子意志的锻炼,有意识地培养孩子的自我控制能力。<br>(3) 鼓励孩子注意力集中的行为,比如表扬孩子能认真听故事。<br>(4) 少干预孩子喜欢的活动,特别是能使注意力集中的活动,如玩积木。<br>(5) 尽量让孩子善始善终地做完每件事情。<br>(6) 让孩子在做事前明确活动的目的和任务。活动目的越明确,活动过程中的注意力就越集中。<br>(7) 养成良好的作息规律,让孩子明确什么时候可以尽情玩,什么时候必须专心做事。 |

续表

| 敏感期 | 敏感期时间 | 行为表现 | 教育指导 |
| --- | --- | --- | --- |
| 审美敏感期 | 2.5—6岁 | 幼儿的审美敏感是螺旋式发展的。从2.5岁开始一直到6岁,大体呈现以下发展序列:<br>(1) 大约从2.5岁开始,孩子可能要求所吃的食物要完美、完整,比如苹果要大的、好看的。<br>(2) 3—4岁的孩子会变得十分挑剔和敏感,对事物都有自己的标准和要求(比如水果上不能有斑点),一旦被打乱就会发脾气、哭闹。<br>(3) 4—5岁的孩子对自我形象有了自己的愿望和审美标准,尤其女孩子会对自己的服饰产生浓厚兴趣。在孩子心目中似乎已经有了明确的"美"与"不美"的界定标准,他们会尝试用各种方式表达自己对美的理解和感悟,并且会执着地按照自己的"审美"标准来打扮自己。<br>(4) 5岁之后的孩子对时空秩序感和具有美感价值的秩序感(即秩序美感)特别关注。当他们画画时,会注 | (1) 家长应该理解孩子在审美敏感期的表现,尊重孩子这一时期的审美要求,可以适当满足孩子提出的需求,如给孩子自己选择穿什么衣服的权利等。<br>(2) 对于稍大一点的孩子,家长要正确引导其形成健康的审美观念。比如,让孩子懂得一些简单的美学知识,知道美的各种表现形式。同时让孩子明白,一个东西美不美,不同人的感觉可能不一样,你认为是美的,别人不一定就认为美。<br>(3) 给孩子的审美观以正确评价。孩子对美的理解和表达是最真实、最质朴的,应该得到家长的肯定。家长千万不要用"不正常""怪异"等词语来评价孩子的审美情趣。<br>(4) 审美教育要注意联系孩子的生活实践。首先,培养孩子辨别是非、美丑的能力。世界万物都存美丑之分,对于涉世不深的孩子来说,更要培养他们对美丑的分辨能力。家长在孩子遇事时,要和他一起分析、比较、讨论,让他说出自己的看法与感受,获得辨别的经验,为以后独立处事提供正面的导向。其次,引导孩子发现美、表现美、创造美。家长要多带孩子外出参观、学习、欣赏,引导孩子发现美,并鼓励孩子用唱、 |

续表

| 敏感期 | 敏感期时间 | 行为表现 | 教育指导 |
| --- | --- | --- | --- |
| | | 意结构比例是否合理,比如近大远小等;当他们搭积木时,会注重空间结构的美感;等等。<br>(5) 6岁以后的孩子逐渐产生对环境美、艺术美乃至心灵美的初步体验。 | 跳、画、讲等方式来表现美。 |
| 社会规范敏感期 | 2.5—6岁 | 进入社会规范敏感期的孩子,以自我为中心的行为逐渐减少,与他人交往的愿望及主动性增强,孩子越来越懂礼貌、善交际,言谈举止像个小大人。在社会交往中,逐渐将社会规范内化为自己的行为标准,并用它约束自己及他人的行为。阶段性表现如下:<br>(1) 阶段一(2.5岁):刚刚进入社会规范敏感期,孩子开始喜欢与同伴交往,但其行为具有很强的自我中心的特点,不能理解他人的需要,没有意识到社会规范的存在,自己喜欢做什么就做什么。<br>(2) 阶段二(3—4岁):交往的欲望增强,能与别人分享自己的物品和食物,愿意帮助别人,但这些行为具有情 | (1) 2.5—3.5岁是帮助孩子建立规则意识,学习自我约束的最佳年龄。孩子2岁以后,家长就要特别关注孩子的社会性行为,要有意识地融入一些社会性行为规范的教育元素(如懂规矩、有分寸、能分享等)。<br>(2) 家长要有意识地利用日常交往活动(如与小朋友交往等),让孩子学习协商、谦让、合作等多种社会性技能;在参加各种社会性活动(如聚会、参观、演出等)时,帮助孩子理解、接纳、确立适宜的社会规范与日常礼节。<br>(3) 对于一些原则性的问题,家长一定要温和而坚定地执行,但绝不能因为孩子的某些叛逆行为而大动肝火。对于孩子的无理要求,家长一定得慎行。<br>(4) 家长要尊重孩子的权利,让孩子真正成为建构规则的主人。比如,在同伴冲突中,家长不要盲目干预, |

续表

| 敏感期 | 敏感期时间 | 行为表现 | 教育指导 |
| --- | --- | --- | --- |
| | | 境性和不稳定性。3—4岁的孩子以自我为中心的行为逐渐减少,有时能主动把自己喜欢的东西与别人分享,但在分享的同时又怕自己的东西被别人占有。<br>(3) 阶段三(4—5岁):能意识到社会规范的存在,并能在权威人士的要求下遵守社会规范,但还不理解这样做的真正意义。这一阶段,孩子的行为开始服从社会规范,但他们不能以自己的价值标准来判断是非,没有真正认识到社会规范的意义和必要性,只是出于对长者的敬畏和依赖而做出某种规范行为,所以行为是被动的、盲目的,也是不稳定的。<br>(4) 阶段四(6岁—):在公共场所,能主动用社会规范约束自己及他人的行为。在这一阶段,孩子把社会规范作为行为准则,遵守社会规范成为孩子内在的需要。他们开始能够理解社会规范的意义,而不是盲目被动地服从权威;他们开始知道自己怎么做是对的,怎么做是错的,应该怎么做。 | 而应和孩子共同讨论如何解决问题,让孩子在具体的社会性事件中亲自体验、自我调整、自我建构社会经验。<br>(5) 要让孩子在具体事件中真实地体验到遵守规则带来的好处。比如,和小伙伴一起分享玩具,每个人都能玩到更多自己没有的玩具。<br>(6) 在规则面前,要尊重孩子对执行规则的公平性要求,不强迫孩子做违背规则的事情。比如,不能强迫孩子把自己喜欢的东西送给"无理取闹"的玩伴。要维护规则的公平性,"我"不强取别人的东西,别人也不应该强取"我"的东西。面对拥有规则意识的孩子,如果成人强迫他去做一些他不愿意做的事情,孩子会因被强迫改变自己的规则而痛苦,这有可能会对他的心理造成伤害。<br>(7) 家长要坚定地做好遵守规则的典范。如果家长一边说教着孩子,一边自己却成为规则的破坏者(比如告诉孩子过马路要"红灯停、绿灯行",但有时自己却闯红灯),就会对孩子好的规则意识的形成产生消极影响。 |

续表

| 敏感期 | 敏感期时间 | 行为表现 | 教育指导 |
| --- | --- | --- | --- |
| 主动性发展敏感期 | 3—6岁 | 随着幼儿知觉的准确性、肌肉活动的精确性和语言表达能力的提高,幼儿的独立性大大增强,他们有能力把自己的活动扩展到家庭之外,随之出现了好奇、求知、想象的萌芽。当他们不受父母控制的时候,就需要通过内化的规则来指导自己的行为,于是产生了主动性。同时,社会也向幼儿提出了新的挑战,要求他们的行为具有主动性和目的性。 | 孩子在从事游戏、智力活动和与同伴的竞争中,如果能够得到家长、教师及他人的支持并取得成功,孩子的主动性就得到加强;否则,如果家长等人表示冷漠、反对,甚至认为孩子从事的活动是笨拙的、无意义的,孩子就会感到失望、没信心。特别是活动和竞争的失败,会导致孩子的内疚和犹豫,这种经验可能延续到成年期,使人表现出依赖、服从、被动和对什么事都不感兴趣的状态。在这一阶段,游戏对培养孩子的主动性、克服内疚感有重要作用。 |
| 责任心发展敏感期 | 3—6岁 | (1) 责任心不是与生俱来的,不是在一定的年龄会自动出现的,它需要在长年累月的生活中慢慢形成。儿童责任心的发展遵循着由他律到自律发展的规律,也就是说,儿童责任心是从外在的责任要求(客观责任感)开始(7、8岁以前),逐渐内化为一种自身的内在品质(主观责任感)(7、8岁到11、12岁)。<br>(2) 儿童责任心的形成与发展是一个从依从阶段到认同阶段,最后达到信奉阶段的过程。3—4岁儿童责任心发展处在依从阶段,对责 | (1) 3—4岁儿童责任心发展处在依从阶段,应重点放在责任行为的训练上。比如,家长可让孩子在游戏结束后认真收拾玩具,放回原处,并逐渐养成习惯;帮家长做些力所能及的事(如饭前摆放勺、筷子,帮助家长晾衣服等);向孩子介绍家庭主要成员应尽的职责,以及孩子作为家庭的一员可以做的家务事,以培养孩子对家庭的责任感;孩子年纪小,做事坚持性比较差,把职责分配给孩子后,家长要经常提醒,适时鼓励,使孩子逐渐养成做事有始有终、负责到底的良好习惯。<br>(2) 4—5岁儿童责任心发展处在认同阶段,应重点放在责任认知的提 |

续表

| 敏感期 | 敏感期时间 | 行为表现 | 教育指导 |
| --- | --- | --- | --- |
| | | 任的意义并不理解，只是根据成人的外在要求做出相应的责任行为，表现为服从教师、家长的要求；4—5 岁儿童责任心发展处在认同阶段，逐渐认同教师、家长对他们的责任要求，开始理解责任行为的意义和价值，但不够深刻；5—6 岁部分儿童责任心可达到信奉水平，即他们开始从内心认同责任行为，此时责任心已内化为自己的行为标准。<br>(3) 在儿童责任心的六大维度（自我责任心、任务责任心、他人责任心、集体责任心、过失责任心、承诺责任心）中，任务责任心（对自己的任务负责）、自我责任心（对自身有关的事如对自己的生活、游戏、学习、行为等负责）、承诺责任心（对自己说过的话、做出的承诺负责）是 3—6 岁幼儿责任心的主要表现形式，他人责任心、集体责任心和过失责任心是其次的表现形式。过失责任心发展的关键年龄是 5—6 岁，责任心的其他方面，4—5 岁是发展的关键期。 | 高上。首先，家长要给孩子树立负责任的榜样，培养孩子的责任心。无论是对家庭生活、对工作，还是在与人交往中，家长都要表现出负责的态度和精神，如果家长做事虎头蛇尾、丢三落四、不守诺言、推卸责任等，都会给孩子带来潜在的消极影响。其次，要鼓励孩子勇敢地承担责任，不要以为孩子还小、不懂事，做错了事没关系，对孩子行为的结果姑息迁就，以至于孩子自己做了错事还若无其事。所以在日常生活中，如果孩子做错事情，家长就要帮助他们勇敢地承担责任，尤其是要让孩子自己承担由于自身不负责任的行为所产生的不良后果，使之从中认识和体会到责任的重要性，从而在内心树立起责任意识，以避免类似不良结果的再次发生。<br>(3) 5—6 岁儿童责任心发展处在信奉阶段，已内化为自身的价值标准，但还缺少情感力量的支持，因此增强其情感体验成为关键，应把重点放在责任情感的培养上。比如，要教育孩子关心、帮助家人和同伴，强化孩子关心、尊重他人的责任情感；支持孩子的“献爱心”举动（如为贫困儿童献爱心），增强孩子的社会责任感和他人责任感。 |

续表

| 敏感期 | 敏感期时间 | 行为表现 | 教育指导 |
| --- | --- | --- | --- |
| 情商培养敏感期 | 3—6岁 | (1) 情绪、情感是幼儿社会性行为反应的一种原始动机系统,具有一定的自然先天性。个体基本的信任感产生在乳儿期,自主感产生在婴儿期,主动感产生在学前期。幼儿情感的发展因受其神经系统的发展和知识、经验、智力发展水平的影响,表现出易冲动、不稳定、易变化的特点。<br>(2) 各阶段的具体表现:① 0—1岁的孩子,如果在生活上得到悉心照料,在精神上得到爱抚和关怀,孩子就会建立最初的信任感和安全感。② 2岁的孩子开始出现人生的第一个反抗期,他的情绪也大多是冲动性的,容易兴奋,情绪起伏大,愤怒情绪多。③ 3岁孩子的情绪稳定多了,不太哭闹,会采用行动和语言来表达他内心的感受。此时孩子的感情非常丰富和敏锐,家长的吵闹或情绪变化都会引起孩子的紧张与不安,他会试图去安慰家长。孩子开始懂得合作的道理,爱讨人喜欢,容易产生嫉妒的感 | (1) 家长首先要充分认识到自己的不良情感倾向(如溺爱、迁就、纵容、娇惯、恨铁不成钢)对孩子可能造成的危害。对孩子要严慈相济,循循善诱,不要感情用事,失去理智。<br>(2) 要为孩子营造宽松愉快的生活环境和充满关爱的精神气氛,使孩子经常处于积极的情绪情感状态。<br>(3) 家长不能仅满足孩子的物质需求而忽视孩子的情感需求。家长不管多忙,每天都要抽出一定的时间,像玩伴一样跟孩子一起玩耍、交流。<br>(4) 为了培养孩子具有高尚的情感,家长必须注意自己的言行,使自己具有高尚的情操,成为孩子学习的榜样。<br>(5) 培养孩子积极健康的情绪情感。① 培养自信感。让孩子学会欣赏自己,知道自己的长处和不足,相信只要经过自己的努力就一定能够成功。当孩子有进步或有良好表现时,成人可给予适度赞美,以令他更加努力。即使孩子有一些令人不满的行为表现,家长也不宜对他做出无情的指责。② 培养信赖感。使孩子喜欢并亲近家长和其他熟悉的人,乐意接受他们给予的爱抚;喜欢与小伙伴们交流,并乐意将自己的事情告诉他们;有了不会做的事,主动请亲近的人帮助。③ 培养合群感。 |

续表

| 敏感期 | 敏感期时间 | 行为表现 | 教育指导 |
| --- | --- | --- | --- |
| | | 觉。④ 4—5 岁孩子的情绪稳定,有了良好的人际关系适应能力。但这个时期的孩子好像忽然变得敏感、脆弱,以前不会引发哭泣的事情,此时也会委屈或哭泣,而且变得很黏人,会关注别人是否喜欢他,对父母的情绪反应非常敏感。这些表现标志着孩子进入了情感的敏感期,如果这一时期父母对孩子不够关爱,会造成孩子的情感饥饿;如果孩子害怕老师,可能会对以后的上学产生情绪障碍;如果处理不好与别的小朋友之间的关系,可能会养成孤僻的性格。<br>(3) 由以上情绪情感发展的阶段性可以看出,3—6 岁是孩子情商培养的最佳时期,是健康情感的奠基期。6 岁以前的情感经验对人的一生具有恒久的影响。幼儿情感发展的基本内容包括:同情心;表达、理解感情;控制个人脾气;独立能力;适应能力;讨人喜欢;人际关系问题的解决能力;毅力;友爱;仁慈;尊重他人。 | 使孩子感到与小伙伴一起玩游戏是件高兴的事;在活动和游戏中乐意遵守规则,并能宽容别人的无意过失,从中体验到相互合作、谅解的愉快。④ 培养移情的能力。让孩子学会认识和体验他人的情绪情感(如角色扮演法),当别人高兴时能表示快乐,当别人伤心时会表示安慰,能同情和帮助周围较弱的同伴。⑤ 培养情感调控能力。家长要善于观察孩子的情绪变化,引导孩子以愉快和舒畅的情绪进行各种活动。当孩子情绪不稳定时要及时进行交流和疏导,引导他们学会正确面对问题,协助孩子以适当的方式表达自己的情绪情感。<br>(6) 有意识地对孩子进行爱的教育。要培养孩子对亲人及同伴的喜爱之情,学会用自己的方式(如帮妈妈做些力所能及的事情)来表达对父母辛勤劳动的理解和对父母的体贴;通过同伴间的交往与互助,以培养同伴友情。<br>(7) 要利用具有教育意义的生活事件和适合孩子年龄特点的诗歌、图片、故事、童话等文艺作品感染孩子,激发孩子的道德感、理智感和美感。 |

续表

| 敏感期 | 敏感期时间 | 行为表现 | 教育指导 |
| --- | --- | --- | --- |
| 语音发展敏感期 | 3—5岁 | 3—4岁是幼儿语音发展最迅速的时期,同时词汇量也不断增加,3岁孩子的词汇量大约有1 000个,处于言语发展的加速期,基本上掌握了语法规则,成为颇具表达能力的“谈话者”。3.5岁左右,开始对句子表达的意思感兴趣,总是把大人说的话一遍又一遍地使用在恰当的语境中。5岁左右进入口语发展的第二个质变期。 | (1)家长应经常给孩子讲故事、读故事,提问题让孩子回答,鼓励孩子用词恰当、准确地说出完整的句子。<br>(2)对孩子提出的问题,家长要用简洁清晰、结构完整的句子回答。<br>(3)可有意识地让孩子模仿不同的声音说话:用温和的耳语说,用粗嗓门说,用细嗓门说,快速说,慢速说等。<br>(4)可通过各种活动(如谈话、讲故事、唱歌谣等)来增加孩子与他人的言语交际机会。<br>(5)不断扩大和丰富孩子的言语。通过组词、造句、看图说话、语言游戏等来扩大和丰富孩子的词汇。 |
| 小肌肉发展敏感期 | 3—6岁 | 小肌肉动作也称精细动作,包括手眼协调、指尖动作和手指伸展等。进入3岁,孩子逐渐从大肌肉敏感期向小肌肉敏感期过渡,这时,手部动作的力度、速度、精度、灵活性、节奏感、协调性和自我调控能力都得到不同程度的提高,一些与小肌肉有关的活动(如捏油泥、打开瓶盖、操作剪刀、搭建积木、拍球、接球、按扣子、拉拉链、翻书、执笔写画等)会渐渐引发孩子的兴趣。 | (1)为孩子提供动手的机会,开发孩子智力。可以为孩子提供一些训练小肌肉尤其是锻炼手眼协调的玩具,如皮球、积木、插塑、橡皮泥、拼图、七巧板、珠子、纸张、螺丝等,让孩子通过拍、插、捏、揉、摆、拼、穿、拔、撕、剪、拧等各种动作来操作玩具。<br>(2)培养孩子良好的生活自理能力。抓住孩子爱动手的特点,让孩子整理玩具、系扣子、用筷子吃饭、抹桌子、扫地、帮妈妈择菜等。 |

续表

| 敏感期 | 敏感期时间 | 行为表现 | 教育指导 |
| --- | --- | --- | --- |
| 观察能力培养敏感期 | 3—6岁 | (1) 观察力是在综合了视觉能力、听觉能力、触觉和嗅觉能力、方位和距离知觉能力、图形辨别能力、认识时间能力等多种能力的基础之上发展起来的,是感知觉发展的最高形式。<br>(2) 随着中枢神经的发展和孩子生活范围的扩大,3岁左右的孩子已经发展了各种基本的感知觉。他们已经能够分辨红、黄、蓝、绿等常见颜色;能辨认上下前后方位;认识了圆形、方形、三角形;能分辨物体的大小和远近。但这个年龄段孩子的观察带有很大的随意性,往往碰到什么就观察什么,顺序紊乱,前后重复,也多遗漏。他们通常只能观察到事物的粗略轮廓,看到事物的表面现象。观察的随意性水平较低,易受外界刺激的影响而转移观察的目标。观察受情绪影响较大。<br>(3) 6岁左右,孩子的观察力开始成熟。 | (1) 要善于引导孩子观察自然界。大自然是教育孩子的最好课堂。成人可以引导孩子观察自然界中的花、草、树、鱼、鸟、虫、风、雨、雪等,增长他们关于植物、动物、自然现象等方面的知识,开拓他们的眼界。孩子在观察自然界的过程中,会提高观察力、注意力、思维力、概括力、判断力、想象力等,促进智能的发展。<br>(2) 成人要根据孩子的理解水平和知识经验,教给孩子必要的观察方法,引导孩子能够有序地进行观察。成人在指导孩子观察事物时,一定要引导孩子自己去发现,且不要在孩子还没有经过观察努力的情况下就告诉孩子答案。<br>(3) 引导孩子巩固观察的结果。成人应鼓励孩子在观察过程中记下观察所得的内容。针对年幼的孩子,可以让他们对观察的事物进行口头描述或者作画留念;对于年长的孩子,成人可以指导他们做一做观察记录,然后加以整理做出小结。 |

续表

| 敏感期 | 敏感期时间 | 行为表现 | 教育指导 |
| --- | --- | --- | --- |
| 性别意识发展敏感期 | 3—5岁 | (1) 一些2岁左右的孩子已能分辨照片上人物的性别,但不确定自己的性别;2.5—3岁的孩子大多能说出自己的性别。<br>(2) 3—4岁孩子对不同性别的辨别能力和理解能力突飞猛进,随着年龄的增长,逐渐能够运用语言说出两性的某些差别。<br>(3) 4—5岁孩子意识到性别差异,认识到自己与父母中的同性者有相同的特性或机能,正是利用这种方式孩子建立起自己适当的性别角色。 | (1) 孩子对身体的探索和认识来自于观察,成人在给孩子解释时,态度必须客观和科学,就如同认识自己的眼睛、鼻子、嘴一样,来认识自己和他人的性别。当然给孩子看百科全书是最合适的方法之一。<br>(2) 对于大一点的孩子,成人可以用科学的语言,站在科学的立场,将人体科学讲述给孩子。比如,在回答有关性别或“我从哪里来”这类的问题时,要以正确的心态,将生命形成的全部过程科学地讲给孩子听。<br>(3) 成人要有意识地以各自良好的性别形象潜移默化地影响孩子,为其未来处理人际关系打下良好的基础。 |
| 人际关系敏感期 | 3—5岁 | (1) 孩子的交往是从分享食物、交换食物开始的,然后是物与物(如玩具)的交换,继而出现相同的爱好和兴趣,最后出现理解、友谊,达到和谐关系。<br>(2) 2.5岁的孩子逐渐脱离自我中心,对结交朋友、群体活动有明显倾向。孩子在3岁左右开始通过分享好吃的和别的小朋友交往。逐渐地,他们开始用交换玩具来交朋友。再长大一点 | (1) 为孩子创造人际交往的条件。家里来了客人,父母要让孩子相识相伴,学习待人接物之道。父母也要适当地带孩子去参加一些聚会,让孩子见见各种场面,学习与各种人打交道的方法。<br>(2) 让孩子抓住各种人际交往的机会。如父母带孩子上街,要鼓励孩子问路;带孩子上车,要让孩子去买车票;孩子的同伴来家里玩时,要让孩子当小主人。<br>(3) 鼓励孩子参加各种集体活动。在集体活动中,他们会互相教会怎 |

续表

| 敏感期 | 敏感期时间 | 行为表现 | 教育指导 |
| --- | --- | --- | --- |
| | | 的时候,他们开始因为喜欢同样的东西,有相同爱好而交往。这样,朋友的关系就开始长久了。到了5岁左右,三四个朋友的关系就基本上很固定了。<br>(3) 从一对一交换玩具和食物开始,到寻找相同情趣的伙伴并开始相互依恋,从和许多小朋友玩到只和一两个小朋友交往,孩子自己经历了人际交往的全过程,这种交往智能是与生俱来的。 | 样玩耍、怎样相处、怎样生活。家长要欢迎孩子的小朋友上自己家里来玩,也要鼓励自己的孩子到别的小朋友家里去玩。<br>(4) 在角色游戏中提高孩子的交往能力。在角色游戏中(如娃娃家、理发店、小吃店等),孩子必须要敢讲话、爱讲话,消除羞涩、胆小的心理,克服任性、自我为中心的个性。在角色游戏中,家长要引导孩子学会遵守游戏规则,学习运用各种礼貌用语和各种协商的口吻和小朋友们交流,建立友好合作关系。 |
| 音乐敏感期 | 3—6岁 | 孩子的音乐敏感期呈螺旋状发展。<br>(1) 0—2岁:有音乐天赋的孩子在这一阶段主要表现出对音乐的敏感性、极易被音乐所吸引。比如在他吵闹哭泣的时候听到一段优美的乐曲,他会突然停止哭闹,注意力会转移到音乐上去。<br>(2) 2—3岁:这时候孩子听到音乐可能会不由自主地随着音乐手舞足蹈。2岁的孩子就能把握节奏。<br>(3) 3—4岁:开始对简单和 | (1) 0—2岁:感受音乐。这一阶段主要是培养孩子对音乐的感知力和领悟力。可以让孩子多听一些优美的音乐。在音乐素材选择上,首推古典音乐,最好不要先给孩子听流行歌曲,流行歌曲的音域不适合孩子。<br>(2) 2—3岁:节奏感的建立。这一阶段要特别培养孩子的节奏感,给他听的音乐可以是节奏性比较强的。可以通过游戏的方式进行节奏训练,比如成人喊节奏,让孩子去敲击物品等。<br>(3) 3—4岁:向旋律、音准过渡。可以让孩子从单纯的节奏练习向旋律、 |

续表

| 敏感期 | 敏感期时间 | 行为表现 | 教育指导 |
| --- | --- | --- | --- |
| | | 重复的旋律感兴趣。<br>(4) 4—5岁:孩子听觉发育已完善,是开发孩子音乐智能最关键的一个阶段,而且4—5岁的孩子无论脑功能、手指的柔韧性、矫捷性以及手脑之间的协调性,足以胜任弹奏钢琴的需要。<br>(5) 5—6岁:开始选择自己喜欢的音乐并自发用动作表达旋律较为复杂的音乐。<br>(6) 6—8岁:已能体验音乐带给他们的美妙感受,有些孩子会深深沉浸在音乐之中。 | 音准方面过渡。选择适合孩子的歌曲、世界名曲、童话故事音乐等,与孩子一起欣赏;同时选择一些适合孩子年龄特点的歌曲,教孩子唱。学习电子琴是这一时期不错的选择,因为电子琴在节奏、旋律、音准及培养孩子音乐兴趣方面都有很大的作用。<br>(4) 4—6岁:学习实际的音乐技能。比如4岁的孩子可以学习打击乐器,5的孩子可以学习弹钢琴等,但一定要在孩子感兴趣的基础之上,千万不要强迫孩子学习乐器! |
| 绘画敏感期 | 3—6岁 | 孩子的绘画敏感期呈螺旋状发展。<br>(1) 2岁以后孩子就会使用水彩笔或蜡笔,画一些圆圈、线团或直线,并试图用自己所画的简单线条来表示周围的事物。3岁以前的孩子对自己画出的线条会联想到并说出自己偶然想到的形象,但别人很难辨别出画的是什么。<br>(2) 3岁左右开始有了运笔意识,画的形状成了不规则 | (1) 讲述画家趣事,激发兴趣。家长可以给孩子讲述一些著名画家的故事,让孩子了解著名画家幼年时的绘画趣事与绘画习惯。也可以讲《神笔马良》的故事给孩子听,激发孩子的绘画兴趣。<br>(2) 给孩子提供一个良好的艺术环境。比如让孩子欣赏世界名画,给孩子布置一个有氛围的美术区,让孩子自由表达、自由创作。在孩子画画时,家长最好不要指手画脚、评头论足,让孩子失去自由绘画的雅兴。 |

续表

| 敏感期 | 敏感期时间 | 行为表现 | 教育指导 |
| --- | --- | --- | --- |
| | | 的梨型、圆形及其他的简单形状。在成人的指导下,3岁后期能画出一个事物的基本轮廓,比如画人能画出头部、四肢和躯干,但没有多少细节内容。<br>(3) 4—5岁孩子的画,通常是他感受最深的东西,而且能够抓住事物的特征,让人一看就知道是什么。<br>(4) 5—6岁的孩子逐渐能自己绘画了,他们会把自己知道的事物和动作一一排列地画到纸上。开始把握细节,对微妙的神态也有了感觉,画面逐渐变得丰富而生动。 | (3) 家长示范绘画,树立榜样。有心的家长可以把日常绘画作为自己的一种休闲方式,家长经常画画,孩子自然而然就会跟着模仿。家长可以为孩子做好示范,教孩子绘画,帮助他们掌握一些绘画的技能技巧,使他们打好绘画的基础。<br>(4) 奖励孩子进步,积极强化。家长教给孩子一些基本的绘画技法后,他们的绘画作品会取得较大的进步。家长不能视而不见,熟视无睹,而应及时地表扬孩子的进步,并给予恰当的奖励,使他们体验到成功的喜悦,激发他们继续绘画的兴趣。 |
| 学习外语的敏感期 | 3—12岁 | (1) 人类大脑中掌管语言学习的区域叫"布罗卡斯区"。3—12岁是这个区域的敏感期,此时被存储的语言会被大脑认为是"母语",很有可能迅速掌握并灵活运用。12岁之后,绝大部分人的"布罗卡斯区"会关闭,此时再学语言,大脑会将这些语言存储在"记忆区",运用时就不再那么自如灵活了。<br>(2) 外语口语的关键期为 | (1) 想方设法培养孩子学习外语的兴趣。一般来说,通过娱乐的方式让孩子在不知不觉中学外语,可以达到事半功倍的效果。比如,和孩子一起做游戏、学唱歌、画画、可爱的字母描红、为外语单词涂颜色、触摸字母、做字母操等,都能够激发孩子的兴趣,使孩子觉得学外语很好玩。<br>(2) 在听故事、讲故事中学习外语。故事对学龄前孩子具有极大的吸引力,在故事的讲述中可以将要学习 |

续表

| 敏感期 | 敏感期时间 | 行为表现 | 教育指导 |
|---|---|---|---|
| | | 3—4 岁,书面语关键期比口语晚两年。其实,孩子从 2. 5 岁开始就可以接触外语了。2. 5 岁以后,孩子的生活经验逐渐丰富,在这个时候开始学外语,不仅不会妨碍汉语学习,两种语言的学习还可互相促进。<br>(3) 很多教育专家都认为 4—8 岁是孩子学习第二语言的最佳时期。在这个阶段学习外语,孩子没有任何负担,积极性较高。<br>(4) 6 岁以前,孩子对声音的敏感度较高,且右脑控制发音器官的能力较强,声带、舌唇等运动神经的调节也具有很大的可逆性,这时练习会话,更容易掌握发音的技巧。随着年龄的增长,这种能力会逐步下降,给学外语带来困难。因此 6 岁前是孩子学习第二语言语音语调的敏感期。在 6 岁前开始学习第二语言,大多数孩子可以掌握正宗的口语,而学前儿童学习外语的主要优势就在语音语调方面。<br>(5) 8—12 岁是第二语言的快速上升期,是孩子建立外 | 的单词、短语和句子穿插其中,使孩子在和谐的气氛中学说外语,使孩子在不知不觉中掌握外语。<br>(3) 为孩子学外语创造语言环境。高质量的语言环境和科学的教育方式,可以帮助孩子用外语去听、去想、去表达,最终养成用外语思维的思维范式,习得母语般的纯正外语。要引导孩子在尽可能真实的动态情景中使用语言。语言是一种交流工具,当他想去表达时,他才会积极地去调动语言的组织。家长可以在日常生活情境中使用外语做提示语言,用外语和孩子一起玩游戏等,引导孩子尽可能用外语交流。<br>(4) 遵循学习语言的规律。最好能像学母语一样学外语。外语的学习也有一个听、说、读、写的过程:先是通过外文音乐、歌谣等声音刺激孩子,然后在互动中慢慢学会模仿,开始用外语去说,最后才是用外语去读和写。一般来说,孩子 3 岁左右时,家长可以先让他听一些录音、歌曲,先发展听、说能力;到 4—5 岁时,可以开始外语阅读;到 6 岁之后再让他学习写。不过,学前儿童学习外语的重点应当始终如一地放在发展孩子的正宗的语音语调方面,应充分利用原声录音、原版录像、原版动画片等进行外语学习活动。 |

续表

| 敏感期 | 敏感期时间 | 行为表现 | 教育指导 |
| --- | --- | --- | --- |
| | | 语思维的最后机会。因为这个阶段的孩子已有初步的逻辑思维能力,基本的社会文化常识,具备了学习第二语言的基础知识及基本能力。<br>(6) 如果12岁之后才进行外语学习,孩子在学习中很容易受到中文思维的干扰,严重影响孩子的外语学习。 | (5) 对待孩子的语言错误要宽容和有耐心。只要不影响正常的教学、交际,就不要立即加以纠正,以减轻孩子的心理压力,增强他们的信心。 |
| 书写敏感期 | 3.5—4.5岁 | 书写敏感期的典型表现如下。<br>(1) 涂画线条:喜欢拿着笔在纸上、地板上、门上、镜子上等涂画。在他们看来,所有的"作品"都是有含义的。如,画了一个小圆圈,他认为这是鸭子;画了几条线,他认为这是彩虹;若再多画几个图形,他甚至能讲出一个故事来。<br>(2) 写数字:孩子在父母的指导下,可以进行简单的数字书写练习。<br>(3) 写名字:这一阶段的孩子尤其喜欢写名字,在写自己名字时非常专注。<br>(4) 图中附词:开始在图中题写句子。所题写的语句可能仅仅是一两个字或一 | (1) 通过日常生活和阅读活动中常见的简单标记、文字符号来引发孩子的书写兴趣;准备相应的空间和材料,让孩子自由地涂涂、画画、写写。<br>(2) 提供不同的书写材料(粉笔、蜡笔、水彩笔、沙、土、水、纸等),让孩子在进行同样的练习过程中感受不同的书写体验,在不知不觉中达到训练的目的。<br>(3) 根据不同的书写能力,选择相应难度的书写内容。要遵循由易到难的顺序,如线条(竖线、横线、斜线等)→数字(电话号码、门牌号、车牌号等)→文字(名字、生活中常见的笔画简单的字等)。<br>(4) 文字触摸练习:孩子在书写符号之前,可以先触摸符号,比如运用砂纸符号(数字、文字、拼音、偏旁部首)卡,让孩子先触摸符号以产生感觉, |

续表

| 敏感期 | 敏感期时间 | 行为表现 | 教育指导 |
|---|---|---|---|
| | | 句话，但孩子已开始意识到画画和写字的差别，开始运用图和词一起说明内容，互为补充。<br>(5) 记录用文字：5—6岁时开始对书写符号（文字、拼音、偏旁部首）产生兴趣，有些孩子已经认识并能书写一些简单的文字，会利用已经掌握的文字进行简单书写和记录。 | 然后再临摹或描红。<br>(5) 鼓励孩子大胆创造自己的标记与符号。如，鼓励孩子给亲戚或小朋友写信（可以图文结合）；在出发去超市买东西之前，让孩子帮忙记录下需要购买哪些物品等。<br>(6) 应注意书写的坐姿、握笔的手法及写字时的笔顺，并在孩子书写过程中适时给予鼓励。 |
| 直觉思维发展敏感期 | 4—6.5岁 | 这个时期孩子思维的主要特征是思维直接受知觉到的事物的显著特征所影响。比如，向两个大小、形状相同的杯子A1和A2里装入相同高度的水，四五岁的孩子会知道这两个杯子装的水一样多。但若把A1杯子里的水倒入另一个又细又长的杯子B里，再让他们比较A2和B两个杯子里的水是否一样多，有的孩子可能会说B杯子里的水多，这可能是因为他只关注到了杯子的高度；而有的孩子可能会说A2杯子里的水多，这可能是因为他只关注到了杯子的宽度。 | (1) 感性知识和经验的丰富程度影响着思维的发展。成人应有意识、有计划地组织各种活动，丰富幼儿的感性知识及表象经验。<br>(2) 简单分类，如将服饰分为上衣、裤子、袜子等。<br>(3) 图形辨认与操作，如辨认图形相同和不同的地方。<br>(4) 模式辨认、操作（间隔与连续）。<br>(5) 简单排序（大小、长短、高矮、粗细等）。<br>(6) 造型（纸工、泥工、拼插、搭建）。<br>(7) 方位认知。<br>(8) 拼图。<br>(9) 迷宫。<br>(10) 观察与比较异同、特征描述。<br>(11) 实物点数、计数与运算。<br>(12) 自由联想，如将空中飘浮不定 |

续表

| 敏感期 | 敏感期时间 | 行为表现 | 教育指导 |
| --- | --- | --- | --- |
| | | | 的朵朵白云想象成各种形象。<br>(13) 各种角色扮演游戏。<br>(14) 绘画活动。<br>(15) 其他各种操作活动。 |
| 数概念敏感期 | 4—5岁 | (1) 当孩子开始对数概念,比如数、数字、数量关系、排列顺序以及数的运算突然发生浓厚兴趣,总是喜欢问数量方面的问题(如,这是几个?现在是几点?有几个人?5后面是几?两个2相加是几等),并对其中种种变化有着强烈的求知欲时,就标志着孩子的数概念敏感期到来了。<br>(2) 4—5岁是数词和物体数量间建立联系的阶段。4岁左右,从只具有对少量物体模糊的数概念达到了可以形成数概念的阶段。孩子在数完之后,就知道最后一个数就是这些物体的总数。孩子可以按照指定的数目来取物,并能做简单的数的组合与分解。在数量比较上,能知道实物数量的多少,进而能对两组实物进行数量比较,比如知道6个比8个少,10个比9个多。 | (1) 利用生动的形象,教孩子认识数字符号。如教孩子"数数歌"。<br>(2) 找数字。比如寻找生活中常见的数字(门牌号、电话号码等);从数字卡片中找数字等。<br>(3) 使用实物排序,帮助孩子建立物体与数学之间的关系。比如,画一条竖线作为排头,家长和孩子在竖线后面分别摆一排棋子(应根据孩子排了多少来决定自己排多少),通过比较两排棋子的长短来判断棋子的多少,还可以比较出相差多少。<br>(4) 玩"接数游戏",包括顺接数和倒接数。比如成人数1、2、3,孩子接4、5、6;还可以倒着接数,成人数10、9、8,孩子数7、6、5。<br>(5) 玩"数字接龙游戏",成人数几个数后让孩子接着数。比如:1、3、5……2、4、6……5、10、15……10、20、30……<br>(6) 玩"扑克牌接龙"。准备一副扑克,先让孩子把不同的花色归类,然后根据大小顺序依次排列起来;还可以用扑克牌比大小,帮助孩子熟悉数字、理解数字。 |

续表

| 敏感期 | 敏感期时间 | 行为表现 | 教育指导 |
| --- | --- | --- | --- |
| | | 但这一阶段的孩子还不能完全理解逻辑,他们只是能够将数名、数字、数量配上对。这是孩子数学智能的最初发展,而只有三位一体地掌握,才算掌握了数的概念。 | |
| 学习书面语言敏感期 | 4—5岁 | 书面语是指人们在书写和阅读文章时所使用的语言,它是在口语的基础上发展起来的,比口语凝练、概括,是口语的加工形式。孩子一般在4—5岁进入书面文字阅读的敏感期,主要表现为:<br>(1) 对日常生活中可能遇到的文字(如商店招牌、商品包装等上面的醒目文字)表现出关注和兴趣,喜欢问这是什么字呀?那是什么字呀?喜欢把符号和实物做比对。<br>(2) 掌握了一部分字之后,只要一见到认识的字就读,遇到不认识的字就问。<br>(3) 对文字符号(如汉字)学得快,记得牢,大量的汉字可以在日常生活中不知不觉地学会。但这个阶段的孩子对文字认识也只是 | (1) 布置书面语言学习环境。比如创设一个家庭图书角,放置一些孩子感兴趣的绘本,在空余时间和孩子一起阅读。当孩子对书中某个文字表现出认知兴趣时,可以让孩子手指着文字,陪他多读两遍,并带他跟读两遍。<br>(2) 4岁以上的孩子,家长讲过故事之后,可以要求孩子根据图片把故事情节复述一遍。家长可适当提醒,鼓励其说完。在故事讲述过程中可以启发孩子思考并描述故事情节的发展等。<br>(3) 可教孩子一些简单的绕口令、内容浅显易懂的诗歌和朗朗上口的童谣,边教边表演。<br>(4) 避免孤立识字,要让孩子在整体的语言环境中识字,做到字不离句、句不离文。也可以让孩子通过"实物配合文字"的形式来认字,比如使用孩子认识的事物来认识相关的文字(如孩子喜欢的食品、玩具等),也可把文字制作成字卡让孩子和实物 |

续表

| 敏感期 | 敏感期时间 | 行为表现 | 教育指导 |
| --- | --- | --- | --- |
| | | 一种整体形象的模式识别，还不能分解字的笔画，也达不到书写的能力。 | 配对，这样才能让孩子将抽象的符号和现实的实物结合起来，学习文字才会有意义。 |
| 阅读敏感期 | 4.5—5.5岁 | (1) 阅读敏感期表现在对阅读活动的特别喜爱和积极的阅读态度。当阅读敏感期到来时，孩子开始“痴迷”各种带文字或图片的东西，包括各种图书、报纸、广告牌、宣传画等。阅读时他们不再单纯停留在图画书多彩而有趣的图案上，对图画书上的文字也产生了浓厚的兴趣。孩子往往要求家长告知图书的名字，然后自己再一个字一个字地朗读几遍，甚至用手指着图书上不认识的文字，边“读”边看。阅读能力一般要到8岁左右才能初步形成。<br>(2) 阅读一般分为以下几个阶段：① 和家长一起阅读。这个阶段的孩子总是缠着家长给他讲故事，不论这个故事讲了多少遍，他总是听得津津有味。② 自己阅读图画书，并能回答一些简单的问题。喜欢捧着自己 | (1) 为孩子创设支持性的阅读环境；为孩子布置一个专属的阅读区。<br>(2) 提供适宜的图书，要着重选择形象性、直观性、故事性强的图书，保证图书种类多样、形式各异。<br>(3) 早期阅读以培养孩子的阅读兴趣为主，从孩子喜欢的故事入手，引导孩子认识图书，激发孩子对文字符号的兴趣。<br>(4) 在初步建立阅读兴趣的基础上，家长要有意识、有目的地引导孩子进行阅读。首先是成人讲，孩子听；当孩子对故事有了初步印象之后，可以让孩子指字，家长读；以后逐步过渡到综合运用手、眼、口、脑等多通道器官，做到手指着字，眼看着字，嘴念着字，脑记着字。<br>(5) 亲子阅读的形式一定要生动活泼，必须自始至终鼓励孩子参与，尽可能让孩子自己说、自己看、自己想。<br>(6) 鼓励孩子自由阅读、自由探索，必要时家长可帮助解决孩子的疑惑，协助其解决进一步阅读的障碍。<br>(7) 共同阅读。当孩子要求家长讲 |

续表

| 敏感期 | 敏感期时间 | 行为表现 | 教育指导 |
| --- | --- | --- | --- |
| | | 感兴趣的书静静地看，开始关注故事的相关信息，如“谁”“干什么”“怎么样了”，而语言的发展，则使他们能简单地回答这些问题。③自己读文字书，可简单地讲出故事大意。④自编故事。 | 解时，家长应当兴致勃勃地和他们一起看，并根据图书内容和孩子交谈，在家长讲述之后，要求孩子复述一遍。<br>(8) 培养孩子的阅读能力是一个长期的过程，需要平时一点一滴的积累，做到持之以恒。 |

**名家名言**

对孩子的成长来说，最重要的是教育而不是天赋。孩子最终成为天才还是庸才，不取决于天赋的大小，关键决定于他或她从生下来到五六岁的教育。

（德国　卡尔·威特）

**本篇重要参考资料**

· [意]蒙台梭利.童年的秘密[M].马荣根,译,单中惠,校.北京:人民教育出版社,1990.

· 林崇德.发展心理学[M].北京:人民教育出版社,1995.

· 王振宇.儿童心理学[M].南京:江苏教育出版社,2006.

· 孙瑞雪.捕捉儿童敏感期[M].北京:中国妇女出版社,2010.

· 刘慧敏.别错过儿童发展的敏感期[J].家庭教育(幼儿家长),2010(10).

· 陈伙平.心理敏感期是幼儿教育的关键时期[J].幼儿教育,1997(12).

· 李黎波.儿童关键期的教育[J].牡丹江师范学院学报(哲学社会科学版),2004(4).

· 殷红博.成功的潜能开发来自关键期的科学教育[J].现代特殊教育,1999(12).

· 陈建华,刘丹.当代脑科学视野中的儿童学习关键期研究及其启示[J].外国中小学教育,2008(1).

· 董丽.怎样帮助孩子渡过心理发展关键期[J].心理世界,2006(11).

· 宋改敏,赵建斌.儿童心理发展的关键期与早期教养[J].兵团教育学院学报,1999(1).

· 童矫胜.人的社会化过程的关键期[J].湖北师范学院学报(哲学社会科学版),2002(2).

· 卢乐珍.儿童成长的三大关键期(二)别错过幼儿感知觉发展关键

期[J]. 家庭教育(婴幼儿家长),2004(2).

· 马超. 感官敏感期:让孩子尽情地感知世界[J]. 家庭教育(幼儿家长),2009(1).

· 宋艳. 抓住宝宝的视觉发育关键期[J]. 启蒙(0—3岁),2007(8).

· 刘闯,董光恒. 童年的秘密:敏感期[J]. 幼儿教育,2008(20).

· 徐敏. 童年的秘密:敏感期[J]. 幼儿教育,2009(C5).

· 杨红梅,刘闯. 童年的秘密:敏感期[J]. 幼儿教育(父母孩子),2009(4B).

· 杨红梅. 童年的秘密:敏感期[J]. 幼儿教育,2009(17).

· 张丽敏. 细节敏感期:注意力发展的开始[J]. 家庭教育(幼儿家长),2009(3).

· 鲁杰. 关注宝宝空间秩序感的培养[J]. 启蒙(3—7岁),2005(12).

· 王曙光. 幼儿的敏感和敏感期[J]. 家庭教育(幼儿家长),2004(2).

· 张丽敏. 语言敏感期:打好孩子全面发展的基础[J]. 家庭教育(幼儿家长),2009(6).

· 周加仙. 语言学习敏感期的脑与认知机制研究:兼谈我国外语教育政策和实践[J]. 全球教育展望,2009(9).

· 杨珍. 阅读敏感期:培养孩子爱看书的最佳时机[J]. 家庭教育(幼儿家长),2009(5).

· 曾亚军. "关键期"理论与幼儿语言能力的培养[J]. 中小学电教,2010(8).

· 赵焕明. 幼儿语言关键期的教育[J]. 新疆教育学院学报,2004(2).

· 刘闯,方红. 数概念敏感期[J]. 幼儿教育,2008(24).

· 花艺. 书写敏感期:涂涂画画中打好学习基础[J]. 家庭教育(幼儿

家长),2009(4).

· 徐敏,刘闯 . 社会规范敏感期[J]. 幼儿教育,2009(C2).

· 程永佳,张莉 . 3—5 岁:幼儿性别意识发展的敏感期[J]. 教育导刊,2011(4).

· 庞丽娟,姜勇. 幼儿责任心发展的研究[J]. 心理发展与教育,1999(3).

· 赵靓. 浅析二语习得关键期假说中最佳起始年龄假设[J]. 福建教育学院学报,2010(4).

· 郑敏. 如何把握好二语习得的关键期[J]. 时代教育(教育教学),2011(9).

· 余强. 从第二语言敏感期的特点看学前双语教育的重点[J]. 早期教育,2003(5).

# 第三篇　4—5 岁儿童发展进程与教育指导

**篇首语**　“4—5 岁儿童发展进程与教育指导”从营养与保健、护理与自理、粗大动作、精细动作、视觉空间、绘画与书写、音乐与律动、学习能力、语言发展、数理逻辑、认知与探索、情绪情感、社会认知与交往、自我意识与个性等 14 个领域，系统展现了 4—5 岁儿童的身心发展进程，并精心设计了与各发展阶段及各发展领域相适宜的教育活动。

## 本篇导读

遵循48—60个月儿童的身心发展规律，各发展领域的能力谱系和主导活动主要包括：

**营养与保健**

健康食品、营养均衡、饮食调剂、科学饮用奶制品、甜食与健康、控制和预防肥胖等方面的科学常识。

**护理与自理**

进食、穿戴、盥洗、如厕、劳动、安全意识、健康意识等。

**粗大动作**

跑、上下台阶、踢球、纵跳、攀登、平衡、跳高、跳远、单脚跳、钻爬、骑三轮车、动作控制、荡秋千、悬吊、跨跳、双脚交替跳、跳格子、转身跳、脚运球、投掷、抛接球、拍球等。

**精细动作**

撕纸、捏、旋拧、倾倒、握笔、拼插、泥工、穿、拆装、建构、折纸、夹、剪，掌控、操作工具等。

**视觉空间**

图形感知、立体知觉、视觉辨识、空间方位、拼图、时间概念、图形切分与拼合、空间布局、空间想象、读图能力等。

**绘画与书写**

使用艺术材料、涂色、画几何图形、画人、艺术理解与欣赏、艺术表达与创作、画物、书写等。

**音乐与律动**

辨音、律动、节奏、唱歌、玩音乐玩具与乐器、音乐理解与欣赏、歌曲创编、舞蹈、舞蹈创编、表现与表达、角色扮演等。

**学习能力**

记忆、注意、专注、观察、创造性、计划性、坚持性与完成任务、灵活性与变通性等。

**语言发展**

语音、音韵、语言理解、倾听、听从指令、口语表达、语词、语句、阅读、描述、谈话、提问、诵读、解释、讲述、复述、学外语、认字、表演、故事创编、写字、书面表达、认读字母等。

**数理逻辑**

对因果关系的理解、解决问题的策略、游戏水平(假装游戏、建构游戏)、比较、分类、抽象概括、想象力、数的理解、按数取物、唱数、点数、排序、复述数字、规划/构思能力、序数、倒数、认识数字、估算、测量、认识规律、数的运算、量的理解、写数字、认知钱币、理解分数等。

**认知与探索**

认知领域:认识物品、认识动物、认识植物、认识自然现象、认识生命现象、认识物理现象等。

探索领域:探究能力(提问、观察、调查、收集数据、记录、反思经验、交流发现、运用探究工具、创作与表达)、科学品性(好奇心、探究欲)等。

**情绪情感**

情绪表达:生气、悲伤、愤怒、怀疑等,且日趋平和;情绪调控能力主要显现为自我控制、寻求帮助。

情感表达:同情、移情、关心、安慰、自豪感、嫉妒感、挫折感、虚荣心、幽默感、归属感、道德感等。

**社会认知与交往**

社会认知:认识他人(兴趣爱好)、认识家庭(家庭事务、角色关系)、认识社会(如职业角色等)。

社会交往:交往态度(积极、主动)、交往技能(协商、协作、征求意见、集体讨论、合作分享等);规则意识(理解、遵守、制定、维持);

人际关系（权威意识、友谊/关心、领导者意识）；社会性游戏（角色游戏、合作游戏、规则游戏）；品行发展（是非观念、责任感、理智感、诚实、品格、习惯）。

**自我意识与个性**

自我认识（身体、兴趣爱好等）、自主与独立、所有权意识、自控与坚持、自我与内省、自尊与评价、自信与勇气、自我适应等。

# 第一章　48—50个月儿童的发展与教育

**本章导读**

敏感期:48—50这两个月的幼儿处于感官发展敏感期(0—6岁)、空间敏感期(0—6岁)、个性形成敏感期(1—6岁)、注意力培养敏感期(2.5—6岁)、审美敏感期(2.5—6岁)、社会规范敏感期(2.5—6岁)、语音发展敏感期(3—5岁)、性别意识发展敏感期(3—5岁)、人际关系敏感期(3—5岁)、主动性发展敏感期(3—6岁)、责任心发展敏感期(3—6岁)、情商培养敏感期(3—6岁)、小肌肉发展敏感期(3—6岁)、观察能力培养敏感期(3—6岁)、音乐敏感期(3—6岁)、绘画敏感期(3—6岁)、学习外语的敏感期(3—12岁)、书写敏感期(3.5—4.5岁)等多个敏感期。相关敏感期的表现特点与教育指导详见“第二篇 4—5岁儿童敏感期与教育指导”。

精细动作:4—5岁的幼儿能用油泥捏出复杂一点的物体造型,如汽车、房子等。在泥工能力训练方面,年龄较小的幼儿可先学习团、搓、压扁、黏合等泥工手法,塑造简单的物体形象,如小汤圆、油条、胡萝卜、苹果、饼干、糖葫芦等。当幼儿掌握一定技能后,可学习捏的技能,做些较复杂的形象,如小鸡、小鸭、小白兔、小熊等小动物。

视觉空间:从4周岁开始,幼儿尝试对平面几何图形进行分切、拼合及不同图形组合变换,以深入认识各种平面几何图形的特征。此外,4 岁左右进入形象视觉发展的最佳期,这时幼儿对图像和图形特别敏感,开始对文字(尤其是汉字,是一种特殊的图形)表现出兴趣。因此,4 岁以后,可以在幼儿感兴趣的基础上,教他认识一些简单的汉字。

绘画与书写:4 岁的幼儿对于画与写的过程很有兴趣。在此年纪,幼儿开始使用较传统的手法,甚至会练习写几个字母来代表名字或标示。因此,4 岁以后,家长也可指导幼儿尝试用水彩笔学习临摹数字(即描红)。

语言发展:4 岁是培养幼儿语言思维的最佳年龄。家长可通过鼓励幼儿讲述故事和复述故事等方式,培养幼儿语言表达的连贯性、逻辑性、规范性和准确性。

数理逻辑:4—5 岁期间,幼儿能够逐步学会认识阿拉伯数字 1—10,掌握了 10 以内数的组成和序数;知道 10 以内各数的前后、大小、多少的关系,会做 10 以内不必进位的加法。此外,如同分类一样,认出与创造规律也说明幼儿具备次序概念。幼儿的好奇心与生俱来,可以导向对规律的辨认,他们可以复制简单的声音与物品的规律。

认知与探索:4 岁的幼儿对于他们周围世界的科技很有知觉,因为他们被电视、烤箱、计算机、飞机及自动化机器所包围。通过与家长的讨论,他们开始了解可以通过收音机和电视知道世界上其他地区的事情;知道汽车或飞机等交通工具让人们的旅行变得容易。在日常生活中,家长可以有意识地让幼儿了解一些简单、实用、便于理解的科技知识,体会科技给生活带来的便利和变化。

社会交往与自我意识:从 4 岁起,大部分幼儿的脾气开始收敛,可以更好地用语言表达自己的想法,他们学着磋商、谈判,试着寻找更多的解决方法,同时也开始为他人着想,能从他人的角度去审视自己,已具有初步的是非观念。这预示着幼儿的反抗期和执拗期即将过去,逐渐进入自我控制阶段和社会行为规范形成的重要时期。

# 发展进程与教育指导

## 一、营养与保健

（一）营养保健常识

4—5岁幼儿的饮食特点：4—5岁幼儿活动范围加大，能量消耗增加，米和面等主食量也要相应增加。咀嚼能力进一步增强，胃容量也不断扩大，消化吸收能力开始向成人过渡，可逐渐由软食过渡到普通饭。每日饮食安排以三餐一点为好。各种食物都可以选用，但不可多吃刺激性食物。对钙的需求量仍高，可以在早餐及睡前饮奶来增加钙的摄入。此时期，他们仍不喜欢吃滑溜溜、黏糊糊的菜，有些不喜欢吃切得太长的菜叶、菜茎，可以通过改变烹调方法，鼓励幼儿吃各种各样的食物。

（二）家庭养育指导

4—5岁幼儿饮食安排：4—5岁幼儿的饮食已基本过渡到类似成人的普通膳食，但仍要避免过于坚硬、油腻或酸辣的食物。膳食的提供要荤素搭配，粗细粮交替。4—5岁幼儿一日三餐较合理的时间间隔为4—5个小时，饭后仍需添加水果，可在午睡后加一次点心。

4—5岁幼儿每日膳食量：主食如米饭、面食等175—250克，荤菜应食蛋1个，鱼、肉、肝类100—150克，牛奶或豆浆200—250克，水果1—2个，蔬菜、鲜豆100—200克，外加豆腐或豆制品50—100克。除主餐外，可于下午加点心一次，以补充能量。4—5的幼儿开始表现出食欲，因此家长应为幼儿准备色、香、味、形综合一体的饭菜，培养幼儿定时、定量、定点进餐的习惯，避免暴饮暴食、饥饱不均等坏习惯。

## 二、护理与自理

（一）发展进程与目标评价

1. 进食

4岁，能处理纸盒装饮品（如用吸管喝盒装奶）而不弄洒。（46个月·

50个月)

2. 如厕

4岁左右,会用手纸把屁股揩干净,并在成人指导下练习有序地整理多层衣服。(46个月 · 50个月)

3. 穿戴

能解鞋带、扣衣扣、解衣扣;能把脱下的衣物理好、放整齐。(46个月 · 50个月)

4. 盥洗

洗脸后能将湿毛巾拧至不滴水;洗脚后能用毛巾将脚擦干。(46个月 · 50个月)

5. 劳动

洗手绢或袜子时会打上肥皂搓洗、漂洗,会夹在盘夹上晾晒、收回。(46个月 · 50个月)

6. 安全意识

4岁,拿剪刀或铅笔时,会把剪刀的刀口或笔头朝下。(44个月 · 52个月)

(二) 实现途径与教育指导

"迷路找家"游戏

(1) 准备民警帽一顶(可用纸做)。爸爸扮演民警,孩子扮演迷路的人。

(2) 孩子走到屋子中间,东瞧瞧西瞧瞧,一副很着急的样子。然后走到"民警"身边,说"叔叔,我迷路了,你能送我回家吗"。"民警"依次问以下问题"你叫什么名字""你的家在哪里""你父母叫什么名字""他们是干什么工作的",如果孩子答对了,"民警"就领着他在房间里转一圈,送到妈妈身边,孩子告诉"民警""这就是我的家",妈妈领着孩子向"民警"道谢。

如果孩子回答错误，“民警”可领着孩子转一圈，装作找不到他的家，启发他再想想。或妈妈假装找孩子，找到“民警”告诉他“我家的孩子走失了”，并把自家的地址、孩子的名字、父母的名字、职业告诉“民警”，以便从侧面告知孩子。

## 三、粗大动作

### （一）发展进程与目标评价

1. 跑

4—4.5 岁，能轻松自如地向前跑跳。（36 个月 · 56 个月）

2. 攀登

4 岁，能协调和熟练地在攀登架上做钻、爬和攀登动作。（42 个月 · 52 个月）

3. 走平衡

能用足跟顶着足尖向前或向后走直线。（46 个月 · 52 个月）

4. 下跳

能从 2—3 层台阶上跳下来。（→44 个月）

5. 单脚跳

4 岁，能单脚原地跳 5 次以上，或独脚跳着走 1 米。（40 个月 · 52 个月）

6. 钻爬

4—4.5 岁，能以匍匐、膝盖悬空等多种方式钻爬。（44 个月 · 54 个月）

7. 动作控制

4—4.5 岁，能与他人玩追逐、躲闪跑的游戏。（38 个月 · 56 个月）

8. 悬吊

4—5 岁，能双手抓杠悬空吊起 15 秒左右。（36 个月 · 62 个月）

9. 跨跳

能连续跳过高度为10—15厘米的系列障碍物。(→56个月)

10. 双脚交替跳

能尝试两脚交替跳着走。(→52个月)

11. 投掷

4岁,能尝试向固定的目标投或丢沙包。(46个月·52个月)

12. 接球

4—4.5岁,能依球来的方向尝试调整手臂与身体的位置去接球,但成功率不高。(38个月·54个月)

(二) 实现途径与教育指导

1. 巩固性训练

动作协调地跑步、单脚跳、攀登、钻爬、移动中接球、悬吊。

2. 足跟顶着足尖走

利用砖地的直线或画条直线,家长同孩子一起用右脚跟顶着左脚尖,脚落在直线上向前走。走到线的尽头不必回头,用脚尖顶着另一脚后跟向后退,压着直线倒回来。此项练习既可以锻炼步态平衡,又可以矫正内八字或外八字等不良步态。

3. 下跳

在床边铺上席子和被子,让孩子练习从床上往下跳。练习下跳前,要帮助孩子活动一下脚腕和腿关节。

4. "木头人"游戏

这个游戏最好是全家或多个玩伴一起玩。玩法:先选出一个喊口令的人,然后大家从规定的起点开始往另一指定的方向走,喊口令的人也边走边喊"我们都是木头人,一不许动,二不许笑,三不许露出大门牙。定"!一听到"定"字,每个人都像中了孙悟空的定身法,立刻停住,保持自己的姿势，一动不动。谁要是动了，谁就出局，第一轮游戏结束。剩下的人进入第二轮游戏，直到最后决出最终的胜利者。

5. 跳纸盒

将3个10—15厘米高的纸盒子相隔50厘米远依次排开，让孩子依次“双脚同起同落”地连续跳过盒子。熟练后可逐步增加盒子的数量。

6. 左右脚交替跳

家长示范左右脚交替着往前跳，让孩子模仿。可以不断变换花样跳，比如左脚跳一下、右脚跳一下；左脚跳两下、右脚跳两下；从指定的起点跳到指定的终点等。

7. 投沙包

在2米远处放一个鞋盒（或脸盆等），让孩子站在划定的起点线上往盒子里投掷或丢沙包。

**四、精细动作**

（一）发展进程与目标评价

1. 盖/拧

4—5岁，能熟练地转开马克笔上的盖子并能精准地套回去。（40个月·62个月）

2. 夹夹子

4岁左右，能双手协调地一手持物一手夹夹子。（44个月·52个月）

3. 剪纸

能沿大波浪线和大锯齿线剪纸。（44个月·52个月）

4. 泥工

4—4.5岁，能用油泥捏出复杂一点的物体造型，如汽车、房子等。（44个月·56个月）

5. 建构

4岁多，能用积木搭建复杂的结构，如用大小不同的积木或瓶盖搭多

层金字塔。(46个月·51个月)

6. 掌控

手掌心一次能握持多个弹珠。(46个月·52个月)

7. 操作工具和材料

4—4.5岁,能使用小片的拼贴片、小钉子、小珠子、油泥、滴管等。(44个月·50个月)

(二) 实现途径与教育指导

1. 巩固性训练

筷子夹蚕豆,旋拧螺丝、瓶盖或笔帽,穿扣眼,剪纸,撕纸,拆装,拼插,握笔。

2. 夹袜子

家长把家里的袜子收集在一起,让孩子把袜子一只一只地夹在盘夹上。如果孩子够熟练,也可以鼓励他一双一双地夹。

3. 泥工

先给孩子认识不同颜色、不同造型、不同种类的汽车,引导孩子用多种彩泥制作各种汽车,也可在同一辆车上使用不同的颜色,如卡车的车头用红色、车厢用绿色、轮子用黄色等。还可用不同颜色的油泥制作桌椅、房子、飞机等。此外,网络上有各种各样栩栩如生、鲜活可爱的幼儿泥工作品图片,家长可以选择一些简单易模仿的泥工图样,和孩子一起做泥塑。

4. 搭塔

收集一些大小不等的瓶盖或小盒,按大小顺序依次搭成塔形或套起来。

5. 拿弹珠游戏

将弹珠由筒中逐一以手指拿起并储存在手掌心内,一直到手掌心满载或弹珠拿不住为止,之后再逐一将弹珠由手掌心拿出放入筒中。

## 五、视觉空间

### （一）发展进程与目标评价

1. 颜色·辨识

4岁左右，能认识8—10种颜色（红、黄、绿、蓝、黑、白、棕、紫、橙、灰）。（→42个月）

2. 图形·辨识/命名

能认识至少5—6种几何图形（方形、圆形、三角形、长方形、半圆形等）。（46个月·50个月）

3. 立体图形·辨识/命名

能准确辨识和命名“球体”“半球体”“正方体”“长方体”“圆柱体”“圆锥体”“三棱柱”“三棱锥”“台体”等实物或玩具。（46个月·52个月）

4. 视觉辨识·细微差别

4岁左右，能辨别远近、高矮、长短、宽窄、大小等差别。（46个月·50个月）

5. 拼图

能拼出8—9块、2种以上实物内容的彩图或积木；能将圆形的1/2、1/3、1/4形块拼合起来。（46个月·50个月）

6. 图像符号

4岁左右进入形象视觉发展的最佳期，这时孩子对图像和图形特别敏感，开始对文字（尤其是汉字，是一种特殊的图形）表现出兴趣。（→38个月）

7. 空间方位

4岁以后，能区别前后、中间、最前面、最后面等位置；与对方同向站立时，能尝试分清对方身体的左右不同部位。（46个月·50个月）

8. 时间概念

能在家长引导下，在日常交流中学习使用常用时间用语，如马上、等会

儿、刚刚、现在、早晨、上午、中午、下午、晚上、昨天、今天、明天等。(46个月·52个月)

(二) 实现途径与教育指导

1. 用加倍法搭积木图形

比如把两个相同的长方形积木对成一个正方形,把两个相同的等腰三角形对成一个正方形,把两个相同的半圆形对成一个圆形等。这个游戏可以帮助孩子了解不同图形之间相互组合的关系,理解部分与整体的概念。

2. 拼图(8—9片)

家长把一图两物(如“妈妈抱着宝宝”图)的实物图片裁成8—9块,让孩子自己拼上。如果拼不出来,家长可先把1—2块关键拼块拼好,再和孩子一起找出它旁边应添上的片块,再把辅助部分或背景部分拼上。以后可根据孩子拼图能力,逐步增加图片内容的丰富程度和整图的切分块数。

3. 圆形1/2、1/3和1/4的拼合

家长用硬纸板剪出四个同样大小的圆形。保留一个整体作为“比照卡”,将其余三张卡依次切分为1/2、1/3和1/4。将剪下的所有形块混在一起,让孩子以完整“比照卡”为参照把各种形块再拼合成同样大小的圆形。

4. 立体几何模型分类

将球体、半球体、正方体、长方体、圆柱体、圆锥体、三棱柱、三棱锥、台体等模型(或玩具)各若干摆在一起。家长挑选其中任一模型,让孩子说出模型的几何名称,再让他把相同形状的模型都挑出来,直到把所有模型都归入同类为止。

5. 在生活中学认文字

周围环境中和日常用品上往往会有非常醒目的文字(字母、汉字),家长可借机引导孩子关注这些文字，给孩子指读这些文字。若孩子表现出兴趣，还可带领他指读。对孩子的认读行为要给予表扬和鼓励。

6. 右手摸左耳

家长同孩子一起站在镜子前，轮流发出口令并做用一只手去摸另一侧的耳朵的动作，如“右手摸左耳”“左手摸右耳”。家长先示范，孩子再模仿家长做几遍，然后轮流喊口令，做对者争到发令权。家长做动作时可故意慢一点，给孩子反应的时间。

7. 备选读物

可选择《迪士尼益智拼图书》或《芭比益智拼图书》中的“9 块拼片”的拼图游戏。

## 六、绘画与书写

### （一）发展进程与目标评价

1. 画线

能模仿连点成线（直线、圆圈等）。（44 个月 · 50 个月）

2. 画几何图形

4 岁以后，能完成等腰三角形、等边三角形、长方形、正方形、梯形、平行四边形、菱形等几何图形的连点成图。（46 个月 · 54 个月）

3. 画人

4 岁，能在未完成的人身上加画 5 个以上人体部分。（46 个月 · 50 个月）

4. 艺术材料

4 岁，能在画板上用水彩画图，尝试运用大小水彩笔，模仿运用不同的简单技法，同时注意运笔动作。（46 个月 · 50 个月）

【小贴士】4岁幼儿对写与画的过程很感兴趣，对他们而言，完成作品没有创造过程来得重要。在此年纪，幼儿开始使用较传统的手法，甚至会练习写几个字母来代表名字或标示。

5. 书写

能尝试用水彩笔临摹数字(即描红)。(44个月·52个月)

(二) 实现途径与教育指导

1. 连点成图

家长用点点子的方式画出各种几何图形(即虚线图)，再让孩子模仿家长，把这些点子连接起来，构成实线图。

2. 手指画——葡萄串

引导孩子说出每串葡萄都是由许多颗圆圆的葡萄组成的，上部、中间多，尖端少。

(1) 讲解、示范：先从藤梢开始画。右手食指蘸上颜料在纸上按一下就成一颗圆圆的葡萄。再稍稍离开点画第二颗……上部和中间画得多，往下渐渐减少，尖端画一颗。

(2) 练习：提醒孩子蘸色要适量，葡萄之间要留空隙，不要糊成一片。

3. 手形画

(1) 把左手放在纸上，右手拿铅笔，笔要靠近左手，从手腕处用力画，顺着手掌从小指、无名指、中指、食指，最后大拇指，再沿手掌到手腕，一只手的外轮廓就画好了。画的时候注意，左手不能移动。

(2) 鼓励孩子变化手指形态，画出各种不同形态的手形画，如五指张开的手形、五指并拢的手形等。

(3) 用水彩笔给手形画描边、添画，使手形画成为自己喜欢的作品。

4. 数字描红

家长先用黑色碳素笔在白纸上写出规范的数字(1—10),然后让孩子用红色水彩笔把这些数字描粗。家长要特别注意对数字笔顺的指导。

## 七、音乐与律动

### (一) 发展进程与目标评价

1. 律动

4岁左右,身体有足够的控制力来把握节奏,能尝试随着音乐做出跳、转动、弯、伸展等动作。(46个月·50个月)

2. 节奏

能听辨出两种不同节奏的歌曲或音乐的不同节奏,并尝试用音乐玩具或打击乐器敲打出来(如“强弱”和“强弱弱”)。(44个月·52个月)

3. 表现与表达

4岁,能在扮演活动中用“比手画脚”的方式表演熟悉的事情、演出故事,在扮演中重现自己的生活事件。(44个月·56个月)

4. 歌曲创编

4岁左右,出现有意识的音乐创作现象,如即兴唱歌、自编歌词。(44个月·56个月)

### (二) 实现途径与教育指导

1. 舞蹈学习法——口令法

成人的语言讲解要生动形象、通俗易懂,不能死板地按动作要求讲。譬如一个转腕的动作,如果成人这样告诉孩子,“现在你手里抓住了树上的一个大苹果,你想把苹果摘下来,必须手腕转动拧一下”。在这样具体形象的语言讲解下,孩子很快就能学会转腕这一动作。在学单一动作时,可先数数,喊口令,动作学会了再合着音乐做。此种方法可以加快孩子对舞蹈动作的理解和掌握速度。

2. 鼓励孩子即兴自编自唱歌曲

喜爱听并经常听儿童歌曲的孩子，有时会在自己非常熟悉的歌曲的基础上部分地改词或填词并即兴唱歌。此时，家长不要因喜出望外而急于夸奖，可在旁边静静欣赏，让孩子尽情地自编自唱，孩子尽兴后家长再给予鼓励。平时也可以和孩子一起玩改编歌词、即兴演唱的游戏。

## 八、学习能力

### （一）发展进程与目标评价

1. 模仿

4—5 岁，能模仿生活中方方面面的情景，将不同片段联结成一个新的剧本。（→40 个月）

2. 观察·目的性

4—5 岁，观察的目的性有所提高，开始能按成人要求进行观察。（46 个月·52 个月）

3. 计划性

4 岁左右，能说出自己打算马上要做的事情，并能说出做这件事可能要用到的东西（如，自己想玩什么游戏，并能说出 1—2 种游戏材料的名称）。（44 个月·56 个月）

### （二）实现途径与教育指导

1. 家庭小剧场

把家里的客厅当作小舞台，让孩子把他在幼儿园里学到的东西，如儿歌、歌曲、舞蹈等表演给家人看。这样不仅可以让孩子记住他学过的东西，还可以训练孩子展现自己的能力。

2. 听指令做动作

孩子根据家长的口令做动作，如向左、向右、向后转、起立、蹲下、举左手、举右手等，速度可由慢到快。建议家庭成员一起做这个游戏。

3. 听到动物举右手

念一组事物的名字给孩子听，让他听到动物的名字时就举起右手。如猫、狗、电话、冰箱、兔子、狐狸、电风扇、老虎、洗衣机、电视、公鸡、母鸡等。

4. 火眼金睛

先让孩子仔细观察爸爸妈妈的衣着，2 分钟后，让孩子到屋外回避 3 分钟。在此期间，爸爸妈妈迅速改变自己的着装（如鞋、帽、上衣、裤子、围巾、手套等）。换装完毕后，让孩子进屋找找爸爸妈妈分别发生了什么变化。家长也可以和孩子轮换玩这个游戏。

5. 找出每组中与众不同的数字

比如，3、3、3、3、5、3、3、3、3，或 6、6、6、9、6、6、6、6、6、6，或 2、2、2、2、2、2、2、5、2、2 等易混的数字。

6. 具体观察法

由于孩子观察具有目的性不强的特点，所以成人在引导孩子观察时要提出具体、明确而细致的观察要求，否则观察时孩子会被无关或有趣的事物所吸引。比如，要求孩子观察的目标是“动物”，这样的要求就不具体，如果改成“观察动物的耳朵”就具体多了。

7. 利用时令特征来培养孩子的观察兴趣

比如春天来了，成人可以和孩子一起玩“找春天”的游戏，让孩子从自己身上和家里寻找春天来了的信息，比如说，“我身上的棉衣脱下来了”“我家的暖气不开了”“院子里的树枝发芽了”等等。秋天来了，成人可以带孩子去秋游，通过观察秋天的各种景色，知道秋天是收获的季节。利用时令特征开展观察活动，能极大地激发孩子的观察兴趣。

8. 引导孩子用清楚、连贯的言语表述自己的计划

4 岁以后的孩子已能比较完整、连贯地讲述自己的所见、所闻、所想和

经历的事情,这要求成人在培养孩子做口头计划时,要引导孩子使用清楚、连贯的言语表述。成人可以尝试使用如“你今天在幼儿园打算去哪个区域玩”“想做什么”“打算怎么做”“和谁一起”等话语。引导孩子思考自己要做的事情,用清楚、连贯的言语进行表述,帮助孩子进一步明确自己的计划。

## 九、语言发展

### (一) 发展进程与目标评价

1. 语音

4—5 岁,会唱字母歌。(42 个月 · 62 个月)

2. 倾听

4 岁左右,能聆听时间短而熟悉的录音带或唱片,并且以肢体语言(如拍手或点头)或面部表情(如微笑或大笑)表达了解。(44 个月 · 52 个月)

3. 口语 · 应答

会听成人说话及跟成人说话,能回应成人的问候,能回答成人的问题。比如能回答有关故事及假设的问题。(46 个月 · 50 个月)

4. 语词

能运用许多修饰性词汇,如形容词、副词;会使用一些方位词,如“在……下”“在……上”等;会使用简单的关系词,如“因为……所以……”“如果……”等。(44 个月 · 50 个月)

5. 阅读

能以有顺序的方式看书,一次翻一页,从前面看到后面。能注意聆听他人说故事,能提出有关刚读过的故事的问题。比如,4 岁的孩子听故事时会开始问“为什么”。(46 个月 · 50 个月)

6. 诵读

能完整背诵每句 3—5 个字的儿歌、童谣和押韵的诗。(44 个月 · 54

个月）

7. 讲述

能比较清楚地讲述不在眼前或过去发生的事情。比如能讲述去奶奶家玩的事。（44 个月 · 52 个月）

8. 复述

能重复 13 个字的句子；能复述（250 字左右的）简单故事，但往往缺乏层次性和连贯性。（44 个月 · 50 个月）

9. 表演

能用布偶演出一个自编的“滑稽动物”的故事。（46 个月 · 50 个月）

10. 认字

能读出个别物品商标的名字。（44 个月 · 50 个月）

11. 书面表达

能尝试学习用符号及图案来表征真实的事物。如，许多孩子知道金黄色的拱形“M”代表麦当劳。（→58 个月）

（二）实现途径与教育指导

1. 复述故事

让孩子看着图书，尝试复述刚给他讲过的故事。

2. 回答故事中的问题和按关系推理

家长给孩子讲一个新故事，讲完以后根据故事重点提一些问题让孩子回答。然后练习用一些关系推理词，如“因为……所以……”“如果……”，学习简单推理。

3. 背诵儿歌和童谣

孩子喜欢音韵和节律，童谣和儿歌都符合这种特点，因此很适合孩子背诵。要尽量简明扼要、浅显易懂地给孩子讲解童谣和儿歌的内容，让孩子在理解的基础上记忆。不提倡让孩子背诵他还很难理解的古诗。

4. 怎样培养孩子的语言思维

4岁是培养孩子语言思维的最佳年龄。为使孩子将来有好口才,在孩子4岁时就要开始重视语言思维的培养。家长要有意识地多和孩子说话,注意讲话题材的选择,词语的重复率要高,语言的趣味性要浓,逻辑性要强。不要说废话、粗话和脏话,要注意语言的纯洁性、规范性和准确性。

5. 备选儿歌

(1) 数数歌——1像铅笔细长条,2像小鸭水上漂,3像耳朵听声音,4像小旗随风摇,5像秤钩来卖菜,6像豆芽把尾翘,7像镰刀割青草,8像麻花拧一道,9像盛饭小圆勺,0像鸡蛋做蛋糕。

(2) 雾——雾雾雾,像大布,蒙住了山,蒙住了树,蒙得行人看不清路。

(3)(谜语儿歌)果皮箱——马路旁,谁站岗?不怕淋雨晒太阳。张着嘴,把话讲:"小朋友,可别忘,果皮纸屑交给我,不要扔在大街上!"

6. 备选读物

(1)《不一样的卡梅拉1·我想去看海》(主题:独立/个性/奇遇)。

(2)《幸福的小土豆系列·唉呦,我生病了》(主题:独处与交往)。

(3)《托马斯和朋友幼儿情绪管理互动读本·詹姆士不要酸溜溜》(主题:远离嫉妒)。

(4)《小兔波力品格养成系列·我不是故意的》(主题:学会承担责任)。

(5)《小兔波力品格养成系列·妈妈错了》(主题:学会谅解)。

(6)《小兔波力品格养成系列·波力生病了》(主题:学会乐观)。

(7)《小兔波力品格养成系列·玩具丢了》(主题:学会珍惜)。

(8)《小兔波力品格养成系列·波力你真棒》(主题:认识自我与欣赏

别人)。

(9)《小兔波力品格养成系列·我们和好吧》(主题:学会与朋友相处)。

(10)《12只兔子的家》(主题:数数)。

## 十、数理逻辑

### (一)发展进程与目标评价

1. 建构游戏

4—5岁,能够用积木精心地建造对称性的和非对称性的建筑。(44个月·54个月)

2. 分类·功能

4岁左右,能自己发现一种物品的常见属性,并根据这种属性尝试将这种物品分类。比如,能发现一种玩具大小不同,并尝试按"大""中""小"将这种玩具分类。(46个月·50个月)

3. 数的理解

能理解"9个"是多少。(46个月·50个月)

4. 按数取物

4岁能按数(6—10个)取物。(40个月·60个月)

【小贴士】4—5岁幼儿能按要求从许多物体中准确取出10以内数量的物品。

5. 数概念·唱数

4岁能唱数到40。(46个月·50个月)

【小贴士】4岁幼儿能用一一对应的方式，有意义地数出5个物品，有些幼儿能唱数到30或更多。多数4岁幼儿理解：点数到最后的那个数，不只代表最后被数到的物品，也代表这组物品的总数。4岁幼儿在学习按顺序数数的过程中，逐渐理解下一个数目比目前数到的数目再多1，并持续探究"比较多"和"比较少"的意思。

6. 数概念·点数

能点数10个或更多顺序固定的物体；能点数4个移动的物体。（46个月·50个月）

7. 排序

4—5岁，能把4个粗细不同的木柱从最粗到最细排序，能够理解和辨别开头、中间和结尾。（46个月·50个月）

8. 数概念·序数

对序数词有一定的认识，能把1—5按次序排列。（44个月·50个月）

9. 数概念·倒数

4岁能倒数10—1。（46个月·52个月）

10. 认识数字

能认识数字1—10。（46个月·50个月）

11. 测量

4岁，会用卷尺假装在测量积木道路的长度；或与一位同伴测量，看谁穿的珠子比较长。（46个月·50个月）

12. 估算

4—5岁，不用数算就能看出某组较少物品的数量（不超过4）。比如，不用数就知道这堆积木有4块。（42个月·54个月）

13. 运算

能借助实物进行4的组合与分解。(46个月·50个月)

【小贴士】4—5岁幼儿能够逐步学会认识1—10的阿拉伯数字，掌握了10以内数的组成和序数。知道10以内各数的前后、大小、多少的关系，会做10以内不必进位的加法。一般来说，先学会点数才有可能做10以内的加法。

14. 认识规律

4—5岁，能认出并复制简单的规律。比如，用颜色线条按“红、黄、蓝、红、黄、蓝……”的规律摆放。(→50个月)

【小贴士】如同分类一样，认出与创造规律说明幼儿具备次序概念。4岁幼儿与生俱有好奇心，可以导向对规律的辨认。他们可以复制简单的声音与物品的规律。

(二) 实现途径与教育指导

1. 分类

选择大、中、小各不相同的三个苹果，让孩子分出“最大的”“最小的”和“中等大小的”。此类比较，重在理解“中等大小”“中等粗细”“中等长短”这种相对比较的概念。

2. 实物相加

加法运算最好从实物开始：妈妈给我2块糖，爸爸又给我2块糖，一共几块？把2块和2块放在一起数一数。又如，孩子左手抓了2个核桃，右手抓了1个核桃，一共抓了几个核桃？以后的实物相加也可采取此类方法。

3. 实物相减

减法运算也最好从实物开始：家里煮了4个鸡蛋，爸爸吃了2个，还剩几个？实物加减的练习应该作为日常生活中的随机训练活动。

4. 猜猜盖住了几枚(总数为4)

家长把4枚扣子放在桌上，先让孩子数数共有几枚扣子。然后家长用手掌随便盖住1枚或2枚扣子，让孩子猜猜手掌里盖住了几枚扣子，引导孩子说说推算的过程。

5. 穿珠算加减(4以内)

在一个粗矮的瓶子里装满硬土，压紧，盖好瓶盖。在瓶盖中心钻个小孔，将一根圆头筷子的一端从洞孔一直插到瓶底，做成一个套塔底座。准备一些算盘珠(也可用中间钻了洞孔的矿泉水瓶盖或螺丝帽代替)。练习几以内的加减，就给孩子提供相应数量的"算珠"。比如练习4以内的加法，家长可以和孩子一起操作算珠：先在塔上套1个算珠，再加1个算珠就是2，再加1个算珠就是3，再加1个算珠就是4个；或先在塔上套2个算珠，再加1个算珠，就是3个，再加1个算珠，就是4个；或先在塔上套2个算珠，再加2个算珠，就是4个。4以内的减法：先在塔上套好4个算珠，减掉1个，就剩3个；或拿掉2个，就剩2个。要逐渐教会孩子边操作、边数算珠、边说结果。以后更大数字(5—10)的操作方法依此类推。

6. "实物"数的分解(4以内)

比如给4个核桃分家。

(1) 可以分成两家：可能是"1、3"或"2、2"。

(2) 可以分成3家：可能是"1、1、2"。

(3) 可以分成4家：只能是"1、1、1、1"。

7. 认识数字(1—10)

准备一套1—10的数字点卡(一面点子一面数字),家长随机从中抽取一张,出示“数字”的一面让孩子认读。如果认错,再让他数一数背面的“点子”。

8. 扑克牌分家

家长先把面值为1—10的所有扑克牌挑选出来,再分别挑选1—10的扑克牌各一张,并按从小到大的顺序排列好。把其余面值为1—10的扑克牌洗好,让孩子自上而下揭牌。揭到“几”,就把它与序列中的“几”合成一家。如果孩子认牌面上的“数字”有困难,可以让他数“点子”。

9. 倒数10—1

让孩子先顺数1—10,再练习倒数10—1。关键练习10—9的过渡。

10. 棋类游戏

(1) 先教孩子学习较简单棋类的下法,如跳棋,先让孩子一步一步地走,看谁先到达目的地。教会以后,再教孩子怎样利用自己或对方的棋子跳着走,尽可能快地到达目的地。围棋则可以先学下“五子棋”,怎样把五颗棋子连成一条线。学会了下简单的棋,再教稍复杂的,如象棋。

(2) 刚开始下棋,不在于下得怎么样,关键是培养兴趣。要把下棋作为常规的益智和娱乐游戏来看待,不要赋予太多训练和输赢的色彩。

11. 找规律

准备红、黄、蓝三色纽扣若干(最好大小、形状相同)。家长先按照“红、黄、蓝、红、黄、蓝”的规律摆出6个纽扣,然后让孩子找出这些纽扣的摆放规律,并接着往下摆纽扣。

12. 备选读物

《你好!数学·船夫大叔》(主题:重与轻)。

## 十一、认知与探索

### （一）发展进程与目标评价

1. 认知·自然现象

4—5岁，能认识各种自然现象，初步建立季节、天气变换的概念。（46个月·50个月）

2. 感知科技

4岁，开始知觉到科技及科技对生活的影响。比如，通过与成人的讨论，他们开始了解可以通过收音机、电视和网络，知道世界上其他地区的事情；知道汽车、高铁和飞机等交通工具可以使人们的旅行变得容易。（46个月·50个月）

3. 探究领域·物理现象

4—5岁，能通过简单的操作和探索游戏发现小秘密（即简单的物理现象）。比如，辨别生熟鸡蛋、磁铁特性，在水车的轮子上洒水，试着让水车转动。（46个月·50个月）

【小贴士】探究是4岁幼儿生活的重心，看、摸、掀、听及实验是这个年龄最自然不过的事，他们正开始以有组织的方式说出他们对世界的观察。在游戏过程中，幼儿的经验常引导他们问："如果……会怎样？"在成人的指引下，幼儿可以通过更进一步的观察、做图表，或用其他方式把他们观察的资料归纳成自己可以理解的方法来找到答案。

4. 探究技能·观察

4岁，能观察动植物的显著特征及生活习性。（46个月·50个月）

5. 探究技能·交流发现

4—4.5岁，能尝试独立回答有关生物物理特征和近期经验的直接问

题。(40 个月 · 54 个月)

6. 探究技能 · 运用探究工具

4—4.5 岁,在成人指导下,能运用简单的工具进行探究。比如,用打蛋器把蛋清打出泡泡。(42 个月 · 52 个月)

7. 探究技能 · 创意

4—4.5 岁,能尝试用不同的方法完成同一件事情或使用一样东西。(44 个月 · 54 个月)

【小贴士】4 岁以前的幼儿通常不了解使用材料或解决问题的方法不止一种。4 岁以后,幼儿开始学习了解完成工作的方法可以有许多种。

(二) 实现途径与教育指导

1. 辨别生蛋和熟蛋

将一生一熟的两个鸡蛋放在桌上(生蛋先洗净),让孩子比较两个鸡蛋表面的光滑程度(生蛋比熟蛋光滑);将鸡蛋平放,转一转,比较有什么不同;将鸡蛋竖立,转一转,比较有什么不同(熟蛋旋转灵活,生蛋旋转笨拙);把两个鸡蛋同时浸入同一杯茶水中,一小时后再比较有什么不同(熟蛋比生蛋更容易染成茶褐色)。

2. 磁铁游戏

用橡皮泥捏个小动物,在底部粘上一块小铁片,再把小动物放在镜面上,用磁铁在镜子下面来回移动,带动小动物移动。

3. 玩沙子

在沙滩上可以打洞、挖井、建游乐场、修公路,或用湿沙子做沙器模型,在沙子上面绘画、写字。玩沙可以让孩子认识沙子的松散性和很好的渗透性,了解沙子的多种用途。

4. 气球钟摆

在一个开阔的空间，把一个充气气球悬挂起来。让孩子想办法，怎样不碰气球而使气球动起来。比如可以尝试用嘴吹气，用手掌、扇子、打气筒、风扇、纸板、书等扇风。最后让孩子总结哪类东西能让气球动起来（即能产生风力的东西）。

5. 被可乐腐蚀的牙齿

（1）准备：一颗动物的牙齿，一杯可乐或其他甜味碳酸饮料。

（2）将动物的牙齿放入装有可乐的杯中浸泡。

（3）每天定时观察牙齿，看看牙齿表面有什么变化。

（4）一个星期后，将牙齿从可乐中捞出来，比较牙齿浸入可乐前后的变化。

（5）从牙齿被可乐腐蚀的实验中，让孩子明白常喝可乐对牙齿的害处；提醒孩子，如果喝了可乐，要及时漱口。

6. 面包“宝宝”的霉菌

（1）准备：水、一块面包、玻璃瓶、金属线、箔、放大镜。

（2）在玻璃瓶内放一些水。将面包挂在金属线上，放进玻璃瓶，但不能让水浸到面包。

（3）用箔将瓶口盖好，使瓶子里一直保持潮湿。

（4）让孩子每天（用放大镜）观察和描述瓶子里面包表面的变化——随着时间的变化，发现面包长出了霉菌。

（5）这个实验让孩子知道，发霉的食物对人体有害，不能吃发霉或变质的食物。

7. 备选读物

（1）《我想知道的100个动物 · 恐龙篇》（科普图典）。

（2）《我的第一套趣味互动百科（第1辑）· 亲近沙漠动物》。

(3)《我的第一套趣味互动百科(第1辑)·找寻隐身动物》。

(4)《我的第一套趣味互动百科(第1辑)·与动物宝宝游戏》。

## 十二、情绪情感

### (一) 发展进程与目标评价

1. 情绪表现·羞怯

4岁,见到陌生人知道怕羞,说错了话或回答不出问题时,知道难为情。(→42个月)

【小贴士】每个孩子生来就有不同的秉性,有的友好外向,有的谨慎害羞,有的在两者之间反复。有的孩子对世界充满好奇心,而有的孩子克制着好奇心。这都是正常的,都是天生的性格表现。

2. 情绪体验·理解

4—5岁,能觉察他人的快乐、悲伤、生气等情绪表现,并尝试作出适宜的反应。(46个月·52个月)

3. 情绪调控

4岁,情绪一般比较稳定,不愉快时知道寻求帮助。(44个月·52个月)

【小贴士】从4岁起,大部分孩子的脾气开始收敛,可以更好地用语言表达自己的想法,他们学着磋商、谈判,试着寻找更多的解决方法,同时也开始为他人着想,能从他人的角度去审视自己。他能看出别人过得好还是不好,有能力顾及其他人,能区分出假象和事实。

4. 情感体验·嫉妒

4—5岁，开始有了嫉妒心，能感受到强烈的愤怒与挫折。(46个月·52个月)

5. 情感表现表达·依恋/分离

4岁，能不影响别人，安安静静地独自单床睡觉。(→44个月)

6. 情感表现表达·同情/关心

4—5岁，能主动对他人表示同情和关心，会主动做出安慰、关心、帮助等关切他人的行为。(46个月·50个月)

(二) 实现途径与教育指导

1. 如何应对孩子的害羞

(1) 不要给孩子贴上"害羞"的标签。不然只会让他更加封闭自我，也让孩子失去了克服害羞的信心。

(2) 为孩子营造没有责备和嘲笑的成长环境。

(3) 不要强求孩子开口，要在轻松愉快的气氛中将孩子自然地引导到交流中。

(4) 如果孩子主动和他人交流，就表扬他。

(5) 在模拟游戏中练习如何回答问题。比如，爸爸当作"陌生人"与孩子"在马路上"相遇，练习如何打招呼、如何互相问候、如何自我介绍等。经常玩这种游戏，直到孩子变得很自然为止。也可邀请其他家人、朋友、熟人一起和孩子练习，并为孩子创造更多参与对话的机会。

2. 如何避免手足之争

(1) 家长计划好与每个孩子独处的时间(如洗澡、散步、谈话等)。这有助于你关注到每个孩子的需求，不至于忽略了某个孩子的感情需求和问题。

(2) 如果孩子们因争宠而争吵，你可以使用定时器，让孩子轮流和你在一起，让每个孩子明白，只有遵循一定的顺序才能成为你最关注的人。

（3）让每个孩子的个性得到充分发挥。比如，让每个孩子在属于自己的空间里展现他的创造力，保证每个孩子的努力都会得到你的重视。

（4）生活在同一屋檐下，不可能总是相安无事。通过对友好的相处进行奖励，可以将摩擦降到最低限度。

（5）在争端解决之后，就不要再向孩子提起他们曾经的敌对关系，一切重新开始，好好相处。

3. 爱心教育

爱的教育可以从小事做起。

（1）从爱护小动物开始。可以饲养小动物，如乌龟、小鱼等，学会珍爱小动物。

（2）让孩子记住家人的生日、重要纪念日，并送上小礼物和祝福的话。

（3）教育孩子回馈爱，在获得别人的爱的时候，懂得表达谢意，适当的时候让他亲自回馈。

（4）利用生活中遇到的弱势人群（流浪中的残疾人）或受灾受难之人，激发孩子的爱心及爱心之举。

（5）对孩子付出的爱心和所做的努力，要积极鼓励、表扬。

## 十三、社会认知与交往

### （一）发展进程与目标评价

1. 认知家庭·家庭情况

能准确讲述家庭的住址、电话和家庭成员的生日、属相。（46 个月·50 个月）

2. 认识他人·具体特征

4 岁，能说出他人的具体特征（如头发颜色、高矮、年龄、衣着等）。（46 个月·50 个月）

3. 交往态度

4—5 岁，能主动与小朋友交往；对客人的主动交往有积极的反应。

(46个月·50个月)

4. 交往技能·分享

4岁,能与同伴互相分享彼此的玩具。(46个月·50个月)

5. 交往技能·求助

4—4.5岁,需要解决冲突时,会寻求大人的协助。比如,要求大人用定时器计时,决定每一位小朋友骑三轮车的时间。(46个月·50个月)

6. 交往技能·协作/征求意见

4—4.5岁,与人交往时会产生主动协作的意识;遇事想征求父母及年龄比自己大的孩子的意见;乐于服从别人的命令;能同小伙伴一起游戏。(46个月·50个月)

【小贴士】4—4.5岁是幼儿人际智能的形成阶段。他想要独立,想和别人分享玩具和其他东西,一起玩时又经常充满敌意,把自己的意愿强加于人,这时领导气质也会初露端倪。

7. 规则·遵守/制定

4—4.5岁,孩子们之间已经有了全员共有的规则,比如一起捉迷藏、一起堆沙子、一起猜拳时判断好坏、对错的规则等。能制定出仅仅通用于孩子们自己之间的规则,有了对秩序的渴求。(46个月·50个月)

【小贴士】4岁幼儿对教室的例行活动与规则感到很自在。当规则清楚且一贯地执行时,他们感到比较安全也比较能参与。在温和的提醒下,他们能遵从简单的规则与程序。

8. 人际关系·交往广度

4 岁,能选择玩伴并在家庭成员以外建立更广泛的社会关系。(46 个月·50 个月)

9. 品行发展·是非观念

4—5 岁,已具有初步的是非观念,但比较模糊。比如,只知道受表扬的是好事,受指责的是坏事。喜欢受表扬,受批评会感到难为情。(46 个月·50 个月)

10. 社会性游戏·规则游戏

4 岁以后,能参与一些有规则的字或歌的游戏(如字的接龙游戏)。(46 个月·50 个月)

(二) 实现途径与教育指导

1. 辨认局部特征

(1) 将几张报纸拼接成一个约 1 米高的大屏风,悬挂起来。在屏风的适当高度处剪出一个鼻子大小的洞。

(2) 让孩子站在屏风前面。

(3) 爸爸、妈妈、爷爷、奶奶、外公、外婆或其他熟悉的人在屏风后,依次把自己的鼻子从报纸的洞中露出来,让孩子仔细辨认这个鼻子是谁的。

(4) 还可用此方法,让孩子辨认不同家庭成员的嘴巴、眼睛、耳朵、头发、手、脚等。

2. 家长教孩子规矩时应极力避免的错误

(1) 责备:许多家长很喜欢责备孩子的不当行为,如,“怎么还没有整理你的房间”“你怎么老是待在电视机前面”……对孩子来说,这些责备只是“发牢骚”,达不到纠正行为的效果。

(2) 指责和辱骂:“真是笨手笨脚”“我再也受不了你了”“你真讨厌”……这类指责不是对孩子的行为提出合理的批评,而是会让孩子觉得,你是在否定和鄙视他这个人。这会让孩子产生强烈的罪恶感或报复心，这类辱骂就像一记大锤，迅速又彻底地破坏掉孩子的自信。

（3）恳求或哀求："拜托！把房间整理一下""求求你别哭了好不好"……这类哀求让孩子感到你是在仰赖他的怜悯和同情，孩子可以选择接受或不接受；而且经常哀求孩子，他就会越来越不尊敬你，更不会把你的话当一回事。

（4）说到没做到："如果现在不马上整理的话，今晚上就不准你看电视"，但事实上，孩子晚上照看不误，什么惩罚也没有发生。这种说到而没有做到的"空洞威胁"造成的不良后果是，孩子不再认真对待父母的要求。

（5）忽视孩子的"极端不当"行为。比如，恼怒的孩子突然打了你一巴掌或踢你一脚，或故意把碗摔到地上，或骂你是"笨蛋"，而你对此却没有特别反应，还是继续很客气、很"正常"地对待孩子，他大概会想"不管我做什么，她显然都无所谓。所以我可以为所欲为"，于是孩子便不再敬重你。父母对孩子付出的"宽容"所收到的回报不是感激，而是鄙视。而且，父母忽视孩子极端恶劣的行为还会有很严重的后果——爸爸妈妈总有气炸的一天，到最后会突然转变成父母失控而勃然大怒，或做出过度严厉的惩罚。

（6）体罚："打手心""打屁股""打嘴巴"甚至"拳打脚踢"等，这些简单粗暴的教育方式让孩子受到极深的伤害和屈辱。经常挨打的孩子不是天天担惊受怕，就是变得麻木迟钝，而且会经常企图报复。打在孩子身上的每一巴掌也打击了亲子关系。

3. 游戏"占据阵地"

（1）形式和人数：4 人一组，可以是家人，也可以是同伴。

（2）准备：一张约"40 厘米×40 厘米"大小的白纸，并在纸上画出 100 个小方格（即"10 行×10 列"）；每人一支水彩笔，且颜色各不同。

（3）玩法：4 人一组，各占方格纸的一角。大家手心手背猜拳，得胜者涂一个格子，作为自己的阵地（从离自己最近的拐角涂起，以后再逐步向纸张中心延伸）。直到把所有的格子都涂满为止。最后数一数，谁的阵地最多，谁就是胜利者。

## 十四、自我意识与个性

### （一）发展进程与目标评价

#### 1. 独特性

4 岁，正处在个性形成期，很有主见，有时甚至表现得很固执和任性。有的孩子出现了顶嘴或讲歪理的现象。有时候会不听家长的话，越是批评就越是反抗，久而久之会养成屡教不改的习惯。（44 个月・54 个月）

【小贴士】固执：很多父母会认为，孩子个性固执可能是自己的家教方式方法不当所致。但研究发现，这种性格是天性使然。而且这种固执性格还有其积极的方面，譬如这种性格的孩子通常比较有主见，不会随波逐流，无论身边的人有多强大、多成熟，都不能对他们产生威胁；其次是个性固执的孩子往往比较专注，这对于他以后的学业很有益处，他们会在更短的时间里掌握一门技艺；其三是这种性格如果能与耐力配合的话，通常做事情成功的概率会比较高。

#### 2. 自主与独立

4 岁，常常每件事都想自己做，能独立做简单的活动选择。但在尝试新活动时，偶尔还需要大人的支持。（46 个月・50 个月）

【小贴士】独立性：4 岁孩子常常看起来很独立的样子，因为他们很想每件事都自己做。但是在面对不熟悉的情境或尝试挑战性的活动时，仍然需要大人的鼓励才能独立运作。

3. 自控与坚持

4 岁多的孩子耐心逐渐增强，开始学着自我约束，会根据周围的情况判断自己的行为是否合适。（46 个月 · 50 个月）

【小贴士】自我控制：4 岁后，孩子进入自我控制阶段，已形成了内部的准则，可通过自己的价值判断来形成对自己行为的控制，能自己监控自己的行为，并通过自身的调控克服内心的冲动，开始表现出合宜的社会行为。当然，要想让孩子像成年人一样自省还需要几年时间。到了上学的年龄，孩子才开始学习批判性地评判自己的行为，把自己的行为和普遍的规则做比较。

4. 自信与勇气

4—5 岁，有信心完成稍有难度的任务。（46 个月 · 50 个月）

5. 自我适应

4—5 岁，能在无人伴随的情况下去邻居家。（46 个月 · 50 个月）

（二）实现途径与教育指导

1. 与固执孩子的耐力谈判

对待个性固执的孩子，需要父母持有更多的耐心和适宜的方法去引导。

（1）多听听孩子的意见。很多时候，倾听是一种非常有效的手段，对于有主见的孩子来说，在那些与他有关的事情上，多听他的意见。父母需要掌握一个原则，只要不危及安全、不伤害他人、不妨碍尊重的事情就让孩子自己去选。在和固执孩子相处过程中，父母要学会谈判技巧，给孩子更多的尊重，从中柔和地实现自己的目的，千万不要试图与他硬碰硬，不然肯定是一个难以收场的结果。

(2) 教孩子取舍和谦让。父母不妨经常潜移默化地告诉孩子,真正聪明的人常常以退为进。如果两个小朋友都想玩那个玩具,并且争抢起来的话,最后反而谁都玩不上。不如大家轮流玩,不但可以更早玩,而且大家还可以商量出更有趣的玩法。对于比较固执、有主见的孩子,就不必再强调让他争第一的概念,而是在孩子 4 岁以前就让他逐渐学会谦让。

(3) 父母应该以身作则。其实,孩子固执的性格多半来自父母的性格基因,所以在“改造”孩子的同时,父母也别忘了自我修炼。父母应注意自己的言行,不要太固执己见,不仅是对孩子,而是对待所有的人。

(4) 不要过于迁就孩子。即使再多的策略和招数,有时还会觉得对待固执孩子是一场耐力测试,如果所有的宽容、理解、尊重或民主都不能奏效时,就应行使父母的权利。譬如到了睡觉的时候孩子仍拒绝上床的话,可将他抱上床,并告诉他,“睡觉的时间到了,即使你现在睡不着,也必须在床上待着”。在为固执的孩子立规矩时,既不要抹平孩子的棱角,也不要过于迁就孩子,更不要在孩子面前感叹他有多倔,这样会让孩子觉得自己是个特殊的孩子,或者让他自以为有权肆意妄为。不过,固执孩子的性格会随着年龄增长而有所好转,并且其自信心和学习能力也会随之增强。

2. 培养积极向上的个性

对待孩子的进步,应注意以下几点。

(1) 及时给予适度表扬。随着年龄的增长,孩子的动手动脑能力有所提高,自尊心也有了初步表现。当他们取得一定的进步时,都希望能得到父母及周围成人的赞许,因此,父母要及时表扬、肯定孩子的进步。如果父母对孩子的进步置之不理,那孩子就会对做事失去兴趣,不愿再努力。

(2) 对孩子的进步不能随便许诺。有些事情是孩子应该做到的,如守纪律,孩子经过努力能做好,父母对孩子的这一进步就不能随便许诺。父母可以把孩子的一点一滴进步用本子记录下来,经常让孩子翻看,并与孩子一起说说他取得了哪些进步,还有哪些不足之处。

(3) 防止骄傲自满。对孩子的进步,父母要多鼓励,但不要过分抬高。言过其实的夸奖会使孩子不能正确认识和看待自己。

(4) 积极的期望,与孩子共同分享快乐。在孩子原有的基础上,父母可向孩子提出新的要求和希望,但要求必须适度。根据孩子的能力和水平,提出经过努力可以达到的目标,让孩子的潜力得到更大程度的开发。

**十五、综合益智玩具**

玩具名称:(积木拼插玩具)多用途艺术拼图。

玩具组件:361 格拼盘(反面可玩飞行棋游戏),各种颜色的拼插颗粒;拼图图例。

近期教育功能:手指精细动作;颜色分类;拼图(简单图案、简单几何图形等);接龙;数数;想象与创造。

后期教育功能:精细动作;拼图(复杂图案,几何图形,常见事物图形,数字、文字、字母等);数数;间隔排序;自由想象(想怎么玩就怎么玩)。

玩具的运用:可与本丛书中的相关游戏活动结合(多见于"精细动作""视觉空间""数理逻辑""认知与探索"等活动中),也可单独开展游戏活动。但不要勉强孩子玩超越其能力水平的玩具和游戏。

**名家名言**

你若希望你的孩子总是脚踏实地,就要让他们负些责任。

(英国　约翰·班扬)

# 第二章　50—52 个月儿童的发展与教育

本章导读

敏感期:50—52 这两个月的幼儿处于感官发展敏感期(0—6 岁)、空间敏感期(0—6 岁)、个性形成敏感期(1—6 岁)、注意力培养敏感期(2.5—6 岁)、审美敏感期(2.5—6 岁)、社会规范敏感期(2.5—6 岁)、语音发展敏感期(3—5 岁)、性别意识发展敏感期(3—5 岁)、人际关系敏感期(3—5 岁)、主动性发展敏感期(3—6 岁)、责任心发展敏感期(3—6 岁)、情商培养敏感期(3—6 岁)、小肌肉发展敏感期(3—6 岁)、观察能力培养敏感期(3—6 岁)、音乐敏感期(3—6 岁)、绘画敏感期(3—6 岁)、学习外语的敏感期(3—12 岁)、书写敏感期(3.5—4.5 岁)、数概念敏感期(4—5 岁)、学习书面语言敏感期(4—5 岁)、直觉思维发展敏感期(4—6.5 岁)等多个敏感期。相关敏感期的表现特点与教育指导详见“第二篇 4—5 岁儿童敏感期与教育指导”。

动作发展:4—5 岁幼儿精力充沛,身体开始长结实,体力较佳,可步行一定路程。这个阶段幼儿的基本动作更为灵活,可以自如地跑步,做向上纵跳、立定跳远、单足站立、跳格子、攀登、抛接球、扔飞盘等。在精细动作方面,还会折纸、剪贴、穿珠、拼插、拆装、捏黏土、操作简单工具等,有的幼儿已会熟练地使用筷子。

艺术审美:① 4 岁幼儿正处于审美敏感期,有了初步的审美观点,家长可以对幼儿进行适当的美术欣赏教育,比如引导幼儿欣赏名画家的作品,以陶冶幼儿的艺术审美情趣。② 4—5 岁幼儿能说出至少 6—8 种颜色,喜欢涂涂画画,能用黏土或橡皮泥捏出一些形状和物体,如圆形、方形、西瓜、苹果、香蕉等,有时还会捏出人像或动物的形象。

音乐与律动:① 在成人支持下,4 岁幼儿已能欣赏内容较广泛,性质、风格较多样的音乐作品。可以精选一些适合该年龄段的音乐作品给幼儿欣赏,并逐渐将欣赏经典音乐作为一种生活方式和生活习惯。② 4 岁幼儿的乐感与身体节奏感开始发展,喜欢律动、歌唱、打击乐器等活动。幼儿可以学习简单的打击乐器,如小鼓、小锣等。

语言发展:4 岁幼儿开始发展对字母的认知,已能探索字的写法与字的发音。在家长持续的引导下,4 岁幼儿能学会名字中的字母以及名字的汉字写法。此外,4 岁是语音的口腔定型期,可以抓紧在 4 岁时学习某种方言或某种外语。

数理逻辑:① 4 岁幼儿很喜欢分类,因为这类活动能帮助他们把世界条理化。在学会以一种属性分类物品后,一些 4 岁的幼儿开始以两种属性进行分类。家长可以带幼儿玩各种二维分类游戏。② 4 岁幼儿学习了解世界,开始探究事物的长度、高度和重量。家长可以在日常生活中,结合具体实物,玩各种测量游戏。③ 4—5 岁幼儿能匹配和识别基本的符号,比如可以识别不同的硬币。因此,家长可以有意识地引导幼儿认识简单的币值。

认知与探索:① 4—5 岁幼儿能够比较生物的相似点和不同点,能探究块茎植物(如土豆)的种植方法,并乐于照顾这些植物。因此,家长可以让幼儿参与简单的种植活动,培养幼儿观察和照顾这些植物的能力。

② 4—5 岁幼儿喜欢问“为什么”，并能对简单的装置和简单的物理现象进行探究。因此，家长可以经常和幼儿一起设计一些物理小实验，引发幼儿对物理现象的兴趣和探究的欲望。

社会认知与交往：① 4 岁幼儿能认识多种常见职业者及其工作，并能简单说明这些工作的内容和所需使用的工具。因此，家长可以拓展幼儿对社会常见职业、工作人员和工作内容的认识。② 4—5 岁幼儿规则意识开始萌芽，同伴之间可以玩简单的规则游戏和合作性游戏。在家庭教育方面，家长也可以和幼儿一起讨论制订必要的家庭常规，以便家长和幼儿互相监督和遵守。

## 发展进程与教育指导

### 一、营养与保健

（一）营养保健常识

1. 4—6岁孩子体格发育特点

4—6岁的孩子，在医学上称为学龄前期。这一时期孩子的体格发育特点是：体重每年增加不足2千克，身高的增长也比较稳定，每年大约增长5—7.5厘米。从外表上来看，孩子显得细长了些，因为在这时期孩子的活动量在加大，体力的消耗也增加了，所以家长觉得孩子消瘦了。

2. 4岁孩子的疫苗接种

脊髓灰质炎疫苗（第四剂）。（查询：中国疾病预防控制中心免疫规划中心，http://nip.chinacdc.cn/）

3. 孩子常吃发酵食品好处多

酵母富含多种维生素、矿物质和酶类。酵母里的硒、铬等矿物质能提高人体免疫力。发酵后的面粉更有利于人体对其中钙、镁、铁等营养物质的吸收和利用。馒头、面包中所含的营养成分比大饼、面条要高出3—4倍，蛋白质增加近2倍，原因就在于所使用的酵母。

（二）家庭养育指导

1. 保证营养，关注饮食习惯

为了使4—6岁孩子健康地成长，家长应给孩子质量较好的食品，保证其营养的需求。但在日常生活中，由于环境和教养的问题，4—6岁的孩子容易养成挑食、偏食、吃零食的习惯，因而不好好吃饭。于是，孩子的消瘦更为明显，身体的抵抗力下降，容易患各种疾病，这应引起家长的注意。

2. 常见的发酵食品

常见的发酵食品主要有谷物发酵制品（馒头、面包、包子、发面饼、甜面酱、米醋、米酒等)、豆类发酵制品(豆瓣酱、酱油、豆豉、腐乳等)和乳类发酵制品(酸奶、奶酪等含有乳酸菌成分的乳品)。

3. 早餐最宜吃发酵食品

人体经过一夜的睡眠后,清晨起床身体还未被“激活”。食用面包、馒头、酸奶等发酵食品则更有利于消化吸收。

**二、护理与自理**

(一) 发展进程与目标评价

1. 进食

4—4.5岁,能用筷子夹食物,但尚不熟练。(48个月·52个月)

2. 如厕

4—4.5岁,能尝试使用普通卫生间,尝试自己有序地整理多层衣服。(48个月·52个月)

3. 穿戴

4—4.5岁,能分辨外套的前后及底面位置;分辨鞋子的左右;分辨袜跟的位置;可以完全独立地穿脱衣服。(48个月·52个月)

4. 盥洗

4—4.5岁,在玩耍和吃饭后能自己把脸、手清洗干净。(48个月·52个月)

5. 劳动

4—5岁,具有一定劳动和生活自理能力,比如能自己独立地叠小被子;能从事一些简单劳动,做父母的好帮手。(48个月·52个月)

6. 健康意识

4—4.5岁,能遵守基本的健康规则。比如,上完厕所或吃点心、午餐前,会先洗手,不太需要别人提醒。会用卫生纸擦鼻涕,擦完后会将卫生纸丢到垃圾桶。(46个月·54个月)

【小贴士】4岁幼儿开始知觉到一些有关健康与安全的议题，他们开始学习有关自己对食物、水、保护、安全的要求。他们很喜欢听有关身体与其他健康议题的故事，也会与朋友讨论这些议题。

（二）实现途径与教育指导

1. 气管阻塞的急救措施

(1) 当孩子吞下了什么东西，正在剧烈咳嗽的时候，要尽量让他把这个东西咳出来。如果孩子还能呼吸、说话或哭喊，你就可以待在孩子身边，让别人去找救援。不要拍孩子的后背，不要让他倒立，不要把手伸进他的嘴里试图把东西取出来。这些行为都会把这个东西更深地推进呼吸道里。

(2) 如果孩子出现窒息，无法呼吸、哭喊或说话，这就说明异物完全堵住了呼吸道。家长可采取以下步骤施救：跪或站在孩子的身后，用你的胳膊围住他的腰；一手握拳，拳头的拇指对着孩子肚脐的上方，这个位置正好在孩子胸骨的下方；把另一只手放在这只拳头上，迅速按压5次孩子的腹部（对年纪比较小的孩子，动作要轻缓一些）；重复上述操作法，直到卡住的异物被喷出来为止。

(3) 如果孩子失去了知觉，要让孩子面朝上躺下；家长跪在孩子的脚边或跨在他腿的两边，把一只手的掌根平放在孩子的肚脐上方（正好是胸骨下方的位置），把另一只手放在这一只手上，双手的手指都指向孩子的头部；用向前的推力迅速按压孩子的腹部，直到异物被吐出来为止。

2. 怎样进行人工呼吸

把孩子的头转到合适的位置，让他的前额向后倾斜，用你的手指抬起他的下巴。每次做人工呼吸的时候，都要让被抢救的人保持这个姿势。孩子的脸比较小，所以你可以对鼻子和嘴一起吹气。用你的嘴唇把孩子的嘴和鼻子完全封住，吹两次气，每次大概一秒半的时间；压力要刚好能够使孩子的胸部鼓起来；松开你的嘴唇，在吸进下一口气的时候，让孩子的胸部收缩；然后，再次给孩子吹气。

### 三、粗大动作

#### （一）发展进程与目标评价

1. 上下台阶

4—5 岁，不用扶栏杆或墙壁就能双脚交替快速地上下楼梯。（36 个月 · 60 个月）

2. 踢球

能跑两步后将一个大球踢向前方。（46 个月 · 52 个月）

3. 平衡木

4—5 岁，能双手持物平稳走过平衡木。（42 个月 · 62 个月）

4. 跳高

4—4.5 岁，跳高约 20 厘米，双脚着地。（44 个月 · 58 个月）

5. 跳远

4 岁，立定跳远约 75 厘米。（44 个月 · 54 个月）

6. 骑车

4—4.5 岁，能在小路上骑三轮童车。（46 个月 · 54 个月）

7. 跳格子

4—4.5 岁，能左右脚交替连续跳过相隔 20 厘米的 3 个格子；能连续跳过直径为 50 厘米的六连环。（→54 个月）

8. 击球

4 岁多，能用小球拍连续、准确、有力地击打吊球。（→44 个月）

9. 拍球

4—4.5 岁，能在直径 2 米的圈内单手拍球 10 个以上。（46 个月 · 54

个月）

（二）实现途径与教育指导

1. 巩固性训练

挥拍击打吊球、跳远、跳高、移动中接球、骑三轮车、攀爬、钻爬、双臂悬吊。

2. 晨跑

坚持每天早晨带着孩子慢跑，以孩子轻松不累为限，10—15分钟为宜，中间可慢走2—3分钟。

3. 持物走平衡木

在托盘（或盘状物）里放一个皮球，让孩子端着盘子在平衡木上走，要保持皮球不掉下来；也可让孩子端一杯水在平衡木上走，杯中水的多少可根据孩子的平衡能力而定。

4. 跳圈

可在地面上画6个直径为50厘米的圈，依次排好。要求孩子连续依次从前面跳跃进圈直到最后，反复练习。

5. 跳格子（3格）

在地上画出“4线夹3格”的格子，每格宽度20厘米，让孩子练习跳格子。跳格子的方法可多种多样：单脚跳（左脚连续跳、右脚连续跳）、双脚交替跳（左右右、左左右、左右左；右左左、右右左、右左右）。

6. 角力游戏

在地上画两个圆圈，相连呈“8”字形；家长在做“角力”示范过程中给孩子讲清游戏的方法、技巧和规则；然后让两个孩子各自站在自己的圆圈内，互相握手进行较量，并尽力使用巧劲破坏对方的平衡；脚移动的一方就算失败一次。

7. 圈内单手拍球

画一个直径2米的圆圈，让孩子练习在圈内拍球，看看在球不出圈的情况下单手能拍多少个。

**四、精细动作**

（一）发展进程与目标评价

1. 捏

4岁，能熟练拣起豆粒大小的物品。（→42个月）

2. 穿珠

4—4.5岁，能较熟练地用玻璃丝把纽扣穿成一串。（46个月·54个月）

3. 夹

能熟练地用筷子夹住蚕豆状颗粒物（如蚕豆、围棋等）。（44个月·56个月）

4. 倾倒

4—5岁，能把沙或液体倒进小容器，很少洒落。（→38个月）

5. 撕纸

徒手将纸撕出简单几何图形（如圆形、三角形、方形等）。（46个月·54个月）

6. 剪纸

4—5岁，能用剪刀大略地剪一直线或沿着图片周围剪。（48个月·52个月）

7. 折纸

能模仿3—4步折纸。（44个月·56个月）

8. 拆装

4—4.5岁，能尝试用玩具拆装工具（如玩具平口起、梅花起、扳手和老虎钳等）拆装由螺母螺钉固定的简单组装玩具，如拆装卡车等。（46个月·56个月）

9. 建构

4—4.5 岁,能用桌上积木建造或仿作建筑物和道路。(48 个月 · 52 个月)

10. 拼插

能尝试自己拼插出结构稍微复杂的物体(如坦克、飞机等)。(44 个月 · 56 个月)

11. 握笔

4—4.5 岁,能以写字的姿势握笔。(44 个月 · 56 个月)

12. 操作工具

4—4.5 岁,能用打孔机在纸上打孔、用剪刀剪断胶带或利用胶带上的尖角弄断胶带。(48 个月 · 52 个月)

(二) 实现途径与教育指导

1. 种豆豆

在盘子里放一些黄豆或绿豆,在桌面上放一张画有格子的纸(格子大小约 1 厘米×1 厘米),让孩子用手从盘子里拣豆子并一个一个放到格子里。

2. 拣绿豆比赛

将绿豆和大米掺和在一起,让孩子把绿豆从大米中拣出。数一数 3 分钟之内能拣出多少颗绿豆,也可以让孩子和同伴一起比赛。

3. 穿珠子、纽扣

给孩子一段细线或玻璃丝,让他把各种形状的珠子或纽扣穿起来;随着孩子动作的熟练和精细化,珠子和纽扣的洞眼可逐渐换小一些,穿珠子的线可逐渐换细、软一些的。

4. 倒水比赛

准备 2 个矿泉水瓶,一个装满水,一个是空瓶;让孩子把满瓶水倒进空瓶子里,然后再把水倒回来,循环往复;计算3分钟能倒多少个来回。也可和同伴一起比赛,规则是水不能洒出来。

5. 折纸

选择只需三四个步骤的折纸内容,如折猫头、狗头、纸杯、钱包等,让孩子模仿折纸。基本的折叠方法:集中一角折、双正方、双三角等。在折叠过程中必须要求孩子做到每一步都折叠得平整。折纸完成后,还可以在已折成的物体上添画或粘贴,使之更加生动逼真。

6. 拆装玩具

用起子拆装玩具时,重点引导孩子观察在装的过程中起子的旋转方向与拆玩具时有什么不同。

7. 使用工具和材料

在日常活动或学习活动中,让孩子尝试自己使用胶带、订书机、打孔机、槌子等工具和材料。比如,用剪刀剪断胶带,或利用胶带上的尖角弄断胶带;用双面胶将几张纸粘在一起后,试着用订书机把它们钉起来;使用打孔机在纸上打孔;用槌子把铁钉钉进软木里等。

**五、视觉空间**

(一) 发展进程与目标评价

1. 图形 · 描述属性

4岁幼儿开始注意到不同形状相似与相异的属性。在成人引导下,4岁的幼儿能辨认形状的不同变化(如,知道等边三角形与等腰三角形都是三角形);即使同一个形状摆放的方向不同,也能认出是同一形状;能说出形状的名称并与他人讨论形状的特征。(48个月 · 52个月)

2. 视觉辨识 · 察觉缺失

能找出图片中的残缺部分或逻辑错误。(→48个月)

3. 拼图

能依据拼图的形状或颜色或图案线索,把一片拼图放到正确的位置上；能用图案积木拼出一个对称的图形；能完成由 9—10 片组成的画面复杂一些的拼图；能将长方形、正方形的 1/2、1/4 形块拼合起来。（48 个月 · 52 个月）

【小贴士】图形的分割，可以采用折、叠、剪等办法，把一个平面图形分成两个或两个以上的图形。利用图形的分割与拼合，可以使幼儿初步认识图形与图形之间的关系、图形的部分与整体之间的关系。在教幼儿进行图形的分割与拼合时，内容上应由简单到复杂。

4. 空间方位

能运用熟悉的方位词描述环境中事物的位置。（48 个月 · 52 个月）

（二）实现途径与教育指导

1. 平面图形分类

成人用硬纸板制作一些大小不同的正方形和大小不同、长宽各异的长方形，以及各种三角形（等边、等腰、锐角、直角、钝角）、梯形（等腰、不等腰）。把这些图形混合在一起，让孩子给它们分类。

2. 正方形 1/2、1/4 的拼合

成人用硬纸板剪出三个同样大小的正方形，保留一个整体作为“比照卡”，将其余两张卡按对角线依次切分为 1/2 和 1/4；将剪下的所有形块混在一起，让孩子以完整“比照卡”为参照把各种形块再拼合成同样大小的正方形。也可自由拼出其他图形，如三角形、平行四边形等。

3. 长方形 1/2、1/4 的拼合

成人用硬纸板剪出三个同样大小的长方形，保留一个整体作为“比照卡”，将其余两张卡按对角线依次切分为 1/2 和 1/4；将剪下的所有形块混在一起，让孩子以完整“比照卡”为参照把各种形块再拼合成同样大小的长方形。也可自由拼出其他图形，如三角形、平行四边形等。

4. 找出图片中的逻辑错误

成人先选择尺寸大小基本相同的动物图片若干（如猪、羊、牛、虎等），把这些动物的“头”“尾巴”“腿”分别剪下来，再把这些拼块重新混搭（如“猪身”配“羊腿”），然后让孩子说出拼搭的错误之处。

5. 描述方位

成人用几个物品设置一组位置关系：书桌上放一本书，书上放一个铅笔盒，盒子里放几支笔，书桌下放一个凳子。然后问孩子一些位置关系的句子，如“书在什么上面”，让孩子用完整的句子回答“书在书桌上面”。

6. 备选读物

《你好！数学·动物合唱团》（主题：区分前、后、左、右）。

**六、绘画与书写**

（一）发展进程与目标评价

1. 画线

能尝试自己连点成线（直线、圆圈、轮廓图等）。（→48个月）

2. 绘画

能画出成人能理解的形状和物体的组合。（42个月·54个月）

3. 画人

能用单直线表示人物的身体和四肢。（48个月·52个月）

【小贴士】幼儿画的人物，4岁以前都是直接在脸部画上手脚，现在注意到了身体的存在，开始画脖子和身体，出现了人物的基本造型。

4. 理解与欣赏

4—5 岁,有了初步的审美观点,能根据色彩鲜艳的作品来发表自己对画面的体验。(38 个月 · 56 个月)

5. 艺术材料

4—5 岁,会用粉笔在黑板上画画。(48 个月 · 52 个月)

【小贴士】4—5 岁幼儿能尝试用各种各样的材料(颜料、粉笔、蜡笔、泥土、拼贴纸材料等)进行艺术表达。

(二) 实现途径与教育指导

1. 画人体部位

给孩子准备画笔和大白纸,让他为妈妈或爸爸画像,看看他能画出几个部位。必要时给予提示和指导。

2. 折纸画

主要有两种,一是在已折成的物体上添画或粘贴,如在纸折的小兔上添画眼睛、鼻子和身上的毛等;另一种方法是把纸折成的物体贴在纸上,使画面产生立体的效果;也可在纸上用剪刀开几个小口子,使画面上的某些部位活动起来。

3. 手指印画——河里一群小黄鸭

准备红、黄、蓝三种颜料、棉签、调色盘等。示范讲解手指印画小鸭子的方法:① 用大拇指蘸黄颜料在纸上印出鸭子的身体。② 用小手指蘸黄颜料在鸭子的身体上下左右各印画鸭子的头。③ 用棉签蘸黄颜料把鸭子的身体和头相连接。④ 用棉签蘸红颜料画上小鸭的嘴。⑤ 用棉签蘸蓝颜料在空白处涂画上河面的波纹。

4. 美术欣赏教育

引导孩子欣赏名画家的作品是培育孩子艺术素养的一个重要途径。可以让孩子从小就接触经典美术作品,与大师直接对话,这样孩子发展的起点高了,眼界开阔了,对美的知觉和选择也会更敏感。

## 七、音乐与律动

### (一) 发展进程与目标评价

1. 律动

4 岁,能随音乐节奏走步,且能随着节奏的改变而减速或加速。(48 个月 · 54 个月)

【小贴士】4 岁幼儿的乐感与身体节奏感开始发展,喜欢律动、歌唱、打击乐器等活动。

2. 唱歌

4 岁,音域虽没有明显扩展,但已能掌握旋律或节奏变化都稍为复杂的歌曲。(46 个月 · 54 个月)

3. 辨音

4 岁,听力已达到成人水平,能区别音乐作品中明显的力度和速度的变化。(38 个月 · 64 个月)

4. 理解与欣赏

在成人支持下,4 岁幼儿能注意并欣赏其他儿童的音乐演奏、舞蹈表演及戏剧演出,已能欣赏内容较广泛,性质、风格较多样的音乐作品。(46 个月 · 54 个月)

5. 角色扮演

能在扮演活动中表演熟悉的角色(如妈妈),能运用语调、表情、动作

去表现人物的形象。(44 个月 · 54 个月)

(二) 实现途径与教育指导

1. 律动

成人可利用废旧材料自制打击乐器,配合节奏明快的儿歌敲打乐器;或播放 CD,带着孩子做律动、唱歌等游戏。

2. 适合 4 岁以后孩子欣赏的音乐

(1) 格里格:《蝴蝶》《小鸟》。

(2) 里姆斯基 · 柯萨科夫:《野蜂飞舞》。

(3) 安德森:《跳圆舞曲的小猫》《滑雪橇》《打字机》。

(4) 比才:《儿童游戏曲》《进行曲——鼓和号》《摇篮曲》《卡门之斗牛士进行曲》。

(5) 德彪西:《玩具盒子》《月光曲》。

(6) 柴可夫斯基:《儿童钢琴曲集》(① 早晨 ② 竹马游戏 ③ 妈妈 ④ 木偶进行曲 ⑤ 洋娃娃的病 ⑥ 洋娃娃的葬礼 ⑦ 新的小娃娃 ⑧ 华尔兹舞曲 ⑨ 玛祖卡舞曲 ⑩ 波尔卡 ⑪ 意大利小曲 ⑫ 胡桃夹子)。

(7) 贝多芬:《孩子的梦》《土耳其进行曲》《献给爱丽斯》。

(8) 克来斯勒:《玩具进行曲》。

(9) 约翰 · 施特劳斯:《游览列车波尔卡》。

(10) 哈哈图良:《玫瑰少女舞曲》。

(11) 亨德尔:《愉快的铁匠》。

(12) 勃拉姆斯:《匈牙利舞曲》。

(13) 圣桑:《动物狂欢节》。

(14) 普罗克菲斯基:《彼德和狼》。

(15) 特奥多尔:《森林里的铁匠》。

(16) 艾伦贝格:《森林的水车》。

(17) 普茶尔:《口哨与小狗》。

(18) 林姆斯基高沙可夫:《大黄蜂的飞行》。

(19) 莱昂·耶塞尔:《玩具兵进行曲》。

(20) 姚纳孙:《杜鹃圆舞曲》。

(21) 约翰·奥尔福特:《桂河大桥进行曲》。

(22) 舒伯特:《军队进行曲》。

## 八、学习能力

### (一) 发展进程与目标评价

1. 记忆

4—5 岁是人类记忆能力发展的关键时期,但仍以机械记忆的方式来进行记忆。4 岁可以再认一年以前的事,4 岁以后能再认更久以前的事。4 岁时记忆内容可保持几个月,4 岁以后可保持更长的时间。(44 个月 · 58 个月)

2. 注意

4 岁,注意力一般能集中 10—15 分钟;进行游戏活动、听故事可保持注意力 15 分钟。(42 个月 · 54 个月)

3. 观察 · 持续性

4—5 岁,观察仍然缺乏稳定性,观察的持续时间短。(48 个月 · 52 个月)

4. 专注

4—5 岁幼儿行为的有意性增加了,注意力集中了。集中精力从事某种活动的时间也较以前延长。比如,4—5 岁幼儿在团体活动时间,能专注地唱歌或听故事。(44 个月 · 54 个月)

### (二) 实现途径与教育指导

1. 眼明手快

(1) 形式:可全家一起玩,也可和同伴一起玩。

（2）准备：画有10个格子的纸若干张，每人一张；每人准备与格子面积相同的卡片10张，卡片上分别写上数字1—10。

（3）玩法：家长先拿出2张数字卡，随意放在格子里；让孩子观察30秒后，再用报纸把它盖起来；孩子用一分钟时间，凭记忆来模仿家长放卡片；孩子摆好后，再和家长摆放的结果对照。号码正确、位置也正确的卡片，一张得到一分。参赛者互相评分。

2. 操作性活动

只要是操作性活动就需要专心，像端水游戏、拣豆子游戏、夹豆子游戏、滴管游戏（用滴管将水滴进小口径瓶子里）。可采取竞赛的方式进行，看谁进行得比较快或比较准确。

3. "注意看"游戏

家长一只手里拿几颗弹珠（或其他小物品）在孩子眼前一晃，并问他有几个。如果说对了，就由孩子来考家长。开始时弹珠数量可少一些，晃过的速度慢一些，给孩子足够的注意时间。后面可适当增加数量和加快速度以增加难度。

4. 听到可以吃的东西举右手

家长念一组事物的名字给孩子听，让孩子听到有关可以吃的东西时就举起右手。如牛奶、鞋子、西红柿、积木、西瓜、饼干、电风扇、桃子、手机、石头、鸡蛋、电饭锅、巧克力、裤子、筷子等。

5. 听觉注意训练——听报数字

家长报出一个6位数，要求孩子听完后立即报出来。6位数：452389，756436，267522，423791。家长报数的速度可由慢到快。

6. 观察活动中鼓励和启发孩子提问

观察能使孩子对各种事物产生兴趣，浓厚的兴趣又会把观察引向深入。孩子在观察活动中出于好奇会时常发问，家长要有耐心，首先给予表扬，然后给予科学的回答，并引导孩子继续观察、分析、比较和概括。比如，当孩子提出“汽车为什么会跑”时，家长可以告诉他汽车有发动机，能产生动力，所以会跑。当孩子明白后，家长可趁机向孩子提出“飞机为什么能在天上飞，轮船为什么能在水中行”等问题让孩子思考，帮助他养成自觉观察事物的习惯，培养其自觉观察事物的兴趣。

## 九、语言发展

### （一）发展进程与目标评价

1. 音韵

4—5岁，能与同伴在团体活动或游戏时一起念童谣。（46个月·52个月）

2. 理解

4岁，对熟悉的故事很投入，能将故事的内容与自己的经验相连。（46个月·56个月）

3. 听从指令

4岁，可以相当轻易地依从两个或三个步骤的指示行事。（44个月·54个月）

4. 口语·表达

能清楚地表达自己的要求、愿望和想法，语言比较连贯。（48个月·54个月）

5. 口语·致意

4—5岁，虽然时常需要提醒，但能使用常见的社交用语，如“请”“谢谢”。（48个月·54个月）

6. 口语·自言自语

4岁，常常会自言自语，比如在游戏中，或遇到困难、感到困惑和惊讶等的时候。幼儿的自言自语是由外部言语向内部言语转化中的一种过渡

形态，实际上是幼儿思维的有声表现。有的孩子自言自语较多，这恰恰说明他们肯动脑筋。（48 个月 · 54 个月）

7. 语词

会说一些成对的反义词，如远近、高矮、长短、宽窄、粗细、厚薄等。能理解表示时间的词“在……以前”“在……以后”。（48 个月 · 52 个月）

8. 语句

语言结构更加规范，语句变得日益复杂。（→44 个月）

9. 阅读

懂得读书的顺序为从左至右，从上到下。（48 个月 · 52 个月）

10. 阅读 · 发表看法

开始能对故事中的一些行为提出问题、发表看法、做出评价（如，猜测“卖帽子”故事中，为什么猴子要把帽子从树上扔下来）。（48 个月 · 52 个月）

11. 描述

4 岁左右，具备初级的描述能力，能使用“相同”或“不同”对不同事物的特征和功用进行描述。（46 个月 · 54 个月）

12. 谈话

能较自如地与别人交流。（46 个月 · 54 个月）

13. 提问

4 岁的前半期，代替“这是什么”的“为什么”“怎么样”的提问明显增多，还会用一些因果关系的句子。（46 个月 · 54 个月）

14. 复述

能复述一个指令给同伴，能正确地将爸爸妈妈说的话传递给老师。（48 个月 · 54 个月）

15. 表演

阅读图画书后能表演书中的主要情节。（48 个月 · 54 个月）

16. 认字

4—5 岁进入书面符号的最佳学习期，有的孩子开始对汉字或数字更感兴趣。（48 个月 · 52 个月）

【小贴士】4 岁幼儿开始学习印刷文字的功用。他们了解口说的话能被写下来并被阅读，而印在纸上的文字可以传递信息。他们大概知道阅读时，要从上而下、由左向右，并开始获得什么是“一个字”的概念。4 岁的幼儿了解印刷文字会以不同的形式出现（如购物列表、标志、故事等）。

17. 认读字母

4 岁开始发展对字母的认知。在成人持续的引导下，4 岁的幼儿能学会名字中的字母。（→52 个月）

【小贴士】4 岁幼儿接触书籍与其他的书写形式能提升他们对字母的兴趣。虽然一开始他们认为自己“拥有”某些字母（如那是我的“S”），或是把字母与数字或其他符号搞混，但是他们很快就会知道字母可以组成字。在成人持续的引导下，他们能学会名字中的字母，能在不同场合中认出一些字母，并能念出一些字母的音。

18. 写字

4 岁多，能在纸上画一些弯弯曲曲的东西，并说那是字。（44 个月 · 52 个月）

【小贴士】写字:4 岁幼儿已能很有创意地探索字的写法。他们看着成人在他们的作品上写名字,常常会想自己来做这些事。许多 4 岁的幼儿开始对写自己的名字及一些有意义的字感兴趣。

19. 学外语

4 岁时是语音的口腔定型期,可以抓紧在 4 岁时学习某种方言或某种外语。4—5 岁的孩子最能学会多种方言甚至外语,不过学习后如果不巩固会很容易忘记。(36 个月 · 64 个月)

【小贴士】4 岁是语音的口腔定型期,生长在不同方言地区的孩子会带有该地区方言的发音特征。4 岁幼儿与说不同方言的人接触就能学到比较地道的方言口音,如果到国外也能很快学到十分地道的外语。过了口腔定型期再学习,发出的声音就会带上自己母语方言的音调,使人听出带有某处的口音。所以为了发音准确可以抓紧在 4 岁时学习某种方言或某种外语。

(二) 实现途径与教育指导

1. 语言游戏

成人可以经常和孩子一起玩词语接龙、猜谜语、说反话等语言游戏。

2. 丰富词汇量

通过丰富孩子生活来丰富孩子的词汇量;充分利用广播、电视等促进孩子语言能力的发展。

3. 如何对待孩子的自言自语

当孩子自言自语时，家长不要不以为然或嫌孩子“吵”加以斥责，而要琢磨他们的话，并注意对孩子的不解、疑惑给予一定的启发，当孩子能独立战胜困难时，要给予鼓励，这样才能为他们更好地向内部言语发展、提升思维能力创造更有利的条件。

4. 读物选择

4 岁以后的孩子可以看配有少量文字的连环画。

5. 点读

家长和孩子一起阅读，让孩子一边用手指点着文字，一边进行跟读。点读的作品篇幅要短，字号要大一些。点读步骤：首先，家长大声朗读，孩子用手点字，小声跟读；然后，孩子用手点字大声读，家长小声读；最后，让孩子用手点字，反复朗读，家长不再出声。每天都要安排亲子共读时间。

6. 教孩子讲故事

对于 4 岁的孩子，应要求他能独立地重述简单的小故事；让孩子讲述自己或身边发生的事，要求语句完整、连贯，有一定的语气。

7. 描述事物训练

（1）特征描述——训练孩子描述事物的外部特征，如描述动植物的特征。

（2）物品功用描述——训练孩子学会理解物品的功用，并用正确的语言描述出来。

（3）情感描述——训练孩子准确把握他人和自己的情感，并运用恰当语言表达出来。

8. 以提问促交谈

对于不善交谈的孩子，应通过巧妙的提问让对话进行下去。采用有针对性的容易回答的提问形式，比如，只需用“是”或“不是”来回答的提问方式，让孩子容易开口。

9. 故事表演

家长和孩子一起选择一个孩子感兴趣的熟悉故事，再分角色重读这个故事；准备必要的道具，布置好场景，尝试表演这个故事。在故事表演过程中，对于孩子记不得的台词，家长可以小声地提示一下，也可以鼓励孩子临场发挥，创编台词，不一定非得用故事中的台词不可。也可以和同伴一起进行故事表演。

10. 识字与写字

教孩子识字时，要注意激发孩子的兴趣，要在游戏中学，在生活中学，在轻松愉快的氛围中学。学过的字也还要在生活和游戏中反复多次地再认或使用，不宜急于求成。此外，对 4 岁孩子来说，虽然可以教孩子认几个字，但不宜急着教孩子学习正正规规的写字，要把写字当玩游戏一样看待，比如和孩子一起在纸上或地上开心地胡乱涂鸦，把自己的名字或喜欢的人物名字写得大大的。

11. 学习外语

（1）要有足够的耐心，不能三天打鱼，两天晒网。开始孩子积极性很高，但家长指导跟不上，内容一多，孩子就不爱学了，容易前功尽弃。这时，家长必须具有一定的外语水平（不一定高），有机会让孩子多听、多说、多练习；每天保证一定的时间，内容不一定多，但巩固时间要多。如每天上幼儿园前要说“Goodbye”，放学回来见到父母时要说“Hello Daddy, Hello Mummy”等，以形成习惯。

（2）内容贴近生活。家长要选择生活中常见的单词和句子教给孩子。可以多选择自然、社会方面孩子熟悉的事物，让孩子学习掌握。例如说出汽车、出租车等交通工具，西红柿、土豆等蔬菜，苹果、梨等水果，猫、狗、老虎等动物，父亲、母亲等亲友的名称，等等。让孩子学习 1—10 这些数字，可以让孩子用外语说出。可以让孩子学习“我叫什么名字”“我几岁了”“哪天生日”等个人信息和“您好”“对不起”“谢谢”“请”“再见”等日常用语。需要特别提醒的是,4岁孩子开始学说外语完全是一种兴趣和语言环境的熏陶,不是非做不可的事情,千万不要让学外语成为孩子的一种负担和痛苦,以至于害怕学外语。

12. 备选儿歌

(1) 春天多美好——春天花儿开,小草钻出来。柳条随风飘,向我弯弯腰。蜜蜂嗡嗡嗡,忙着去做工。春天多美好,大家哈哈笑。

(2) 春天来了——春天到,春天到,厚衣服,都洗好。整整齐齐叠起来,放进橱里去睡觉。

(3) 树叶真美丽——柳树叶,像小船;芭蕉叶,像蒲扇;枫树叶,像星星;槐树叶,像豆瓣;树叶多,真好看。

(4) 月季花—— 一朵红,一朵黄,朵朵花儿香又香。刺儿多,刺儿尖,根根刺儿长又长。折花的娃娃扎了手,浇花的娃娃闻花香。

(5) 蜡梅花——蜡梅花,脸儿黄,身上不穿绿衣裳。大雪当棉被,风来挺胸膛,别的花儿怕冬天,只有蜡梅开得旺。

(6) 西瓜——西瓜藤,顺地爬,藤上开出小黄花;小黄花,结西瓜,绿皮红瓤甜又沙。

13. 备选读物

(1)《万娅和野兽》(主题:历险记)。

(2)《鼹鼠的音乐》(主题:努力/信心/期望)。

(3)《你爱谁多一些》(主题:嫉妒/欣赏/接纳)。

(4)《贝贝熊系列·对待陌生人》(主题:自我保护)。

(5)《贝贝熊系列·礼貌待人》(主题:礼貌/家庭礼仪)。

(6)《小熊比尔和大熊爸爸·找找你的生日礼物在哪儿》(主题:爱/

成长)。

(7)《小熊比尔和大熊爸爸·你是我最好的圣诞礼物》(主题:爱/成长)。

(8)《小熊比尔和大熊爸爸·没有我的比尔可不行》(主题:爱/成长)。

(9)《小熊比尔和大熊爸爸·比尔可真会安慰人》(主题:爱/成长)。

(10)《小熊比尔和大熊爸爸·今天我们学游泳》(主题:爱/成长)。

(11)《培养孩子好性格的80个经典维尼故事》(第二版)(主题:培养好性格、学会动脑筋、友谊贵如金、亲近大自然)。

(12)《培养孩子高情商的85个经典维尼故事》(主题:快乐好心情、乐观又自信、接纳自己、做事爱动脑和朋友常相伴)。

## 十、数理逻辑

### (一) 发展进程与目标评价

#### 1. 因果关系

4—5岁,在解决问题时,能说出自己对原因和结果的解释。(36个月·62个月)

#### 2. 思维水平·具体形象

4—5岁,思维由直觉行动思维发展为具体形象思维,即他们可以凭借事物的具体形象或表象的联想来进行思维,所想的事物都是生动而形象的。喜爱游戏活动,因为游戏总是有具体动作,有人物角色,有游戏材料或玩具,非常适合他们的思维特点。最喜爱做游戏、看电视、看电影、听故事、看图画书等,这与这一时期孩子的思维特点是有密切关系的。(42个月·62个月)

#### 3. 分类·二维

4—5岁,能尝试使用两种属性来给物体归类(如大小和颜色)。比如,

依据形状和颜色分别将图案积木分类。(48 个月 · 52 个月)

【小贴士】4 岁的幼儿很喜欢分类,因为这类活动能帮助他们把世界条理化,让他们能掌握世界。在学会以一种属性分类物品后,一些 4 岁的幼儿开始以两种属性进行分类(如,把所有的大圆形放一堆、大三角形放一堆、小圆形放另一堆)。

4. 抽象概括 · 表面属性

4—5 岁,能根据事物的表面属性(如颜色、形状、功能、情景等)和已有的感性经验,对具体事物进行简单的概括和分类。比如,可以将提供的物体分成大的类别(玩具、食品、动物等)。(44 个月 · 60 个月)

【小贴士】4—5 岁幼儿的思维具有具体形象的特点,能根据事物的表面属性(如颜色、形状、功能、情景等)和已有的感性经验,对具体事物进行简单的概括和分类,但概括的水平还很低。如把苹果、桃、梨归为一类,认为这些水果可以吃,吃起来水分多;把太阳、卷心菜归为一类,认为这些都是圆形的;把玉米、香蕉归为一类,认为这些都是黄色的。

5. 想象力

4—5 岁,具有丰富、生动的想象力。有时难以分清假想和现实,常常会把看到的内容融入自己的想象;喜欢玩假装游戏,常和想象中的伙伴一起玩;他们有时会“撒谎”,但并不是真正意义上的撒谎,只是用想象代替真实。(44 个月 · 56 个月)

6. 规划/构思能力

4—5 岁，开始表达自己的主意和建议，当被要求时，能做出计划和预测。（44 个月 · 56 个月）

7. 假装游戏

在假装游戏中，大多数 4 岁的幼儿能够用娃娃扮演医生和病人的相互作用，这标志着他们理解二者之间的关系。（46 个月 · 52 个月）

8. 数的理解

能理解“10 个”是多少。（48 个月 · 52 个月）

9. 比较

4—5 岁，能判断 4 岁和 4.5 岁的小孩谁的年纪比较大。（46 个月 · 56 个月）

10. 数概念 · 唱数

4—4.5 岁，当成人说几个连续的数目（如“4,5,6……”）时，孩子会接下去数出下一个数目。（48 个月 · 52 个月）

11. 数概念 · 点数

能口手一致地正确点数 10 个顺序固定的物体，点数之后能说出总数。比如，给 10 块积木，每块分开一定距离，孩子会一个一个地点数到 10，并能说出“有 10 块积木”。（48 个月 · 52 个月）

【小贴士】4—5 岁幼儿能够不受实物大小、颜色、排列方式以及其他特征的影响，正确认识 10 以内实物的数量，并会手、口、眼、脑一致地清楚点数 10 以内的实物，在数完后说出实物的总数。

12. 排序

4 岁，开始依据一种属性（如大小、长度、高度等）来描述、比较与排序

物品。(48 个月 · 52 个月)

【小贴士】有些特性的变化有其系统性(如从短到长、从少到多),以此类属性分类物品,称之为排序。排序要求幼儿观察并区分两种或三种物品之间细微的差异。当 4 岁的幼儿探究事物的特性,并决定哪一个比较大、比较长、比较短或比较重时,他们开始依据大小、长度、高度与重量进行比较。

13. 数概念 · 复述数字

能复述六位数,三试一成。(46 个月 · 54 个月)

14. 数概念 · 序数

4—5 岁,掌握了 10 以内数的序数,能一一对应地按顺序数物体。(48 个月 · 54 个月)

15. 数概念 · 倒述

能倒述二位数。比如,大人说“13”,孩子能倒着说出“31”。(→60 个月)

16. 数学兴趣

对生活中的数学产生兴趣。比如,可能会问他的好朋友“你家的人多,还是我家的人多”之类的问题。(→44 个月)

17. 认识数字

能识别和读出 1—10 的阿拉伯数字。(48 个月 · 52 个月)

18. 运算

能借助实物进行 5 以内数的组合与分解;能借助实物做 5 以内数的减法及“和不超过 5”的加法。(48 个月 · 52 个月)

【小贴士】借助实物进行数的分解和组合，能更好地为加减运算及心算奠定基础。

19. 测量

4岁，开始探究物体的长度、高度和重量，对大人所使用的测量器具很好奇、很感兴趣，很期盼能使用它们。（48个月·52个月）

【小贴士】4岁幼儿学习了解世界中的事物，开始探究事物的长度、高度和重量，不过他们对重量的理解还有些困难。虽然许多4岁的幼儿知道事件如何依时间先后排序（如，我们先吃点心，接着是自由活动时间，然后会去体能教室），但他们对时间的了解甚少。

20. 解决问题的策略

4岁，开始运用简单的策略解决数学问题。（38个月·60个月）

【小贴士】4岁幼儿常会在日常生活中遇到数学问题，如，班上吃点心时，需要多少盒牛奶才够？还要几天，就能到动物园去玩？在有教师的指引及一个支持幼儿问问题的环境下，学前儿童可以开始用具体的方式解决简单的数学问题，并对自己的解决策略提出基本的解释。

21. 认识规律

4—5岁，能重复某种简单的拍手节奏（如，快拍两下、停一下，慢拍两

下、停一下)。看到黑板上"OXOX"的符号,会用蜡笔把规律抄在纸上。(48个月·52个月)

22. 认知钱币

能匹配和识别3种单币币值,如1元、5元。(→54个月)

【小贴士】4—5岁,能匹配和识别基本的符号。比如,可以识别不同数额的硬币。

(二) 实现途径与教育指导

1. 经常向孩子提问

当孩子遇到问题时,家长可有意识地以提问的方式(如"怎么办""为什么"等)引发孩子去思考和推理。比如"小狗热了怎么办?""为什么这样呢?"等。

2. 根据孩子的思维特点选择适宜的学习内容和方式

4岁孩子仍处于具体形象思维阶段,如果离开具体的事物,只是空口对孩子说教一些枯燥、抽象的概念,孩子就无法理解。比如只是让孩子口头背诵枯燥、抽象的古诗词《锄禾》,孩子看上去好像能背下来了,实际上孩子根本不理解。如果利用表情、手势及各种具体的材料来辅助,让孩子切身体会到生动具体的实景,就能加深孩子对事物的理解。

3. 学习分类

把日常生活中的一些物品,根据某些相同点归为一类。如根据颜色、形状、用途等分类。注意引导孩子寻找归类的依据,找到事物的相同点。

4. 套塔

可让孩子尝试按颜色顺序把套环摆成彩色塔,如按"一红一黄一黑一绿"或"二红二黄二黑二绿"等顺序组合。

5. 认识大概念和小概念

先教给孩子一些有关概念的名称，如家具、动物、食物等。通过列举的方式，让孩子初步明白“一个大家庭是由许多成员组成的”，比如“小狗是动物、小鱼是动物、小鸟是动物，在动物园里见到的各种各样的动物都是动物。”

6. 丰富想象力

（1）不断丰富孩子的生活内容，扩大孩子的视野和知识面。尤其要亲近大自然，大自然是丰富孩子想象力的源头。

（2）绘画：既可以随意画画，也可以引导和鼓励孩子画实物，如气球、苹果、太阳、月亮等。

（3）游戏：孩子通过扮演角色，在游戏情境中，通过想象和创造来模仿成年人的活动。

（4）讲故事：童话故事能够充分激发孩子的联想和想象。也可在适当的地方停下来，问孩子“你觉得下面会发生什么事”，让其猜想。

（5）续编故事：故事讲到一半的时候可以停下来，后半段的故事情节发展由孩子来完成。可以和孩子一起讨论和商量，怎样编出更生动、更圆满的结局。

（6）猜谜：猜常用物品或动物的谜语，也可以选取家庭中随处可见的物品，自己编谜语。

7. 点数

将 10 个核桃排成一排，请孩子点数，并说出总数是多少。

8. 掷骰子数点子

准备 2 个骰子，家长和孩子一人一个，一起掷，待骰子落定后，用连续点数的方式（数完一个骰子，再续数另一个骰子）让孩子数数 2 个骰子朝上的一面共有几个“点子”。

9. 掷骰子，比谁“点子”多

准备2个骰子，把“6点”的面都用胶带盖起来（降低难度），家长和孩子各持一个骰子，同时掷出，看谁掷出的“点子”多，让孩子算算多几个。

10. 学习序数词

通过“给玩具排队”或“让家人排队”等方式，学习和理解“第一”“第二”“第三”等序数词的含义。

11. 听数取物

制作1—10的数字大卡片各一张。将物品（如纽扣）按1件一组、2件一组、3件一组……摆放整齐，并将相应数量的数字大卡片摆在各组物品前面，然后让孩子听数取物。让孩子在点数物品的同时认识相应数字。

12. 扑克牌接龙（1—10）

刚开始玩时可以不分花，只要能区别牌面大小，会从小到大排序就行。熟练了再分花，每种花摆一列，每列从小到大。亲子一起玩时可轮流摸牌，可互相交换所需的牌。

13. 六位数复述

家长任意说出一个六位数，如“395862”（读着“三九五八六二”），让孩子复述。

14. 二位数倒述

家长任意说出一个二位数，如“49”（读着“四九”），让孩子将之倒述成“94”（读着“九四”）。

15. 按数字画圈圈

（1）裁剪10张纸条，宽约10厘米，长约20厘米。

（2）在每张纸条的最左端分别写上大大的数字1、2、3、4、5、6、7、8、9、10。

（3）让孩子根据纸条左端的数字，在数字后画出相应数量的圆圈。

（4）以后也可用此法，练习其他更大数字的“按数字画圈圈”，以练习数的认识和点数。

16. 实物数量的比较（5以内）

在孩子面前放两堆核桃，两堆数量可以相同，也可不同。让孩子数一数，说出哪堆多、哪堆少，或两堆一样多。

17. 数的比较（5以内）

在反复比较实物数量的基础上，进一步比较“5以内”任意两个数的大小。比如可以直接问孩子：“是5个苹果多还是3个苹果多？”进而问：“是5大还是3大？”

18. “实物”数的分解（5以内）

比如给5个核桃分家。

（1）可以分成两家：可能是“1、4”，或“2、3”。

（2）可以分成3家：可能是“1、1、3”，或“1、2、2”。

（3）可以分成4家：只能是“1、1、1、2”。

（4）可以分成5家：只能是“1、1、1、1、1”。

【小贴士】幼儿练习数的分解，一般只需要练习将一个给定的数分成“两家”就可以了。如果孩子有兴趣，可以分成更多“家”。

19. “实物”加法练习（5以内）

通过摆实物的方式，练习“和为5以内”的加法。如4个核桃，再加1个核桃，是几个核桃？可以通过点数的方式算出结果。

20. “实物”减法练习（5以内）

通过摆实物的方式，练习“5以内”的减法。如5个核桃，吃掉1个核桃，还剩几个核桃？可以通过点数的方式算出结果。

21. 手指加法(5 以内)

就像单手猜拳一样,家长和孩子同时伸出手指,代表自己想出的数(如家长出 3 个手指,孩子出 2 个手指),然后"比赛",看谁先报出两个数相加的和;如果孩子加起来有困难,就让他把两个数字加起来数一遍,并报出总数;家长再把两个人出的手指数凑在一起,说一遍"3 个手指加上 2 个手指等于 5 个手指"。家长要根据孩子的计算能力来配合孩子出"数",使计算不至于太难。以后更大数字的加法也可按此方法进行。

22. 手指减法(5 以内)

就像单手猜拳一样,家长和孩子同时伸出手指,代表自己想出的数(如家长出 5 个手指,孩子出 3 个手指),"比赛"用大数减去小数,看还剩几个;如果孩子减起来有困难,可以让孩子从家长伸出的 5 个手指里减去 3 个,再数数还剩几个;最后再让孩子说一遍"5 个手指减去 3 个还剩 2 个"。

23. 猜猜盖住了几个(总数为 5)

家长把 5 枚扣子放在桌上,先让孩子数数共有几枚扣子。然后家长用手掌随便盖住 2 个或 3 个扣子,让孩子猜猜手掌里盖住了几枚扣子,让孩子说说推算的过程。以后学习更大数字也可按此方法进行。

24. 跷跷板上比轻重

用一块条形木板和一个圆木制作一个跷跷板,在跷跷板的两边放上色彩、大小相同的积木,试试它们的平衡。也可放上大小、数量不同的积木,看看哪边轻哪边重。在不断的尝试中,孩子学会区别多少、轻重等关系,这有助于建立重量、平衡等概念。

25. 测量两个物体的重量

(1) 问题:比如,一个梨子和一个苹果看起来差不多大小,是否也一样重呢?

(2) 可以在家里墙壁的挂衣服排钩上选两个临近的钩子,分别在钩子上系一条橡皮筋,橡皮筋的另一头系一个 S 型钩子(可用细铁条制成),确保两条橡皮筋秤一样长。

(3) 把苹果和梨子分别放在两个同样规格的小塑料袋里,再分别挂到两个 S 型钩子上。

(4) 观察橡皮筋是否被拉得一样长。长度不一样,说明两者重量不一样。哪条橡皮筋被拉得长一点,哪个水果就重一点。

(5) 也可以用弹簧秤分别称一称。

26. 认识规律

家长用手拍(或敲打)一个简单节奏(如快拍两下、停一下,慢拍两下、停一下),让孩子仔细听,然后也用手拍出(或敲打出)这个节奏型。

27. 认知钱币

选取"1 元""5 元"纸币各 3 张,混放在一起,让孩子把同种面值的钱叠放在一起,可以问孩子"这是几元钱"。

28. 备选读物

(1)《你好! 数学 · 咕咚先生》(主题:二维分类)。

【注解】本册书帮助孩子用形状、颜色、用途等简单的标准将几种事物进行分类。

(2)《你好! 数学 · 小狮子,大莱恩》(主题:排序)。

【注解】本故事能让孩子熟悉按照年龄、身高、数量等一种标准排列顺序的方法。

(3)《数学绘本 · 真正的魔法师——序数》(主题:数与计算)。

**十一、认知与探索**

(一) 发展进程与目标评价

1. 求知欲

4 岁,对事物具有了一定的判断能力,求知欲越来越强,遇到任何对于

他们来说是新鲜、特殊的事物都要问为什么。(44 个月 · 54 个月)

2. 认知 · 生命现象

4—4.5 岁,能区分生物与非生物,初步理解周围世界中表面的、简单的因果关系。如能够明白种花若不浇水,花就会枯死的道理。(48 个月 · 52 个月)

3. 认知 · 生物多样性和变异性

4—4.5 岁,能够比较生物的相似点和不同点。(48 个月 · 52 个月)

4. 探究领域 · 种植

4—4.5 岁,能探究块茎植物(如土豆)的种植方法,并乐于照顾这些植物。(46 个月 · 56 个月)

5. 探究领域 · 简单装置

4—4.5 岁,能对简单装置进行探究,比如把手电筒拆开,看看里面有什么。(38 个月 · 56 个月)

6. 探究领域 · 物理现象

4—4.5 岁,能对简单物理现象进行探究,比如注意到卡车玩具在走过瓷砖跟地毯时的速度不同。(48 个月 · 52 个月)

7. 探究技能 · 观察

4—4.5 岁,开始关注事物可观察、可感知的细节方面或变化,如观察冰块或雪在室温下所发生的变化。(48 个月 · 54 个月)

8. 探究技能 · 收集数据

4—4.5 岁,在成人指导下使用手持透镜或笔形电筒等工具观察动植物的细节。(46 个月 · 56 个月)

9. 探究技能 · 反思经验

4—4.5 岁,在成人引导下,以前期的观察结果和经验数据为基础,尝试进行预测和解释。(44 个月 · 56 个月)

（二）实现途径与教育指导

1. 积极对待孩子的“为什么”

对于孩子提出的一系列“为什么”，家长应耐心倾听、给予鼓励，并尽可能给予恰当回答，同时鼓励孩子细致观察与思考。回答不出来的问题，要尽量和孩子一起想办法去寻找答案。

2. 块茎植物的种植（以盆种土豆为例）

（1）春天花开时节就可种植土豆。

（2）把一个5升食用油空桶从颈部渐粗处削去以上部分；用洗洁精把桶内残留油脂洗净，再在桶底钻几个渗水孔；装入适量培植土；30克左右的土豆可整体种植，60克左右的土豆可以切成两半，分别种植，切口朝下（为防止切口腐烂，可在切口处涂上草木灰），埋入土中6—8厘米处。

（3）保持土壤湿度，留心观察和记录土豆生长变化情况。

3. 拉不开的书

（1）让孩子随意把两本书的书页交叉在一起。交叉书页时可能会出现多种情况，如有的书页交叉后重叠的面积大，有的重叠的面积小，有的交叉的页数多，有的交叉的页数少。

（2）让孩子尝试把交叉后的两本书拉开，会感觉书页交叉得越多越难拉开。让孩子想一想为什么。（拉开的难易程度与摩擦力有关）

（3）用各种各样的纸、塑料布等代替书进行实验。

4. 速度测试

准备一个电动玩具车，准备或设置两个玩具车跑道，一个是光滑路面（如瓷砖或木地板），一个是铺了地毯或床单的地面。让孩子猜一猜：“玩具车在哪个跑道上跑得快？还是一样快？”然后再让孩子亲自试验，以验证自己的猜测，并解释一下为什么。

5. 亲子自制玩具

可利用日常生活中的废旧物品（如纸盒、包装纸、饮料瓶、布头、毛线、泡沫塑料等)或自然材料,和孩子一起制作玩具。制作前,可以和孩子一起商量一番,让孩子自己设计、想象,家长对孩子的构思给予适当的鼓励和指导,尽量让孩子自己动手,必要时给予辅助。

6. 备选读物

(1)《我的第一套趣味互动百科(第2辑)·拥抱极地动物》。

(2)《我的第一套趣味互动百科(第2辑)·与消逝的恐龙相会》。

(3)《我的第一套趣味互动百科(第2辑)·与海豚和鲸共舞》。

## 十二、情绪情感

### (一) 发展进程与目标评价

1. 情绪表达·愤怒/怀疑

4—4.5岁,能做出同情、生气、悲伤、愤怒、怀疑等表情。(46个月·52个月)

2. 理解幽默

能理解并说出简单的笑话和幽默故事中的可笑之处。(44个月·62个月)

3. 情感表现表达·同情心

4—4.5岁,会对同伴遭遇的伤心事表示难过。比如,当同伴失去宠物时向他表达难过。(48个月·54个月)

4. 情感表现表达·关心

4—4.5岁,能对同伴表示关心。如当同伴跌倒时,走过去安慰他。(48个月·54个月)

### (二) 实现途径与教育指导

1. 经常说些有趣笑话与故事

父母可经常讲些有趣的笑话给孩子听,或亲子共同阅读幽默、风趣的书籍,以帮助孩子增加幽默感,并引导孩子在笑话和故事中学习如何以幽默的方式处理问题。

2. 共情能力

“共情”就是指设身处地为他人着想，站在别人的立场上来理解他人的感情。只有能够理解他人的感情，孩子才能学会尊重他人、关心他人。每当遇到共情情景时，成人都要尝试站在别人的立场上，为孩子做出引起“共情”的解释，这样容易引起孩子的“共情”。比如，在玩过家家游戏时，成人可经常引导孩子：“瞧，娃娃穿得那么少，多冷啊！如果宝宝也穿得那么少，会不会冷得发抖呢？我们来给娃娃添一件衣裳吧！”

## 十三、社会认知与交往

### （一）发展进程与目标评价

1. 人际认知 · 兴趣爱好

4—4.5岁，能知道自己和他人的不同，了解父母和好朋友的主要兴趣爱好。（48个月 · 52个月）

2. 认识家庭 · 家庭事务

4岁，能说出家庭成员为了满足家庭需求所做的工作，如上班、煮饭、打扫、洗衣、开车、照顾小孩等。（48个月 · 52个月）

【小贴士】4岁的幼儿对于家人的角色与关系很有兴趣，开始了解家庭的需要、角色与关系。他们积极研究家庭成员为了满足家庭需求所做的工作。

3. 认识社会 · 职业

4岁，能认识多种常见职业的人们（如警察、消防员、店员、邮递员、护士、医生、清洁工、建筑工等）及其工作，并能简单说明这些工作的内容，也

知道特定工作所需使用的工具。（46 个月 · 52 个月）

【小贴士】除了对家庭成员有兴趣之外，4 岁幼儿对小区内一些他们生活中常碰到的人也有兴趣。在鼓励下，他们可以扩展他们的兴趣到警察、消防员以外的人。

4. 交往态度

4—5 岁，开始愿意轮流，确保可以和别人“交朋友”。（48 个月 · 54 个月）

5. 交往技能 · 言语表达

4 岁，能从成人的建议与示范中学习用语言或其他方法来解决冲突。比如使用成人建议的话来表示愤怒，如，“我不喜欢你推我”或“你这样做我很生气”。（48 个月 · 52 个月）

【小贴士】4 岁幼儿需要很多成人的支持与指引来学习如何解决冲突（如，如何与别人分享有限的材料，如何决定谁先谁后），他们自然的反应是肢体反应（如打、踢、推）。

6. 交往技能 · 吸引关注

4—4.5 岁，能以举手、话语或其他合理方式来吸引成人的注意，而不是失去耐心，或跳上跳下。（48 个月 · 52 个月）

【小贴士】4 岁的幼儿正在学习如何与成人互动，他们比较能与熟悉的成人对话。有些幼儿需要成人教导有关如何与别人打招呼、响应成人的问题或意见以及获得成人的注意。

7. 交往技能·求助

4—5岁,当有人抢玩具或拒绝归还玩具时,会请成人帮忙。(48个月·52个月)

8. 规则·理解/遵守

4—4.5岁,在成人帮助下初步懂得主要的交通安全知识;学会遵守基本的交通规则。比如,在交通游戏中,知道骑三轮车时不能碰撞别人,否则就要被取消骑车的资格。(48个月·52个月)

9. 规则·意识

4—5岁,在集体生活中,规则意识开始萌芽,懂得要排队洗手、依次玩玩具等。(48个月·52个月)

【小贴士】虽然4岁幼儿开始了解团体的经验及团体对他们的期待,但通常需要别人提醒他们该遵守的规则。如果能够实现与他们讨论团体规则,且共同参与建立规则,他们就比较能遵守规则。4岁的幼儿可以开始玩简单的规则游戏,如棋盘或扑克牌游戏。

10. 人际关系·礼仪

与人相处时表现得有礼貌,能主动使用礼貌用语(如“谢谢”“对不起”等)。(48个月·52个月)

11. 人际关系·权威意识

4—5岁,有很强的家庭意识,会将父母作为权威来引用他们的话。(48个月·52个月)

12. 品行发展·诚实

做错事能承认,拾到东西能主动交还。(48个月·52个月)

13. 社会性游戏·合作游戏

4岁，开始从平行游戏转换到合作游戏，游戏中开始与同伴轮流、分享及交谈。（48个月·52个月）

（二）实现途径与教育指导

1. 确立家规

（1）首先要考虑哪些规矩对家庭和孩子特别重要。只有知道想要达到什么目标，才能设定出合理的界限。

（2）一一列举出清晰明确的以及孩子能够理解的家庭规矩，并把这些规矩张贴在家里醒目的地方（如墙上）。而且家规不仅仅是针对孩子的，对家长的教育行为也要设定明确的界限（比如不允许家长打骂孩子等）。如果能和孩子一起来制订这些规矩，执行效果会更好。

（3）当孩子或家长违反某项家规时，彼此都有责任提醒对方，以便彼此都能努力维护和坚守规则。

（4）家规不是僵硬死板、一成不变的东西。每个家庭的规矩都稍有不同，而且会因孩子的年龄或日常生活里的改变而有所变化。

2. 家规范例

（1）睡觉：讲完睡前故事后，妈妈或爸爸就离开房间。你要待在房里，安静地躺着。

（2）吃饭：① 吃饭要在餐桌旁吃，有固定的吃饭时间，每个人都要来吃。我来决定端什么菜上桌，你可以自己决定吃多少。② 吃饭时我们大家全都坐在餐桌边，玩具和书不可以拿上桌，吃饭时要关掉电视。

（3）整理：① 一个星期整理一次房间。②每天晚上客厅的玩具全都要清理干净。③ 先把旧玩具收拾干净，才可以拿新的出来玩。

（4）与他人相处：① 与别人要和睦相处。不许打人或抢别人玩具。如果别人的行为妨碍到我们，可以和对方说。② 彼此讲话要客气，不可以骂人,也不可以尖叫。

(5) 电视:我来决定你可以看几次和看多久电视。我们一起决定,你可以看什么节目。或只有在我的允许下你才能看电视。

(6) 帮忙做家务:家里每个人都要做家务。由大家一起讨论或写成一张家务表。

(7) 安全:① 接近马路时,你必须一直待在我身边。② 放学后立即回家。离开我们居住的小区时,要告诉我一声。无论何时我必须知道你人在哪里。

(8) 家长:家长不允许讽刺、辱骂和体罚孩子,有事要好好商量。

3. 正确对待孩子的"说谎"行为

(1) 学前儿童生活在一个有趣的、想象与现实混杂在一起的世界里;他们很享受生活在充满卡通片、圣诞老人、巫婆、白雪公主的世界里;他们很容易相信所有的事情,如果他们迫切地想相信什么事情,甚至可以编造"假话"。实际上,说谎意味着孩子向着独立又迈出了一步。

(2) 鼓励孩子说真话。比如,孩子说真话时要表扬他(无论他说的是好事还是坏事),让他感到说真话的好处,这样他以后就会更加愿意说真话。

(3) 家长要说真话。比如,如果孩子在晚饭前想吃饼干,你也许会说"饼干吃完了"(其实孩子很清楚饼干并没有吃完),而不是直接告诉他"我不希望你在晚饭前吃饼干"。如果你对孩子说谎,孩子会觉得,为了摆脱一些不愉快的事情是可以说谎的。你可以说:"我知道你现在想吃饼干,但是你只能在吃完晚饭后吃,到时候你可以自己去拿一块。"

(4) 辨别孩子说谎的性质。有的谎话是为了摆脱麻烦(如"最后一块饼干不是我拿的"),有的谎话是为了逃避他不想做的事(如"妈妈,我刷过牙了",但实际上他并没有刷),有的谎话是为了在别人面前逞强(如"我家有三匹马,我每天都骑。厉害吧!")因此,要根据孩子说谎的性质,在理解孩子感受的基础上,采取相应的措施。比如,如果孩子用彩笔在墙上画画,却说他没有画，你可以告诉他，“我知道你不想受到惩罚，但是我很失望，你选择了骗我而不是说真话。你应该跟我说实话，这样我们可以一起来解决问题”，孩子会觉得你在顾及他的感受，这会让他感觉很好。

(5) 不要因为孩子说了谎而过分生气，也不要惩罚孩子。即使你说了100遍“我无法容忍说谎的人”，但当孩子说谎时，如果你大发雷霆，只会逼得孩子不敢说真话，因为他怕激怒你。应该教给他的是，犯了错误该如何承担责任，并且怎样去解决。

(6) 不要给孩子贴上“爱说谎”的标签。一个被称为“爱说谎”的孩子，会觉得说谎是自己的本性，这反而助长他说谎的习惯。

4. 合作游戏——齐心协力

(1) 形式和人数：亲子（或同伴），每组2人，分为若干组。

(2) 准备：5厘米左右宽的纸条若干；在一块空地上划出起跑线和终点线。

(3) 方法：将纸条圈在家长的手腕和孩子的手臂上（即用纸条把两者捆绑在一起），纸条接头处用双面胶粘上。家长和孩子起跑后，如果中途扯断了纸条，必须回到起跑线，换一根纸条，重新起跑，直到纸条不断且能跑到终点为止。

(4) 孩子掌握游戏要领后，可变换一下形式，如爸爸、妈妈在两边，孩子在中间，三个人玩；也可以鼓励孩子与同伴们一起玩，让孩子们一起讨论：怎样才能跑得快，纸条又不会被扯断。

5. 备选读物

《我的第一套趣味互动百科（第3辑）·大人们在做什么》。

## 十四、自我意识与个性

### (一) 发展进程与目标评价

1. 自我认识·身体

4—4.5岁，知道自己的身高、体重与外部特征。(46个月·54个月)

2. 自主与独立

4—4.5岁，自己能做的事情不请求别人帮忙；但4—5岁孩子的自立形式往往是通过任性来表现的。（48个月·52个月）

3. 自我与内省

第一反抗期结束之后，已能初步理解他人的需要、体谅他人的感受，逐渐摆脱自我中心。（46个月·56个月）

4. 自尊与评价

4—5岁，在活动中学习简单地评价自己和同伴。（46个月·56个月）

【小贴士】自我评价：4岁的幼儿可以进行自我评价，但主要是对自己个别的、局部的方面和外部行为表现进行评价，而且常常不能从具体事实出发，而是从个人情绪出发进行评价，带有主观片面性。

5. 自控与坚持

4—5岁，乐意接受成人的指令，主动参与各项活动。（48个月·52个月）

6. 自信与勇气

4岁，开始在集体生活中表现出自信。他们带着正向的自我形象来到集体中，相当确定别人会喜欢自己。（48个月·52个月）

7. 自我适应

4—5岁，在事先告知的情况下，能顺利地适应活动上的转换或是用不同的方法做事。（48个月·52个月）

【小贴士】活动上的改变有时对4岁幼儿而言是难受的。如果事先告知接下来要做什么，他们大部分能顺利适应活动的转换。

（二）实现途径与教育指导

1. 对待任性

（1）任性往往是溺爱的结果。对孩子的任性，父母要坚持原则，让孩子讲出理由，对的可以满足，不对的不能满足，但父母要讲出道理，使无理取闹不能得逞。平时要和孩子一起制订一些基本常规，督导孩子遵守规定，做到了要及时表扬，使孩子懂得按规矩办事比哭闹要赖更有效。

（2）不要以“为了你好”强迫孩子：有很多遗憾事都是因“为了你好”而发生。成人看事情的角度与孩子不同，常让孩子觉得是被迫去做，心不甘情不愿时，做出来的成绩不好，被父母责骂，徒增亲子间的摩擦。父母要尊重孩子的选择，并想方设法让孩子心甘情愿地去做事。

2. 转变任性的对策

（1）父母可事先跟孩子订立私下协议，并确保孩子清楚地同意这个协议，让他既没有空子可钻，也没有反悔的余地。

（2）告诉孩子做人必须守信用。父母可以清楚地告诉孩子：“我们两个人都要说到做到。谁反悔了，谁就是一个不守信用的人。”

（3）当孩子执意要违反协议时，父母必须告诉他一个不守信用的人谁都不喜欢。拒绝孩子时，父母说话的语气要严肃、平静、简洁，如“不行，我们已经说好的事情不能反悔。你必须……”。如果孩子继续坚持他的无理要求，父母要用简洁的“不行”拒绝他。如果孩子更加执拗，哭闹、喊叫，父母可以不予理睬，让他自己冷静冷静。等孩子和你都平静下来之后，再以尊重、平等的态度跟孩子谈话、讲道理。

3. 行为塑造奖励单

一般包括三大部分：目标、期限、奖励。

（1）可行的目标：确立孩子在某一个期限内通过努力可以达到的目标。

（2）合理的期限：确定一个保证孩子能够实现目标的适宜期限。

(3) 相应的奖励:商定达到目标后的适当奖励。目标和奖励都可以分为不同等级。良好行为的塑造或不良习惯的矫正只有经过若干周期的不断强化,才能逐渐形成自发习惯,因此可将行为塑造奖励单作为一种常规奖励制度确立下来。

**十五、综合益智玩具**

玩具名称:拆装椅(或拆装螺丝车)。

玩具组件:椅子部件一套,拆装工具一套,工作台一套。

近期教育功能:精细动作与操作能力;认识某些组件物(椅子、汽车等)的基本结构与组装方法;认识某些拆装工具(锤子、扳手、螺丝起等)及使用方法;拆装与建构能力;分类(如把螺丝、螺帽、凳脚、横面杆等组件各归一类)。

后期教育功能:熟练操作简单工具;拆装与建构能力;想象、设计与动手能力。

玩具的运用:可与本丛书中的相关游戏活动结合(多见于"精细动作""视觉空间""数理逻辑""认知与探索"活动中),也可单独开展游戏活动。但不要勉强孩子玩超越其能力水平的玩具和游戏。

**名家名言**

大部分父母都知道应当尊重孩子,应当与孩子用正确的方式交流。可事实上,很少有人能够做到与孩子进行正常的交流,父母总是不能把孩子放在与自己平等的地位上沟通。父母们总是用教训的口气、敷衍了事的口气、引诱的口气来与孩子说话。其实,孩子是非常敏感的,他们能够分辨出大人在讲话时,所要传达的真正意思和态度。

(美国　M. S. 斯特娜)

# 第三章　52—54 个月儿童的发展与教育

**本章导读**

敏感期:52—54 这两个月的幼儿处于感官发展敏感期(0—6 岁)、空间敏感期(0—6 岁)、个性形成敏感期(1—6 岁)、注意力培养敏感期(2.5—6 岁)、审美敏感期(2.5—6 岁)、社会规范敏感期(2.5—6 岁)、语音发展敏感期(3—5 岁)、性别意识发展敏感期(3—5 岁)、人际关系敏感期(3—5 岁)、主动性发展敏感期(3—6 岁)、责任心发展敏感期(3—6 岁)、情商培养敏感期(3—6 岁)、小肌肉发展敏感期(3—6 岁)、观察能力培养敏感期(3—6 岁)、音乐敏感期(3—6 岁)、绘画敏感期(3—6 岁)、学习外语的敏感期(3—12 岁)、书写敏感期(3.5—4.5 岁)、数概念敏感期(4—5 岁)、学习书面语言敏感期(4—5 岁)、直觉思维发展敏感期(4—6.5 岁)等多个敏感期。相关敏感期的表现特点与教育指导详见“第二篇 4—5 岁儿童敏感期与教育指导”。

音乐与律动:4.5 岁的幼儿能正确地拍打较容易的节拍,能参与打击乐器演奏活动。家长可根据幼儿兴趣,有选择地让幼儿接触较为初级的节奏乐器和专门为幼儿创作的简单器乐曲。

学习能力:4—5 岁正值幼儿观察能力发展最关键的时期,但 4—5 岁幼儿由于见识不多，对事物的理解有限，因此观察过程十分依赖成人，结论也脱离不了成人的帮助。因此在发展4—5岁幼儿的观察力方面，需要成人多角度的指引，多问一些问题，促使幼儿深入观察。

认字：幼儿识字依赖于其形象知觉的发展，而4—5岁是幼儿形象知觉发展的敏感期，是开始识字的最佳年龄。4—5岁幼儿普遍可以学认字。但幼儿学习认字必须遵循幼儿的识字特点，比如在一定语境中，在亲子阅读中，在日常生活中，而不是脱离一定语境单个单个地识字。

数理逻辑：① 4.5—5岁幼儿能尝试按物种分类而不以用途分类。比如，将一些卡片按照“人”和“动物”分成两类。按物种分类，比按用途分类进了一大步，但这种更高水平的分类能力的发展还需要借助于相应的分类训练，而且是多次、反复的训练。② 4—5岁是数概念形成的最佳期，也是数词和物体数量间建立联系的阶段。在日常生活中，不仅要发展幼儿的“数”概念，同时要发展幼儿对“量”的感知和理解，并帮助幼儿建立“数”与“量”之间的关系。

社会认知与交往：4—5岁是责任心发展的最关键时期，已具有初步的责任感，能接受成人的指令，完成一些力所能及的任务。因此，家长一定要让4岁以后的幼儿做些力所能及的事情，并对自己做的事情主动承担责任。

# 发展进程与教育指导

## 一、营养与保健

（一）营养保健常识

垃圾食品的危害:所谓垃圾食品是指食材经过炸、烤、烧等加工工艺而使营养成分部分或完全丧失,或在加工过程中添加或生成有害物质的食品。有些垃圾食品营养价值很低,有些含有过多的食品添加物或致癌物质,进食过量都可能损害健康。

（二）家庭养育指导

让孩子远离这些垃圾食品:油炸食品(油条、麻花、馓子、薯条、薯片、汉堡、炸鸡等);腌制食品(酸菜、咸菜、咸蛋、咸肉等);加工肉食(熏肉、腊肉、肉干、肉松、香肠、火腿等);饼干、糖果类食品;碳酸饮料(可乐、汽水等);方便食品(方便面、膨化食品等);罐头食品(水果类、肉类、鱼类等);果脯、话梅和蜜饯类食品;冷冻甜品(冰淇淋、雪糕、棒冰等);烧烤食品(烤肉、烤串、烤鸡等)。

## 二、护理与自理

（一）发展进程与目标评价

1. 进食

4.5 岁左右,能使用筷子吃饭,但不同孩子的熟练程度各异。(50 个月·54 个月)

2. 如厕

能安坐于成人坐便器上如厕;能大致撕下所需的厕纸(卷装)。(50 个月·54 个月)

3. 穿戴

4—4.5 岁,会穿脱 T 恤、套头衫,能拉开拉链、扣按扣及一般扣子;尝

试解开小纽扣,但还不会系鞋带。(50 个月 · 54 个月)

4. 盥洗

会用毛巾仔细地抹脸,会用力拧干毛巾,会用挤有牙膏的牙刷仔细地刷牙。(50 个月 · 54 个月)

5. 劳动

4—4.5 岁,游戏后会自觉地把玩具放回指定的地方;看完书后能把书放到书柜上。(50 个月 · 54 个月)

6. 安全意识

4—4.5 岁,知道并做到不在车辆前面跑,过斑马线时先看红绿灯。(48 个月 · 56 个月)

(二) 实现途径与养育指导

1. 筷子夹蚕豆游戏

准备 2 个盘子,其中一个盘子里装些蚕豆(或其他扁平状豆粒),让孩子用筷子把蚕豆拣到另一空盘中。如果有几个孩子比赛就更有趣了。

2. 整理玩具和图书

让孩子参与清洗玩具和修补图书。学习用温水、洗涤剂和毛巾清洗擦拭玩具,将玩具晾干后归类摆放。学习用透明胶带等修补破损图书,并把图书按次序排放整齐。

3. 学习如何过没有红绿灯的马路

(1) 把孩子带到路边,实地教孩子如何过马路:先站在路边,往左边看看,再往右边看看,不是看一下就行了,而是要仔细看。家长还要让孩子说一说:左看看,看到了什么?右看看,看到了什么?

(2) 当家长看到马路上没有车过时,就拉着孩子的手一起过马路。反复练习 10 次之后,对孩子说"现在我要看着你自己过马路"。即使孩子能按照规则过马路,但也要给孩子制订一个新规定:尽管你懂得了过马路的规则，但你也不能独自过马路。必须有大人在时，让大人看着你过马路。

## 三、粗大动作

### （一）发展进程与目标评价

1. 踢球

能将球踢向2—3米远处的同伴，不会偏离太远。（50个月 · 54个月）

2. 攀登

4—4.5岁，能在攀爬架上自如地爬与荡。（48个月 · 56个月）

3. 走平衡

能缓步走过排列成直线或曲线、相隔15厘米的砖块而不掉下地。（48个月 · 56个月）

4. 单脚跳

4—5岁，能完成来回2米距离的单脚折返跳。（48个月 · 62个月）

5. 荡秋千

4—5岁，能自己荡秋千而不会摔下来。（→44个月）

6. 双脚交替跳

能比较协调地双脚交替跳着走。（48个月 · 54个月）

7. 投掷

4—4.5岁，能对准方向丢球，能瞄准方向投掷沙包。（48个月 · 54个月）

8. 抛接球

能接住由自己抛高而落下的球。（46个月 · 58个月）

### （二）实现途径与教育指导

1. 巩固训练

赛跑、攀登、双脚交替跳、跳格子、越障碍、传球、踢球、荡秋千等。

2. 用脚传球

家长和孩子相距2—3米相对站立，互相把球踢传到对方脚下。开始时传球速度可慢一点，以后逐渐加快传球速度。

3. 踏砖过河

将10块砖以每隔15厘米的方式摆成一条线，让孩子单脚踏砖从起点走到终点。开始时可将砖摆成直线，距离相等；娴熟之后可将砖块不规则摆放，如把砖放歪或横放，有些砖块间距可以设置为10厘米，有些可以设置为20厘米。也可按曲线形或圆形路线摆砖。

4. 单脚折返跳

沿一直线单脚跳跃，中间尽可能不换脚，跳到目的地再返回。也可沿S形线单脚跳，以增加难度。

5. 接住抛向高处的球

家长示范，将球抛向高处，然后迅速接住下落的球。也可以让孩子尝试自抛自接球。

6. 投掷

在墙上安装一个小篮球筐，让孩子练习投篮。也可在墙上挂一个小篮子，让孩子往里面投沙包。一开始可近距离投掷，以后可逐渐拉长投掷距离。

## 四、精细动作

### (一) 发展进程与目标评价

1. 夹夹子

4—4.5岁，能双手协调地使用晒衣夹来夹挂图或假装在晒衣服。(48个月 · 56个月)

2. 剪纸

能沿着正方形、长方形的边线剪纸。(48个月 · 54个月)

3. 建构

尝试建造结构复杂一点的建筑物，如多桥墩的桥、房子及生活中的其

他建筑物。(48个月·54个月)

4. 掌控

4—4.5岁,能用多米诺骨牌等薄片积木摆出圆形、方形、螺旋形等几何图形;手掌心一次能握持多个弹珠。(48个月·58个月)

5. 操作工具

4—4.5岁,能尝试用钥匙开小挂锁,用槌子把铁钉钉进软木。(50个月·54个月)

(二) 实现途径与教育指导

1. 巩固性训练

用筷子夹蚕豆、穿纽扣、橡皮泥造型、折纸。

2. 剪图形

当孩子沿直线剪纸的技能基本熟练之后,可以提供简单线条的图形(如正方形、长方形等),让孩子沿轮廓线剪下图形。

3. 猜一猜搭的是什么

用积木拼搭一些常见的物体,如飞机、火车、轮船等。家长可以和孩子分别搭建,并互相猜猜对方搭建的是什么,或者比一比谁搭得更多、更像真实的物体。这对培养孩子的动手能力和想象力很有帮助。

4. 摆多米诺骨牌

让孩子模仿用多米诺骨牌摆出圆形、方形、同心螺旋等图形,注意总结转弯技巧(两张骨牌一边要靠近一点,一边要分开一点,就像一个小喇叭)。

5. 开锁游戏

给孩子提供大锁、小锁各一把及配套钥匙。家长先将两把锁都锁起来,然后让孩子用两把钥匙尝试去打开两把锁;以后可逐步尝试打开大小相同、型号不同的几把锁。

### 五、视觉空间

（一）发展进程与目标评价

1. 图形·盲摸辨识

4—4.5岁，以通过触觉（而不是看）来辨认形状（如，用手在“神秘箱”中摸，并说出摸到的东西的形状）。（50个月·54个月）

2. 立体图形·盲摸辨识

4.5岁能通过盲摸的方式，基本辨别出“球体”“半球体”“正方体”“长方体”“圆柱体”“圆锥体”“三棱柱”“三棱锥”“台体”等实物或玩具。（48个月·54个月）

3. 拼图

能完成由11—12片组成的画面复杂一些的拼图。能把正方形、长方形的1/2、1/4混合形块重新匹配，拼出原来的正方形和长方形。（50个月·54个月）

4. 空间方位

4—5岁，当与自身之外的事物处于同向位置时，能分清自身之外事物的左右。（50个月·56个月）

5. 空间布局

4—4.5岁，按照自己家里房间布局和家具的摆设位置，来排放玩具模型。（→54个月）

【小贴士】4岁的幼儿通过把物品放在环境中的特定位置，或注意物品与其他物品在空间上的相对位置（如黄色的房屋离这里很远）来显示他们对方位的理解。他们很爱把物品与其平常的摆放位置配对，如厨房里的烤面包机、卧室里的床、公园里的树等。

6. 时间概念

4.5岁,能知道“前天”“后天”所指的时间,能理清“前天、昨天、今天、明天、后天”等先后顺序。(48个月·54个月)

(二)实现途径与教育指导

1. 拼长方形、正方形

家长用硬纸板剪出三个同样大小的长方形和三个同样大小的正方形。将每种图形各留一个整体作为“比照卡”,将每种图形的其余两张卡按对角线依次切分为1/2、1/4,将剪下的所有形块混在一起。让孩子以完整的“比照卡”为参照把各种形块再拼合成同样大小的长方形或正方形。也可自由拼出其他图形,如三角形、平行四边形等。

2. 盲摸沙画

家长先用笔勾勒出一张人脸五官(或其他物品)的轮廓图,然后用胶棒涂抹或双面胶覆盖轮廓线;再把细沙撒在轮廓线上,使之紧紧附着,制成一幅沙画;给孩子蒙上眼睛,让他用手触摸轮廓图的各个部位,并说出摸到的是人脸的哪个部位。

3. 盲摸猜图形

挑选球体、半球体、正方体、长方体、圆柱体、圆锥体、三棱柱、三棱锥、台体等模型或玩具各一个,放在一个黑色袋子里,让孩子逐一把这些模型或玩具摸出来,拿出袋子之前,先让孩子说说摸到的是什么形状的模型或玩具,再拿出来确认。

4. 布置一个微型的“家”

先让孩子仔细观察自己家庭的空间布局(如客厅、卧室、厨房等)和家具摆放位置,然后使用各种玩具(如娃娃家玩具等)、模型或积木材料尝试复制出一个微型的“家”。

5. 站位游戏(左右、前后)

爸爸、妈妈、孩子先横向站成一排,然后三个人轮流发口令,调换各自站位。比如,爸爸说:“妈妈站到宝宝前面去!”妈妈接着说:“宝宝站到爸爸左边去!”孩子说:“爸爸站到妈妈右边去!”

6. 理解时间(前天、后天)

以“昨天、今天、明天”的先后顺序为参照,告诉孩子“‘昨天’前面的一天就是‘前天’,‘明天’后面的一天就是‘后天’”,并进而理清“前天、昨天、今天、明天、后天”等先后顺序。

7. “益智拼图” 备选图书

《迪士尼益智拼图书》或《芭比益智拼图书》(有12块拼片的拼图)。

**六、绘画与书写**

(一) 发展进程与目标评价

1. 画人

4—4.5岁,画人物时,能画出人体的5个以上部位。(50个月·54个月)

2. 画物

4—5岁,能画出一个事物的基本轮廓,并能填画简单的细节内容,能尝试按照物体的固有色着色。(46个月·60个月)

3. 涂色

能选择正确彩笔涂颜色(如七色彩虹等)。(42个月·56个月)

4. 表达与创作

4—4.5岁,能用胶水将各种材料贴到撕贴画上。(40个月·56个月)

5. 艺术材料

4—4.5岁,尝试用粉笔在黑板上写字母或数字。(50个月·54个月)

6. 书写

4—4.5岁,模仿用粉笔写数字,但可能写得参差不齐。(48个月·56个月)

（二）实现途径与教育指导

1. 画小汽车

家长首先出示一张小汽车图片，引导孩子仔细观察汽车的外形特征，然后一步一步示范和指导孩子如何画小汽车，最后让孩子给小汽车着色。

2. 学会选择正确彩笔涂颜色

提供几种水果或其他物品的轮廓图，先让孩子说说每种物品一般都是什么颜色，然后让孩子选择恰当颜色的彩笔给相应轮廓图涂色。

3. 手指画——梅花

（1）布局（画枝）：右手食指蘸上墨汁，用指尖由纸的下方往上画枝，要画出长短、粗细及转折。

（2）点花：擦干净右手食指，然后蘸上红色的颜料，用指尖点出五个花瓣及三个、四个花瓣的梅花若干朵，用指侧点花苞。提醒孩子要把花点在枝条上，花要表现得有疏密、大小的区别，盛开的花画多些，遮挡的花及花瓣画少一些。

4. 用粉笔写数字

孩子模仿家长，用粉笔在地面上写数字。不必在意写得是否整齐、好看，重点在于书写兴趣的培养。

## 七、音乐与律动

（一）发展进程与目标评价

1. 节奏

4.5 岁，能正确地拍打较容易的节拍，如 2/4 拍、3/4 拍，且能基本表现出节拍的强弱差别。（48 个月 · 54 个月）

2. 演奏乐器

4.5 岁，能参与音乐伴奏下的打击乐器演奏活动。比如，当钢琴开始或停止时，他们会开始或停止手中的乐器。（44 个月 · 58 个月）

3. 舞蹈

4—4.5 岁，能随着音乐做出跳跃、翻转、飞翔或其他想象动作。（46个月·60个月）

4. 舞蹈创编

4.5 岁左右，能使用围巾、丝带或其他材料创造特殊的舞步或舞蹈。（46个月·56个月）

（二）实现途径与教育指导

1. 接触节奏乐器

可根据孩子兴趣，有选择地让孩子接触较为初级的节奏乐器，如三角铁、沙锤、木鱼、碰铃、手鼓、手摇串铃等。

2. 感受旋律乐器

可认识旋律乐器，如钢琴、电子琴、小提琴、吉他、二胡、琵琶等，感受这类旋律乐器的外形、音色等方面的不同，经常聆听旋律乐器演奏的乐曲。但这个年龄孩子的神经系统、肌肉发育尚不成熟，不适于正式学习这类乐器。

3. 专门为幼儿创作的简单器乐曲

《小鸟》《扑蝴蝶》《青蛙合唱》《雪花飞舞》《小士兵进行曲》《动物狂欢节组曲》《钢琴》《小鸟的歌》《小鸭的舞》等，这些都是专门为幼儿创作的简单的器乐曲，有利于激发幼儿的兴趣，也可以让幼儿用动作表现出来。

## 八、学习能力

（一）发展进程与目标评价

1. 观察·系统性

4—5 岁，开始按照一定的顺序、有条理地进行观察。（50个月·54个月）

2. 坚持性和完成任务

4—5 岁，能完成时间稍长的、不太具体的任务（如，持续地为自己即将到来的生日做准备)；有较强的能力设定目标并坚持完成计划(如，孩子说“我要拣起所有的枝条”，然后他就能一直坚持做完)。(46 个月 · 66 个月)

【小贴士】4—5 岁是幼儿坚持性发展的转折期，是坚持性发展最佳的年龄阶段。因为，4—5 岁幼儿的大脑皮质的抑制功能逐渐完善，兴奋与抑制过程渐渐趋于平衡。同时其自我意识也在逐渐发展，为幼儿坚持性的发展奠定了生理和心理基础，因此 4—5 岁的幼儿较能稳定、坚持地做事。

3. 灵活性和变通性

4—5 岁，更加灵活且可以吸收不同的资源来解决问题。如，努力用积木建个大的建筑，但建筑总是倒下，几次失败之后，尝试建造一个更大的地基，或许还会观察别人怎样搭建。(38 个月 · 68 个月)

(二) 实现途径与教育指导

1. 走迷宫

家长可自制迷宫图，比如在一张纸上画个大方框，在左边线上选几个点作为迷宫线的起点，并分别给每个起点标上“1”“2”“3”等数字标记或“△”“○”“□”等图形标记，再从每个起点向方框的右边线的某点画任意弯曲或形态的迷宫线。然后让孩子拿一支笔，从左边的某个起点沿着迷宫线往下画，直到右边的终点，并在终点处标上与起点相同的标记符号。开始练习时，迷宫线可以少一点，线条形态简单一点，以后逐渐增加迷宫线的数量和提高线条的交错程度。也可以在网络上搜索适合孩子玩的迷宫图，打印下来给孩子玩。

2. 蛛丝马迹

让孩子先仔细观察一下自己房间里摆设的各种东西,两分钟后,让他离开房间,在门外等候;家长则在这段时间里迅速将房间里的摆设做些改变,如,在桌子上放一个事先准备好的道具(如白纸或积木等),把窗子关上或打开,把墙上的画收起来或再在墙上挂一幅画等;家长改变完了之后,再让孩子进入室内,让他再把房间仔细观察一遍,并让他说说房间里的摆设有没有变化,有哪些变化。在玩这个游戏时,可根据孩子的观察能力,改变的东西可以由少逐渐变多,由明显到不太明显。

3. 让孩子选择一项持久的事情,坚持做下去

比如,如果孩子喜欢花草,父母可以利用家中的阳台,买来花盆和一些花籽,教孩子种花草,让孩子在培育花草的过程中,每天观察和记录植物生长的过程(何时发芽、长叶、开花),体会生命的成长。在这个过程中,让孩子明白:无论你怎样着急,你今天撒下种子,它不会明天就长大;要想有收获,你必须耐心地等待,给它浇水,有时还要松土、施肥、捉虫子;不用心照顾它,它就会枯萎,甚至死亡。

4. 灵活性和变通性——乌鸦喝水

(1) 先给孩子讲《乌鸦喝水》的故事:有一天,乌鸦渴了,到处找水喝,没找到。突然,它看到地上有个瓶子,瓶子里有些水。乌鸦着急地把嘴往瓶子里伸,但瓶口太小,瓶子里的水又低,嘴巴够不着水,乌鸦急得围着瓶子团团转。这时,乌鸦发现瓶子旁边有些小石子,它一边转一边想,终于想到了一个喝到水的办法。你知道乌鸦用什么办法喝到水的吗?

(2) 让孩子先说说自己的猜想,然后再把乌鸦的方法告诉孩子:乌鸦用嘴巴把小石子一颗一颗地叼进瓶里,瓶里的水一点一点地上升起来,不一会儿就到瓶口了,乌鸦终于能喝到水了。

### 九、语言发展

（一）发展进程与目标评价

1. 音韵

4岁，在成人的支持下，能注意且能辨别字词中较小的声音单位，开始聆听与分辨音节、字开头的音、押韵的音。比如，能听出自己名字中第一个字母的音，并找出或“读”出有相同开头字母的同伴的名字。（50个月·54个月）

2. 听故事

4.5岁，喜欢听故事，并能较为准确地获得故事中的主要信息。（48个月·54个月）

【小贴士】4岁幼儿正在发展聆听技能，他们通过观看与倾听来获得知识、了解意义。他们不仅在与成人或同伴的一对一谈话中学习倾听的技能，也在团体对话中学习。在学校情境中，这种“团体中的倾听能力”对学习与获得信息而言是非常重要的。听懂的能力随着他们听教师说故事及参与团体唱歌或游戏而增强。

3. 语词

能理解介词“在……底部”“在……顶部”。（50个月·54个月）

4. 语词

会用表示时间的词“有时候”“从不”。（50个月·54个月）

5. 阅读·自我联想

4岁，在成人的指引下，开始能将故事的内容与自己的经验相联系。（50个月·54个月）

6. 讲述

4—4.5 岁，能独立地讲故事或叙述日常生活中的各种事物，但有时讲话会断断续续，有时也能表述相当复杂的句子。（48 个月 · 54 个月）

7. 识字

4—5 岁，听家人念某本熟悉的故事书时，如果故事内容与之前听到的不同，会提出抗议，因为他知道故事书里的文字是不会变的。（50 个月 · 54 个月）

【小贴士】幼儿识字依赖于其形象知觉的发展，而 4—5 岁是幼儿形象知觉发展的敏感期，是开始识字的最佳年龄，可以学习认字。

8. 认读字母

4 岁，在成人持续的引导下，能在不同场合中认出一些字母，并能念出一些字母的音。（50 个月 · 54 个月）

9. 写字

4 岁，开始对写自己的名字及一些有意义的字感兴趣。（50 个月 · 54 个月）

（二）实现途径与教育指导

1. 音韵辨别训练——找出同姓的伙伴

比如，孩子的姓名叫“李明”，家长可以对孩子说“你的名字叫‘李明’，爸爸的名字叫‘李亮’，两个人名字的第一个字都是‘李’，你能不能找到哪个同伴的名字的第一个字也是‘李’字的”，引导孩子回忆和寻找。用同样的方法，还可以引导孩子寻找其他同姓的伙伴。比如，家长可以问孩子“你有一个同伴叫‘王艳’，她的名字的第一个字是什么”。孩子会说：“是‘王’字。”家长进一步问“还有哪一个同伴的名字的第一个字也是‘王’字的”，再引导孩子回忆和寻找。如果孩子想不起来,家长可以念几个同伴的名字,其中有的名字是“王”字开头的,家长逐个念,然后逐个问孩子“这个名字的第一个字是不是‘王’”,这样就降低了辨音的难度。

2. 识字

认字对孩子认识能力和语言表达能力的发展有很大帮助。如果家长能在幼儿期教孩子认识一定数量的汉字,使之能连认带猜地看连环画,就会增加孩子的学习兴趣,调动孩子的学习积极性,为上小学打下基础。当然,孩子智力发展水平的高低并不是以能认多少字来衡量的。

3. 怎样培养孩子学习识字

汉字的特点决定了汉字的学习必须遵循“在语境中学习的原则”,即所谓“字不离词、词不离句、句不离篇”的原则。因此,“在阅读中识字”就成为最为适宜且高效的识字方式,其中“点读”方式尤为最佳。只要坚持亲子阅读,久而久之,孩子会自然而然地认识和习得大量文字。

4. 备选儿歌

(1) 红绿灯——大马路,宽又宽,警察叔叔站中间。红灯亮,停一停,绿灯亮,往前行。

(2) 过马路——小朋友,手拉手,一起来到马路口,见了红灯停一停,见了绿灯齐步走。

(3) 交通规则要记牢——小朋友,你别跑,站稳脚步把灯瞧。红灯停,绿灯行,黄灯请你准备好。过路应走斑马线,交通规则要记牢。

(4) 起床歌——大公鸡,喔喔啼,勤快宝宝早早起。衣服袜子自己穿,小小被子叠整齐。左看看,右瞧瞧,整整齐齐心欢喜。

5. 备选读物

(1)《蚯蚓的日记》(主题:时间/动物的生活)。

(2)《田鼠阿福》(主题:生活态度/心灵成长)。

(3)《亚历山大和发条老鼠》(主题:愿望/自我认同)。

(4)《玛修的梦》(主题:梦想/勇气/自信)。

(5)《一只奇特的蛋》(主题:善意/友谊)。

(6)《鱼就是鱼》(主题:愿望/自我认同)。

(7)《蒂莉和高墙》(主题:梦想/探索)。

(8)《西奥多和会说话的蘑菇》(主题:自尊与谎言/信任与宽容)。

(9)《小绿狼》(主题:自信/自我认同)。

## 十、数理逻辑

### (一) 发展进程与目标评价

1. 分类·物种

4—4.5岁,能尝试按物种分类而不以用途分类。比如,将一些卡片按照"人"和"动物"分成两类。(50个月·54个月)

【小贴士】按物种分类,比按用途分类进了一大步。按用途分类是以"我"为中心的,按物种分类是以物的本来特性划分的,初步脱离了以"我"为中心的思维方法。

2. 假装游戏

4—4.5岁,在装扮游戏中会使用各种各样的物品代替其他物品。(50个月·54个月)

3. 数的理解

4—4.5岁,在学习按顺序数数的过程中,逐渐理解下一个数目比目前数到的数目再多1,知道5以内各数的前后、大小、多少的关系,并初步理解"多一些"及"少一些"的意思。(50个月·54个月)

【小贴士】4—5 岁是幼儿数概念形成的最佳期。这一时期幼儿掌握了 10 以内的数概念，能口手一致地点数 10 以内的实物。

4. 数概念・唱数

能唱数到 45，能整十整十地数到 100。（50 个月・54 个月）

5. 数概念・点数

能口手一致地正确点数 15 个顺序固定的物体，点数之后能说出总数。能点数 5 个移动的物体（如一组做游戏的小朋友）。（50 个月・54 个月）

【小贴士】通过点数学习加法是幼儿学习数学必经的过程。幼儿是通过有几个东西才认识和理解数的，多次摆、多次点数，再按不同组合摆才能逐渐脱离点数，并过渡到心算。

6. 排序

4—4.5 岁，注意到班上哪些孩子比较高，哪些比较矮，能把 4 个孩子按身高的高矮排序。（50 个月・54 个月）

7. 数概念・倒数

能倒数 11—1。（48 个月・54 个月）

8. 认识数字

能认识数字 1—11。（50 个月・54 个月）

9. 测量

4—4.5 岁，能尝试用一种小的物体去测量另一种大的物体。比如，用积木量桌子的长度，发现它有 4 个积木长，或发现 3 个小杯子的沙可以装

满一碗。(50个月·54个月)

10. 运算

能借助实物进行6以内数的组合与分解;能借助实物做6以内数的减法及"和不超过6"的加法。(50个月·54个月)

11. 量的理解

4—4.5岁,能理解"多一点""少一点"的意思。(→56个月)

12. 认识规律

4—4.5岁,能在纸上以重复的规律作画(如"绿—蓝—绿—蓝—绿—蓝"等两两间隔)。(50个月·54个月)

(二) 实现途径与教育指导

1. 按物种分类而不以用途分类

通过观察找出相同,区别不同。用动物图片先让孩子自己尝试分类,把同一类的放在一起。孩子分好之后让他说说这一堆有哪些相同之处。例如,孩子把兔子、猫、狗、牛、马、羊或长颈鹿、大象、老虎等放在一起,家长可边提问边讲述"它们有几条腿、身上是否都有毛、是否都有尾巴"等。孩子通过分类知道了兽类的特点。另一堆有鸡、鸭、鹅、鸽子、燕子等,告诉孩子"它们有两条腿、有翅膀会飞、会生蛋、身上长有羽毛",这些都称为禽。还有一堆如金鱼、鲤鱼、带鱼等,告诉孩子"它们都没有腿只有鳍,都离不开水,有些有鳞,有些没有",人们称它们为鱼类。孩子喜欢的蝴蝶、蜻蜓、蚂蚁、蚱蜢、蟋蟀等,它们都叫昆虫。

2. 整十整十地数

会数10、20、30、40、50、60、70、80、90、100,为以后的进位数数打基础。

3. 倒数11—1

让孩子先顺数1—11,再练习倒数11—1。关键练习11—10—9的过渡。

4. 认识数字(1—11)

准备一套1—11的数字点卡(一面点子一面数字),家长随机从中抽取一张,出示"数字"的一面让孩子认读。如果认错,再让他数一数背面的"点子"。

5. 实物数量的比较(6以内)

在孩子面前放两堆核桃,两堆数量可以相同,也可不同,让孩子数一数并说一说哪堆多、哪堆少,或两堆一样多。

6. 数的比较(6以内)

在反复比较实物数量的基础上,进一步比较"6以内"任意两个数的大小。比如可以直接问孩子:"是6个苹果多还是4个苹果多?"进而问:"是6大还是4大?"

7. "实物"数的分解(6以内)

比如给6个核桃分家。

(1) 可以分成两家:可能是"1、5",或"2、4",或"3、3"。

(2) 可以分成3家:可能是"1、1、4",或"1、2、3"。

(3) 可以分成4家:可能是"1、1、1、3",或"1、1、2、2"。

(4) 可以分成5家:只能是"1、1、1、1、2"。

(5) 可以分成6家:只能是"1、1、1、1、1、1"。

8. "实物"加法练习(6以内)

通过摆实物的方式,练习"和为6以内"的加法。如"4个核桃,再加2个核桃,是几个核桃?"可以通过点数的方式算出结果。

9. "实物"减法练习(6以内)

通过摆实物的方式,练习"6以内"的减法。如"6个核桃,吃掉2个核桃,还剩几个核桃?"可以通过点数的方式算出结果。

10. 掷骰子,数"点子"

爸爸、妈妈、孩子各持一个骰子,一齐掷。用连续点数的方式(数完一个骰子，再续数另外2个骰子）让孩子数数3个骰子朝上的一面共有几个"点子"，最后报出总数。

11. 掷骰子，比"点子"

准备2个骰子，家长和孩子各持一个骰子，同时掷出。看谁掷出的"点子"多，让孩子算算多几个。

12. 测量

示范并指导孩子用一块积木测量餐桌的两边（或其他东西）有几个积木长；也可测量一下几小杯水才能装满一大杯。

13. 备选读物

《数学绘本·燕子，你还记得吗？——自然中的规律性》。

## 十一、认知与探索

### （一）发展进程与目标评价

1. 认知·生物的需求

4—4.5岁，开始理解所有的动物都需要食物、水和居住空间，植物需要水、土壤和阳光。（50个月·54个月）

2. 认知·生物的栖息环境

在讨论某一特定的动植物的需求时能发表自己的观点。（50个月·54个月）

3. 探究领域·沙

能尝试用沙子堆砌建造简单的建筑物，如金字塔、城堡等。（42个月·62个月）

4. 探究领域·物理现象

比如，把沙或水倒进不同管径的管子里，比较在不同的管子里，同量的沙或水各花多少时间流过（如，"好久好久""没有很久"）。（50个月·54个月）

5. 探究技能·调查

在成人指导下开始关注和调查某一特定的且有答案的问题(如,“蜗牛是怎么移动的”)。(46 个月·60 个月)

6. 探究技能·记录

尝试通过绘画和捏塑来体现动植物的某些显著特征。(46 个月·58 个月)

7. 探究技能·运用探究工具

4—4.5 岁,在成人指导下,能运用简单的工具(如筛子)及设备(如望远镜)进行探究。比如,用一个筛子来筛各种不同的东西,看看哪些东西会通过孔掉出去,哪些不会;用望远镜来观看鸟,以看得更清楚。(48 个月·56 个月)

【小贴士】在科学探究活动中,4 岁幼儿开始能规划他们的研究,他们很喜欢使用工具来帮助他们聚焦在一件物品上,用工具来协助他们描述物品的特征。

(二) 实现途径与教育指导

1. 植物生长需要哪些条件

(1) 准备 4 个酸奶杯子,并在杯子里放一些干土。把 4 个没有发芽的土豆分别放在 4 个杯子里,并给 4 个杯子编号 1、2、3、4。

(2) 在 1 号杯子里倒适量水,并把杯子放在有阳光的窗台上;2 号杯子倒上水,放在阴暗的地方;3 号杯子不倒水,放在有阳光的阳台上;4 号杯子不倒水,放在阴暗的地方。倒水的杯子要始终保持土壤湿度。

(3) 定期观察这些土豆,记录土豆不同时期的变化。和孩子一起讨

论:土豆正常生长需要哪些条件?(土壤、水和阳光)

2. 窗台喂鸟

(1) 在野外采集各种植物的种子,放在一个盘子里,再将盘子放在室外或阳台上,确保当有鸟来觅食时,人从室内能看得见。

(2) 让孩子观察各种不同的食物是如何吸引不同类型的鸟的。可提问,“这些鸟停留了多长时间”“哪种鸟来这儿觅食的次数最多”“一次有几只鸟在这儿觅食”等。

3. 不漏水的纱布

(1) 在矿泉水瓶里装满水。在瓶口包一层纱布,用细绳或皮筋把纱布紧紧地绑在瓶口,让纱布绷得越紧越好。

(2) 用手抵住瓶口,把瓶子倒过来试试看,瓶里的水会不会流出来。

(3) 结论:水不会往下泄漏。

(4) 也可以把玻璃杯装满水,一直到杯沿,在上面放一张明信片,把杯口完全盖住,用手压住明信片,用力抵住杯口,把玻璃杯倒过来,移至水槽上方,松开压住明信片的手,水也不会流出来。

4. 磁力牵引游戏

用胶带把一块小铁片粘在玩具车的车头上(若是铁质玩具车就不必粘小铁片),让孩子用一块条形磁铁的一端去靠近小车,观察小车会怎么样。

5. 备选读物

(1)《我的第一套趣味互动百科(第 3 辑)·颜色大狂欢》。

(2)《我的第一套趣味互动百科(第 3 辑)·感官游乐会》。

(3)《我的第一套趣味互动百科(第 4 辑)·探查人体秘密》。

## 十二、情绪情感

### (一) 发展进程与目标评价

1. 情绪表达·平和

4—4.5 岁,情绪状态日趋稳定,并逐渐学会用较为平和的方式表达情

绪。(50个月·56个月)

2. 情绪体验·理解

会表现出他们知道别人的感受,而有些则需要成人的引导才能注意到别人的感受,并了解他人的情绪与体验。(48个月·54个月)

3. 情绪调控

4—5岁幼儿的情绪较之3岁幼儿更稳定,行为受情绪支配的比例在逐渐下降,开始学着控制自己的情绪。(48个月·56个月)

【小贴士】4—5岁幼儿开始学着控制自己的情绪。当他们看到喜爱的玩具时能听从成人的要求;与同伴间发生争执时,有时也能控制自己的情绪和行为。当然,他们并非对所有的事都能调节好,对特别感兴趣的事和物仍然受情绪支配,甚至还会出现情绪"失控"现象,不顺心时仍会大发脾气。

4. 情感体验·移情/同情

4—4.5岁,在成人的引导下,能尝试站在他人的立场上感受、理解他人的感情。(48个月·56个月)

(二) 实现途径与教育指导

父母应具备移情心理

(1) 父母对孩子的移情就是父母用自己的心灵和头脑去倾听孩子的心声,体会孩子的感受。父母应该能敏锐地觉察到孩子的痛苦、恐惧、失望、愤怒或沮丧,并且能够理解,同时又能比较明智地为孩子提供鼓励和帮助。移情能很好地安抚孩子的情绪,有利于建立亲密、互信的亲子关系。

(2) 父母怎样移情:第一步:倾听。当孩子悲伤、愤怒、抑郁或惊慌失措时,父母首先要能够耐心地聆听孩子的倾诉。第二步:不加评论地接纳孩子的感受。接纳孩子表现出来的情绪,描述你所看到的情绪表现,如“小家伙,比赛输了,你很生气吧”“你的朋友没有邀请你,所以你伤心极了”等这类对情绪的反馈,有助于孩子了解自己的内心感受。同时,它还使孩子知道:别人了解他的感受。这是帮助孩子控制情绪的最重要的一步。第三步:如果有必要,事后引导孩子讨论他的感受。尤其当孩子表现出比较极端的情绪时,家长需要等到他情绪平静下来,头脑保持清醒时,再与他就相关问题进行讨论。比如,家长可以问“你从这次经历中吸取了什么教训”“下一次遇到类似情况时,你可不可以用另外的办法来处理?对你自己的态度有什么看法”“通过这次经历,你学到了什么”等。在向孩子提这些问题时,重要的是要孩子通过自己的情绪反应,寻求解决问题的方法,而不是要让他们反省。

## 十三、社会认知与交往

### (一)发展进程与目标评价

1. 认识家庭·角色关系

4—4.5岁,能说清楚家庭成员之间的基本关系及其在家庭中担任的基本角色。(50个月·54个月)

2. 认识社会·职业

4—4.5岁,能在游戏中尝试表现自己生活环境中某些行业的工作情形和内容。能在游戏中借助道具,如理发店的服装和工具、小吃店的厨具和餐具、警察的哨子和手套等。(50个月·56个月)

3. 交往技能·语言表达

4—4.5岁,在成人的帮助下,努力使用语言来表达情感、协商和解决争端。(50个月·54个月)

4. 交往技能·协商

4—4.5岁,能与同伴就需要解决的问题交换意见。比如,告诉同伴解

决的办法(如“我玩这些,你玩那些”)。(50 个月 · 54 个月)

5. 交往技能 · 接受建议

能接受成人或同伴提出的解决问题的建议。(50 个月 · 54 个月)

6. 规则 · 遵守

在温和的提醒下,4 岁的幼儿能遵从简单的教室常规及例行活动的规则。比如,当成人规定“玩水区一次只能 4 个人玩”时,会耐心地等到有人离开再进去。(50 个月 · 54 个月)

7. 人际关系 · 交往广度

4—4.5 岁,能够与不同的孩子玩,而不只是跟同样的一个或几个孩子玩。比如,不管谁在扮演角,都能与他(们)一起玩,而不是只与固定的人玩。(50 个月 · 54 个月)

8. 品行发展 · 责任感

4—5 岁,已具有初步的责任感,能接受成人的指令,完成一些力所能及的任务。比如在家里,能够收拾自己的玩具、用具,并能帮助家人收拾碗筷、折叠衣服等。在幼儿园里,会细心地使用、收纳材料;学当值日生,为班级的自然角浇水,帮助老师摆放桌椅;用胶带来修补破损的书。(50 个月 · 54 个月)

9. 社会性游戏 · 角色游戏

4 岁,最喜欢玩角色游戏。能在游戏中简单重现在社会生活中有印象的事情,如买卖、看病、乘车购票、模拟开车等。(50 个月 · 54 个月)

【小贴士】幼儿是通过玩耍来学习和理解客观世界的。创造性戏剧游戏为幼儿提供了模仿成人角色的重要机会。通过这种模仿,幼儿能够在戏剧中担当真实生活中可望而不可即的重要角色。

### （二）实现途径与教育指导

1. 家庭角色游戏

在扮演角，以话语或行动演出不同的家庭成员以及他们在家中常做的事情。

2. 社会角色游戏

创设角色游戏情景，模拟社会生活，模仿社会角色，如买卖、看病、乘车等。家长和孩子可以合理分配或互换角色。

3. 教孩子学会原谅

（1）创造机会让孩子多接触同龄人，在交往中互相取长补短。

（2）交往中遇到矛盾和纠纷时，要帮助孩子分析事情发生的原因，找出自己或别人的不对之处，宽容小伙伴的缺点和过失。

（3）教给孩子把握原谅的分寸。要在处理问题的过程中，让孩子分清楚哪些行为是可以原谅的，哪些行为是不可以原谅的。要让孩子懂得，原谅、忍让不等于没有原则，不是任人宰割，也不是放弃争辩和抗争。

4. 应对孩子的顶嘴现象

孩子经常会把顶嘴当成一种突破限制和挑战权威的方式。对待孩子的顶嘴，家长首先要冷静，同时，要把自己的关注点放在孩子说话的内容上，而不是孩子说话的态度上。要让你的孩子明白你已经听见他说的话了，然后让他知道你的规矩是不会改变的。你可以清楚而冷静地对他说："我知道你不乐意，但该你做的事情必须由你自己来完成。这是我们的规定。"

5. 重复规则

当家长以平静肯定的语气给孩子下达一道清楚明确的指示，而孩子却依然毫无反应或讨价还价，该怎么办？这时，家长首先可以做的就是：仍以冷静肯定的语气重复几遍孩子应该做的事，不要理会他的反对意见。家长可以重复三遍，但不可以超过三遍。也不要没完没了地跟孩子说理或讨论，因为当孩子违反规矩时，冲突已发生，这时候讨论是没有用的。不过，亲子之间的讨论是很重要的，而且一天当中绝对可以多进行几次。在一起吃饭时，在睡前交流时，在亲子共度的其他时间里……在这类情况下，讨论是很有意义的，而且会得到好的结果。

6. 说到做到——承担后果

若家长以平静肯定的语气清楚明确地下达指示，而且重复三遍之后孩子还是不遵从，家长又该怎么办？家长可以做的就是：保持冷静的头脑，让孩子做出选择。“要么遵守规则，照我说的话去做，要么就是承担相应的后果。”让孩子从必然的后果中学到教训。为了让你的行动有效，必须注意一点：后果可以是孩子不喜欢和令他不高兴的，但你永远不可以造成他心理或生理上的伤害。哪些年纪做出哪些行为应该承受哪些后果算是合理的——这个问题几乎永远回答不完，但有一点是确定的：孩子令人不快的行为与后果之间的关联越清楚越直接越好。比如，如果孩子拒绝吃午饭，那就让他等到下一餐才有东西吃；如果孩子气得砸坏他心爱的小汽车，那就得不到新的小汽车做补偿；如果孩子打翻了牛奶，就让他自己把牛奶擦干净；如果孩子拒绝收拾玩具，那就把玩具没收进一个箱子里，至少没收一个星期。

## 十四、自我意识与个性

### （一）发展进程与目标评价

1. 自主与独立

4—4.5 岁，有较强的独立愿望和独立做事能力。比如，到户外活动前，会找到并自己穿上外套、戴上手套。（50 个月 · 54 个月）

2. 自控与坚持

能坚持一段时间完成稍有难度的任务。（50 个月 · 54 个月）

3. 自信与勇气

在小组活动中能大胆展现自己。比如在扮演活动中选择一个适合自己的角色并大胆表演。(50个月·54个月)

4. 自我适应

4—5岁,从家里到幼儿园不再感到焦虑,能自由自在地适应幼儿园生活。(50个月·54个月)

(二) 实现途径与教育指导

培养独立做事的意志和耐心

(1) 父母言传身教:父母首先要学会忍耐等待,才能让孩子学会忍耐。即使孩子着急,父母也不应当着急。

(2) 让孩子独立解决问题:看到孩子做事慢或做不好就将答案告诉孩子,永远培养不了他独立解决问题的能力。

(3) 重过程甚于结果:在孩子独立做事的过程中,家长应抱着相信孩子的态度,耐心等待,不要包办代替。

(4) 坚持玩一些需要耐心的玩具:如沿着画好的线小心地剪纸等。

(5) 从容易的任务入手:对于没有耐心的孩子,一开始就接触较难的任务,会使孩子丧失兴趣。如果从简单的任务入手,随着一次次成功后再稍微增加难度,孩子在一点点独立完成任务的过程中便逐渐提高了耐心。

**十五、综合益智玩具**

玩具名称:磁性运笔迷宫系列。

玩具组件:迷宫图版,小铁珠,磁性笔。

近期教育功能:握笔动作与手眼协调;观察能力;读图能力;空间感知能力;尝试与探究能力;耐性与专注性。

后期教育功能:观察能力;空间思维与整体规划;反复尝试与总结;自我挑战(把所有珠子都运到一起);耐性与专注性。

玩具的运用:可与本丛书中的相关游戏活动结合(多见于“精细动作”“视觉空间”“数理逻辑”“认知与探索”“学习能力”等活动中),也可单独开展游戏活动。但不要勉强孩子玩超越其能力水平的玩具和游戏。

**名家名言**

儿童需要管教和指导,这是必要的,但是如果他们无时无刻和做任何事时都在管教和指导之下,是不大可能学会自制和自我指导的。

(瑞典作家　林格伦)

# 第四章　54—56 个月儿童的发展与教育

**本章导读**

敏感期:54—56 这两个月的幼儿处于感官发展敏感期(0—6 岁)、空间敏感期(0—6 岁)、个性形成敏感期(1—6 岁)、注意力培养敏感期(2.5—6 岁)、审美敏感期(2.5—6 岁)、社会规范敏感期(2.5—6 岁)、语音发展敏感期(3—5 岁)、性别意识发展敏感期(3—5 岁)、人际关系敏感期(3—5 岁)、主动性发展敏感期(3—6 岁)、责任心发展敏感期(3—6 岁)、情商培养敏感期(3—6 岁)、小肌肉发展敏感期(3—6 岁)、观察能力培养敏感期(3—6 岁)、音乐敏感期(3—6 岁)、绘画敏感期(3—6 岁)、学习外语敏感期(3—12 岁)、书写敏感期(3.5—4.5 岁)、数概念敏感期(4—5 岁)、学习书面语言敏感期(4—5 岁)、直觉思维发展敏感期(4—6.5 岁)等多个敏感期。相关敏感期的表现特点与教育指导详见“第二篇 4—5 岁儿童敏感期与教育指导”。

护理与自理:在日常生活方面,4—5 岁幼儿能很好地使用筷子,可以很好地洗脸、刷牙、擦鼻涕,能独立穿衣服。

运动能力:4—5 岁幼儿能单脚跳跃,能抓住跳跃的球,能脚尖对着脚跟直线向前走,能尝试做诸如转身跳、跳格子、用脚运球等有一定难度的动作。

视觉空间:4.5 岁幼儿可以开始系统认识“球体”“半球体”“正方体”“长方体”“圆柱体”“圆锥体”“三棱柱”“三棱锥”“台体”等立体图形,并尝试区别“正方体、长方体与台体”“圆柱体与圆锥体”“三棱柱与三棱锥”等的不同。

绘画:4—5 岁幼儿可以简单画出人的几个部位,包括头、躯干、四肢等,能画三角形、正方形等。

音乐与律动:4 岁幼儿的音乐记忆力和音乐想象力已有所发展,能根据同类乐曲的特点进行归类,并能用简单的词来说明它们的性质。因此,在家长和幼儿一起欣赏音乐作品时,可以鼓励幼儿大胆说出自己对不同音乐作品的感受和想象。

语言发展:4—5 岁是学习书面语言的敏感期,也是认字敏感期,主要表现为对阅读材料中的文字和日常生活中遇到的文字表现出关注和兴趣,喜欢问“这是什么字呀”“那是什么字呀”,而亲子阅读是发展幼儿的书面语言和提高幼儿认字能力的最佳途径。因此,家长对亲子阅读务必给予极大的重视。

情绪情感:4—5 岁幼儿开始有了虚荣心,有时还喜欢炫耀自己所拥有的东西。对此,家长要持有正确的态度。既不能打压,以伤其自尊,也不能奉承,以使其爱慕虚荣。正确的方法应该是合理引导,使其转化为前进的动力。

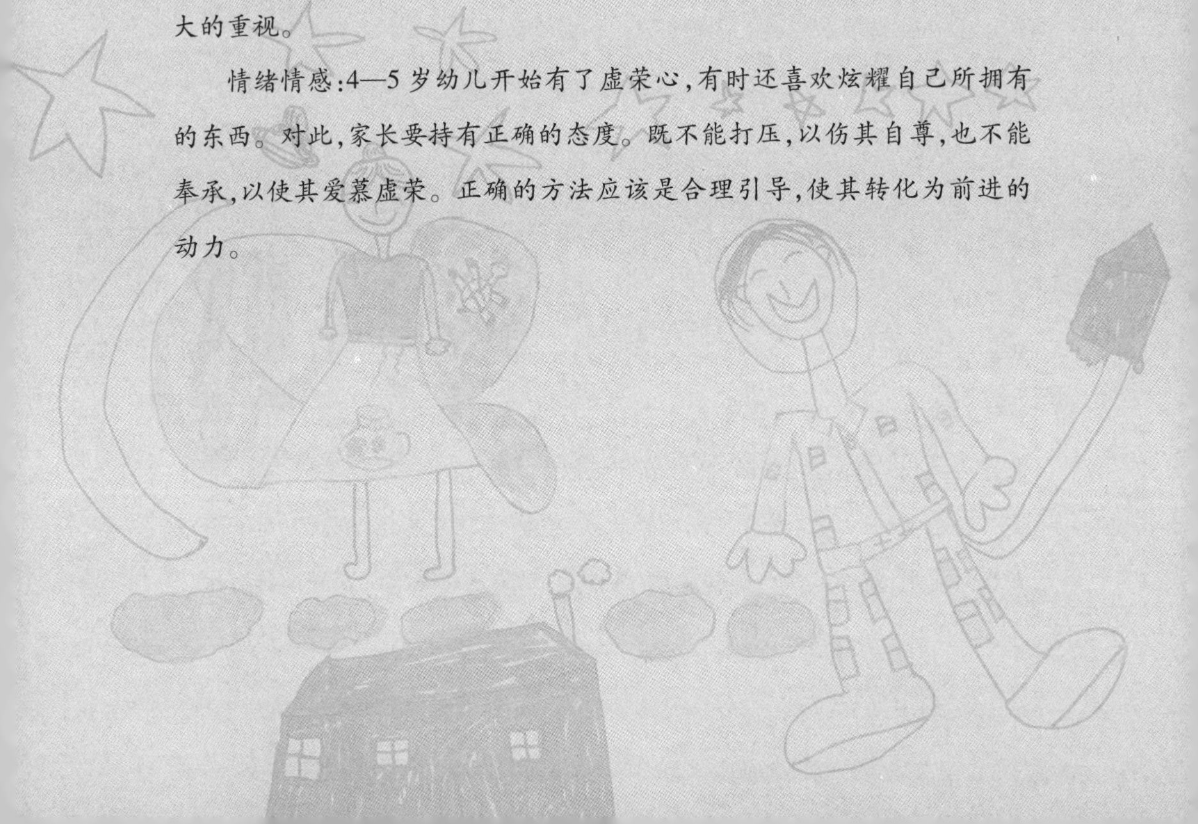

## 发展进程与教育指导

### 一、营养与保健

（一）营养保健常识

玉米中含有大量的营养保健物质，如碳水化合物、蛋白质、脂肪、胡萝卜素、核黄素、谷氨酸等。玉米中的维生素含量是稻米、小麦的5—10倍，每100克玉米能提供近300毫克的钙，几乎与乳制品中所含的钙差不多，具有一定的健脑功能。

（二）家庭养育指导

1. 营养均衡的早餐

一份丰富的早餐应该包括四类食物：谷物如馒头、面条、面包，肉类食物，奶和奶制品以及蔬菜水果。

2. 以玉米作为饮食调剂

比如，可以让孩子早餐喝点玉米粥，玉米粥中可适量混合脱脂奶粉和糖，以丰富其口感。也可制作玉米奶，选用嫩嫩的、黄黄的甜玉米，先把玉米蒸或煮熟，然后剥下玉米粒，放入搅拌机，加入常温牛奶后转动10秒，再稍稍加热即可。

### 二、护理与自理

（一）发展进程与目标评价

1. 进食

4.5—5岁，能将小瓶子中的果汁倒入杯子内而不洒出来。（52个月·56个月）

2. 如厕

4.5—5岁，能用手纸揩干净屁股，能大致整理好多层衣服。（52个月·56个月）

3. 穿戴

4.5—5 岁，在成人指导下尝试拉合开尾拉链，能不太费劲地解开小纽扣，在指导下学习系鞋带。（52 个月 · 56 个月）

4. 盥洗

4—5 岁，会用润唇膏涂唇，用手涂抹润肤膏，尝试自己挤牙膏刷牙。（52 个月 · 56 个月）

5. 劳动

4.5—5 岁，能协助父母打扫卫生、整理家务、清洗小件衣物等。（52 个月 · 56 个月）

6. 健康意识

4—5 岁，打喷嚏或咳嗽时，会做出以手肘掩口鼻的动作。（50 个月 · 58 个月）

（二）实现途径与教育指导

1. 烹饪游戏

引导孩子用炊事玩具和其他辅助材料学做各种食物和菜肴。比如孩子爱吃的蛋糕、汉堡、比萨、热狗、鸡腿、三明治、烤牛排、果汁、蛋汤和各种炒菜等。让孩子自由想象，随心所欲地配菜和烹饪，使孩子从中享受到生活和增长知识的乐趣。

2. 学习系鞋带

找一双系带鞋子，先在桌面上练习系鞋带，打活结。掌握方法之后，再把系带鞋子穿在脚上进行实际练习。家长要反复示范、耐心讲解，允许孩子在模仿中反复练习。

3. 激发孩子生活自理的兴趣

可以利用讲故事、唱儿歌、做游戏等形式，使孩子懂得自己的事应该自己做，懂得自己的小手可以做许多事情。重视孩子出现的每一个具有独立意识的要求和行为，鼓励并提供条件让孩子独立动手，并用恰当的方式耐心地提供必要的自理能力技能的指导。不要以为孩子干不了或怕麻烦、图省事而不让孩子尝试做。

## 三、粗大动作

### （一）发展进程与目标评价

1. 踢球

4.5—5 岁，能在 4 米之外把球踢进 2 米宽的球门。（52 个月 · 62 个月）

2. 单脚平衡

睁双眼，能单脚站 10 秒；闭双眼，能单脚站 2 秒。（38 个月 · 62 个月）

3. 跳远

能跳约 90 厘米远。（→50 个月）

4. 钻爬

能在 60 厘米高的矮绳下自如穿梭，头不碰绳。（44 个月 · 64 个月）

5. 骑车

4.5—5 岁，能骑三轮车绕过障碍物。（50 个月 · 58 个月）

6. 双脚交替跳

能双脚交替跳。单脚跳走约 1 米远的距离，返回时换另一只脚，单脚跳到起点。（52 个月 · 56 个月）

7. 跳格子

能左右脚交替连续跳过相隔 20 厘米的 4 个格子。（50 个月 · 60 个月）

8. 转身跳

双手叉腰，双脚跳起时能转身 180°，落地偏离在 20°内。（→58 个月）

9. 脚运球

能边走边用脚运球，球不会滚开太远。（→58 个月）

10. 投掷

能对一个固定的目标过肩投球。(52个月・58个月)

11. 接球

能依球来的方向调整手臂与身体的位置去接球,且成功率较高。(→48个月)

12. 拍球

能尝试边快步走边拍球。(50个月・58个月)

13. 套圈

能投套1米之外的物品。(→36个月)

(二) 实现途径与教育指导

1. 钻矮绳

在两棵树(或其他两个竖立物)之间横拉60厘米高的橡皮筋,让孩子从下面钻过,且头不碰绳。熟练后可采取降低绳子高度或手端水杯等方式增加难度。

2. 双脚交替折返跳

在地面上画一条总长约2—3米的"U"字形路线,让孩子单脚从起点跳至拐弯处,再换另一只脚单脚跳到终点。

3. 跳格子(4格)

在地上画出"5线夹4格"的格子,每格宽度20厘米,让孩子练习跳格子。可单脚跳(左脚连续跳、右脚连续跳),可双脚交替跳(左左右右、左左左右、左右右右;右右左左、右右右左、右左左左;左右左右、右左右左)。

4. 转身跳

画一条横线,让孩子双脚站在横线上,然后双手叉腰,双脚跳起时转身180°,使双脚落地时仍能踩到横线。

5. 用脚运球

让孩子边走边用脚运球,提醒孩子保持稳定触球的力度,以便球不会滚得太远。可单脚或左右脚交替控球。

6. 投掷

在墙面约 1.5 米高度处画一个小动物(或粘贴一个小动物图片),让孩子站在 2 米之外对着小动物投掷小球或沙包。

7. 快步拍球走

让孩子边快步走边拍球,也可以让孩子按照家长“1、2、1、2”的行进口令边走边拍球,家长的口令可富有变化,比如忽慢忽快,或渐慢渐快等。

8. 套圈游戏

将若干小玩具(积木、小球、小猫、小车等)在 1 米外排放好,人站在圈内,用直径 12 厘米的套圈(可用铁丝拧成)向外抛投,看 10 环能套中几个玩具。

## 四、精细动作

### (一) 发展进程与目标评价

1. 穿

4.5—5 岁,能用一根绳子将珠子或通心面穿成一串。(→50 个月)

2. 盖/拧

能旋开和拧上多种瓶盖,如糨糊瓶、墨水瓶的盖子。(48 个月 · 62 个月)

3. 建构

能尝试根据建筑物的外观、结构和功能,用积木搭建出其基本外观结构。(52 个月 · 58 个月)

4. 剪纸

能沿着正方形、长方形、三角形的边线剪纸。(52 个月 · 56 个月)

5. 撕纸

能用纸徒手撕出简单的物体轮廓,如苹果、人头、瓶子等。(50 个月 ·

62个月）

6. 操作工具

4.5—5岁，能熟练使用小片的拼贴片、小钉子、小珠子、滴管等。（52个月·56个月）

（二）实现途径与教育指导

1. 巩固性训练

日常生活中可以做些较细腻的事，以锻炼手指协调操作能力，如扣纽扣、填色、使用剪刀、摆多米诺骨牌等。

2. 穿

将麦秸秆粗细的吸管剪成约1厘米长的若干段，然后让孩子用一根绳子将这些吸管段穿起来，可以挂在脖子上作为饰品。

3. 撕纸

鼓励孩子自己选择一个简单的物体（如苹果、黄瓜、各种形状的瓶子等），然后以实物为参照，小心翼翼地撕出所选物体的外形。

4. 造房子

利用各种形状的积木来建造房子。先引导孩子仔细观察房子的外观形状和结构，然后再给孩子提供足够数量的建筑积木，让孩子搭建出房子的基本外观结构，如墙体、屋顶、门、窗户等。通过用积木盖房子，孩子可以了解简单的建筑原理，比如左右结构对称等。

**五、视觉空间**

（一）发展进程与目标评价

1. 图形·辨识/匹配

4.5—5岁，能从不同形状重叠组成的图形中，找出个别的图形；能配对与分类图形。（52个月·56个月）

2. 立体图形·辨识/命名

能初步辨认和命名“球体”“半球体”“正方体”“长方体”“圆柱体”“圆

锥体”“三棱柱”“三棱锥”“台体”等立体图形。（52 个月 · 58 个月）

3. 拼图

能完成由 13—14 片组成的画面复杂一些的拼图。（52 个月 · 56 个月）

4. 图形切分与拼合

能将圆形切分成 1/2、1/4，并能将形块拼合成一个整体。（→56 个月）

5. 空间布局

4.5—5 岁，能按照自己常去玩的儿童游乐场的空间布局和游乐设施的摆设位置，尝试使用各种玩具、模型或积木材料布置出一个微型“游乐场”。（52 个月 · 58 个月）

6. 时间概念

能准确理解、辨别和使用“马上、等会儿、刚刚、现在、早晨、上午、中午、下午、晚上、前天、昨天、今天、明天、后天”等时间用语，知道星期几、月份的顺序。（52 个月 · 58 个月）

【小贴士】4—5 岁的幼儿一开始将“时间”视为不同时段中的事件顺序（如吃完早餐上幼儿园）。积累了日常例行活动、作息、时钟与日历的经验后，他们开始使用语词来表示时间。

（二）实现途径与教育指导

1. 找形状

家长以各种几何图形为组成部分（比如墙面是长方形、窗户是长方形、天窗是圆形等）画一个尖顶房屋（或其他任何建筑物），让孩子从图中找出有哪些形状，每种形状有多少个。

2. 辨认立体几何图形

家长在一张纸上画出球体、半球体、正方体、长方体、圆柱体、圆锥体、三棱柱、三棱锥、台体等几何图形（或现成的立体几何图片）各一个，然后指图形让孩子说出名称，或说名称让孩子找出图形。反复练习。

3. 圆形 1/2、1/4 的切分与拼合

家长示范，孩子模仿，将盘子或碗（或其他圆形物）倒扣在一张纸上，用笔沿着盘口边缘画出一个圆，用剪刀剪出圆形。将圆形纸对折，沿折痕剪开，就得到 2 个半圆；若半圆再对折，就得到 1/4 的圆形。尝试将混合形块重新拼合。

4. 布置一个微型的“游乐场”

家长带孩子去游乐场玩的时候，可先和孩子一起看一看游乐场的布局图，给孩子讲一讲什么地方是玩什么的，鼓励孩子根据游乐场的路标自己找想玩的地方；出游乐场时再和孩子一起对照游乐场的布局图，看看玩了哪些游乐项目；回家后，可让孩子根据游乐场的空间布局、游乐设施的摆设位置和自己的游乐经历，尝试使用各种玩具、模型或积木材料复制出一个微型的“游乐场”。

5. 备选读物

《你好！数学·巫婆与三颗星星的故事》（主题：立体图形的名称和特性）。

【注解】本书通过西瓜星、罐桶星、箱子星上生活的三个王子陷入巫婆的圈套，相互吵架又和解的有趣故事，让孩子愉快地了解立体图形的名称和特性。

### 六、绘画与书写

（一）发展进程与目标评价

1. 绘画

4.5—5 岁，无需示范就能画出可识别的物体。（50 个月 · 58 个月）

2. 画几何图形

4.5—5 岁，能照着样图画出等腰三角形、长方形、梯形、平行四边形等

几何图形。(48 个月 · 58 个月)

3. 画人

4.5—5 岁,在未完成的人物身上加画 7 个以上人体部位。(52 个月 · 62 个月)

4. 艺术材料

4.5—5 岁,能用胶水将各种材料贴到撕贴画上。(52 个月 · 56 个月)

(二) 实现途径与教育指导

叶子拼图:带领孩子在周围环境中寻找和收集各种颜色、各种形状的叶子,比较它们的相同和不同之处;然后充分发挥想象,尝试用叶子拼成人或动物的各种形象。

(1) 用叶子拼小动物:先想想做什么动物的造型,这种动物由哪些部分构成,每个部分是什么形状的;再在收集的叶子中挑选相应形状的叶子,然后把这些叶子拼接成心目中的动物形象。比如,拼蝴蝶时,可用扇形叶子做翅膀,细长条叶子做身体,树木的果实做眼睛。

(2) 用叶子拼人脸:选用大片的叶子做人脸,然后放上小片的叶子做嘴巴、耳朵、鼻子和眼睛,用果实或种子做眼珠。

**七、音乐与律动**

(一) 发展进程与目标评价

1. 律动

4.5—5 岁,能通过有节奏的身体动作对音乐做出回应,如能随着简单的音乐节奏走、跑、跳,且动作与节奏能基本保持一致。(50 个月 · 64 个月)

2. 节奏

4.5—5 岁,听歌或听唱片时,能跟随成人打出各种相应节拍,如 2/4 拍、3/4 拍、4/4 拍。(52 个月 · 56 个月)

3. 唱歌

4.5—5 岁,能立即参与唱歌活动,知道常唱歌曲的歌词,在活动时哼或唱。(50 个月 · 64 个月)

4. 理解与欣赏

4 岁,音乐记忆力和音乐想象力已有所发展,已对相当数量的音乐作品有了印象,能根据同类乐曲的特点进行归类,并能用简单的词来说明它们的性质。如能说出“这首歌像摇篮曲,听了就想睡觉”。(50 个月 · 58 个月)

5. 故事表演

4.5—5 岁,在成人指导下,能按照故事的主要情节完成故事表演,能运用语调、表情、动作去表现人物的形象。(50 个月 · 56 个月)

【小贴士】随着合作、表演、语言等能力的发展,4 岁幼儿已不再满足于自娱自乐的角色扮演,而是更加倾向于参与有人物合作、有情节变化、有戏剧冲突的故事性表演游戏。4—5 岁幼儿不仅能依据已有的文学故事进行表演,还会自己创编故事进行表演。这个阶段的故事表演游戏的核心是故事情节,幼儿在故事框架下遵循故事线索进行合作表演。具体表现形式有:自编角色语言进行表演,跟随旁白进行表演,跟随童话剧录音进行表演。

(二) 实现途径与教育指导

1. 引导孩子欣赏音乐

(1) 运用生动形象的语言,引导孩子有目的地欣赏音乐。在孩子欣赏音乐之前,家长可进行引导性谈话,向孩子介绍作品的名称、内容,把孩子的注意力吸引到作品的意境中去，让孩子知道听什么，同时向孩子提出欣赏的要求。如欣赏《摇啊摇》这首歌曲时，可利用玩具摇篮和摇篮里睡着的布娃娃，伴随音乐摇动向孩子提问“仔细听，是谁在不停地摇啊摇”，孩子欣赏音乐的时候，家长也要满腔热情地和孩子一起欣赏，一起感受，最好自己先进入音乐规定的情景中，以积极的态度引导孩子去欣赏和感受。

（2）启发孩子边听边想。通过对某一作品引导性的谈话和反复多遍的欣赏，孩子势必带着异常兴奋的情绪和十分好奇的心理，在音乐中感受到某种东西。这时家长要及时和孩子交谈，鼓励他大胆说出自己的感受和想象。但由于孩子的语言词汇贫乏，不可能运用语言来完整概括出自己的感受，要允许并启发孩子用动作、手势、表情等各种手段去表达。

2. 故事表演题材的选材

孩子在接触表演游戏初期，应该选择角色个性鲜明、情节简单、趣味性强、动作性强、对话多次重复、语言朗朗上口的童话故事。4—5岁孩子可以选择诸如《小兔乖乖》《狼和小羊》《三只小猪盖房子》之类的故事。

3. 故事表演游戏的组织与指导

（1）和孩子一起挑选一个他平时比较喜欢且熟悉的故事。

（2）和孩子一起重读这个故事，并就可能要表演的主要情节和内容向孩子提问，以期达到明晰思路之目的。

（3）家长和孩子根据游戏表演的需要分配角色，并尝试分角色看图讲述、复述这个故事。

（4）准备道具，和孩子一起尝试表演这个故事。

（5）初次表演，孩子可能出现故事表演脱节和游戏中断的现象，此时家长可以适当小声地给予提示。如果初次表演很难进行下去，家长可以以旁白的方式讲述故事，让孩子根据家长的旁白进行相应情节和内容的表演。

## 八、学习能力

### （一）发展进程与目标评价

1. 注意

4岁，能专注于约10—20分钟的活动，但持续活动直到完成对这个年纪的幼儿而言是相当困难的。（50个月·62个月）

2. 专注

4—5岁，能持续专注地做一件事，在遇到问题时会寻求协助。（50个月·58个月）

3. 观察·细致性

4—5岁，开始发现事物之间的细微差别或细微变化。（52个月·56个月）

### （二）实现途径与教育指导

1. 听觉分辨

家长读句子，让孩子听出并说出句中的一对反义词或近义词。比如“妈妈比爸爸矮，爸爸比妈妈高”，或“爸爸喜欢看报纸，我爱看电视”等。

2. 轻拿火柴棒

家长把一些火柴棒（或牙签）胡乱地堆放在一起，要求每根火柴棒至少与其中一根相接触，然后让孩子把火柴棒一根根地拿起来，并尽可能不要使其他的火柴棒被触动。

3. 拍手游戏

要求孩子听到水果的名称就拍一次手，听到其他的不拍手。然后每2秒念一个名称，依次念出所有物品的名称。如苹果、老虎、香蕉、橘子、猴子、兔子、梨子、青蛙、西瓜、鸭子、桃子、菠萝、熊猫、红枣、鳄鱼……也可逐渐增加难度，比如听到水果拍一次手，听到动物拍两次手。

4. 猜一猜

(1) 家长准备5粒黄豆，先放在左手中，让孩子数数共有几粒。

(2) 右手从左手中取出任意数量的黄豆,并摊开右手掌,让孩子注意看几秒钟,再很快把手握起,然后问孩子“我右手里有几粒黄豆”。

(3) 如果猜对了,再问孩子“那我左手里有几粒黄豆”。

(4) 也可让孩子握黄豆,其他人来猜,进行竞赛。随着数数能力的提高,可逐步增加黄豆的数量。

5. 适于3—6岁孩子的观察方法——反复观察法

对某个事物进行反复的观察,可以强化观察效果,弥补遗漏,加深印象,克服孩子观察粗略性的特点,使他逐步形成对事物的全面认识。比如,对于看似简单的蚂蚁,可以引导孩子进行多方位的观察,如让他用放大镜观察蚂蚁有无触角,有多少条腿,观察蚂蚁如何分工,如何将食物搬到蚁窝去,如何绕过水池,为什么下雨前蚂蚁要搬家……这是训练孩子观察力的好素材。但是这些观察内容需要经过多次观察后才能够获得答案。

## 九、语言发展

### (一) 发展进程与目标评价

1. 音韵

4.5—5岁,听成人念的字,然后能找出一个与它押同韵的字。能用拍手的方式算出自己的名字中有多少个音节。(52个月 · 56个月)

2. 倾听

4.5岁,能在集体说故事时间对故事有反应,而不需要在小组时才有反应。(52个月 · 58个月)

3. 听从指令

4岁,可以听从在集体中所给予的指示,而不需要个别的指示。比如,在集体活动中能做到成人对集体的指示:去拿外套,穿好后,在地毯上坐下来。(50个月 · 56个月)

4. 口语 · 表达

不需要依赖情境或手势就可以把自己的要求、想法或事情的经过说得

相当清楚。(50个月·56个月)

5. 语词

会使用表示时间的词“在……以前”“在……以后”以及方位介词“在……底部”“在……顶部”。(52个月·56个月)

6. 阅读·预测情节

在成人的指引下,开始会猜测或预测故事接下来会发生什么。(52个月·56个月)

7. 诵读

能较容易地跟读每句5—7个字的儿歌或押韵的诗。(48个月·60个月)

8. 描述

4.5—5岁,能用正确的语言向玩伴或客人具体介绍自己最喜欢的一类玩具(如各种不同卡车)的特征和功用。(50个月·56个月)

9. 讲述

4.5—5岁,能够将三张图画按顺序排列,讲述一个故事。(52个月·56个月)

10. 谈话

4.5—5岁,能和别人谈论自己的熟人、经历以及自己的东西。(50个月·56个月)

11. 提问

4.5—5岁,能提出与目前讨论的话题相关的问题。(50个月·56个月)

12. 复述

4.5—5岁,能独立复述故事的主要内容。(50个月·56个月)

13. 表演

4.5—5岁,能与同伴一起演出熟悉的故事。(50个月·58个月)

14. 续编故事

能根据故事的开头及情节发展，创编出合乎情理的故事结尾。（46个月·56个月）

15. 指读文字

4.5—5岁，在"读"一本故事书时，会用手由左而右逐一指着字读。（52个月·56个月）

16. 认读文字

4.5—5岁，能认得一些字，尤其是他们名字里有的字；能认得环境中出现的标示（如门上贴的"出口"告示牌）。（52个月·56个月）

17. 认读字母

4.5—5岁，能认得一些字母，尤其是特定情境中或自己名字里的字母。（52个月·56个月）

18. 书写

能以像字的形状、符号和字母来传递想法。比如，随意写几个像字的形状，为图画命名。（52个月·56个月）

（二）实现途径与教育指导

1. 音韵辨别训练——找相同的韵母

家长连续说出几个同韵母的字，如"宝、好、老、少"，家长在念这几个同韵母字的时候可以念得慢一点，声母和韵母分开念，声音拖长一点，然后问孩子"这几个字的后半个音是不是一样的"，如果孩子说是一样的，则进一步启发孩子"你能不能也找一个字，后半个音也是这样的"，如果孩子找不到，家长可以连续念几个字，其中有的字是包含这个韵母的，家长逐个念，逐个问孩子"这个字的后半个音是不是ao"，这样就降低了难度。用同样的方法，还可以练习辨别其他韵母，如a、i、e、an、ai、ang、ong等。

2. 自己讲故事

学习按顺序叙述，讲清因果关系。让孩子自己挑选，讲述能完全记清楚的故事，或者自己编的故事。要求讲清楚角色的原来情况，事情发生的原因及经过，引起了哪些变化，有什么结局。父母要当有趣的听众，可通过提问的方式使孩子所讲的故事更加完整。

3. 讲述自己的故事

可以引发孩子讲述自己最近经历过的印象深刻的事情。

4. 认读字母

孩子有时会在周围环境中、早期读物中或商品包装上有意无意地关注到一些字母，如果孩子对此表现出兴趣，家长可以借机把遇到的字母清晰地读给孩子听，还可以鼓励孩子模仿着跟读，至于能不能读准，能不能记得，则不必强求，只要平时随遇而教，随遇而学，久而久之，孩子自然而然会认得不少字母的。

5. 写字

可以和孩子一起在沙盘上（在一块玻璃上、木板上或盘子里撒上一层细沙或面粉即可做成沙盘）用手指练习书写非常简单的汉字、数字或字母，仅作为书写情趣的陶冶，不必有任何要求。如果孩子感兴趣，可以教孩子学写自己姓名中最简单的一个字，作为以后自己作品的“签名”。

6. 备选儿歌

（1）拍手歌——你拍一，我拍一，一个小孩穿花衣。你拍二，我拍二，二个小孩梳小辫儿。你拍三，我拍三，三个小孩吃饼干。你拍四，我拍四，四个小孩写大字。你拍五，我拍五，五个小孩敲大鼓。你拍六，我拍六，六个小孩吃石榴。你拍七，我拍七，七个小孩坐飞机。你拍八，我拍八，八个小孩吹喇叭。你拍九，我拍九，九个小孩交朋友。你拍十，我拍十，十个小孩站得直。

（2）水果娃娃进农家——秋阿姨，吹口哨，水果娃娃来报到。香蕉划着小船来，石榴咧着嘴巴笑。柿子提着红灯笼，柚子橙子披黄袍。水果娃娃进农家，果农伯伯喜眉梢。

（3）菜园里的歌——豆角青青细又长，黄瓜穿身绿衣裳。茄子高高打灯笼，萝卜地下捉迷藏。辣椒长个尖尖嘴，倭瓜越老皮越黄。青菜绿色味道好，土豆黄黄价值高。红绿黄紫真好看，菜园一片好风光。

7. 备选读物

（1）《吉莉娅数星星》（主题：儿童哲学启蒙/数数与认数）。

（2）《爷爷一定有办法》（主题：勤俭/创造/亲情）。

（3）《100万只猫》（主题：童趣/想象/争宠）。

（4）《安迪和狮子》（主题：友善/感恩）。

（5）《让路给小鸭子》（主题：仁慈/温馨/人与动物和谐相处）。

（6）《好饿的毛毛虫》（主题：数量/时间/生长变化）。

（7）《爱是一捧浓浓的蜂蜜》（主题：爱是什么）。

（8）《小象勿忘我系列·我找不到妈妈了》（主题：温情/爱）。

（9）《小象勿忘我系列·我的新朋友》（主题：交往/友谊）。

（10）《小象勿忘我系列·小野猪奶油花》（主题：理解与接纳）。

## 十、数理逻辑

### （一）发展进程与目标评价

1. 分类·三维

4.5—5岁，能使用2—3种属性来给物体归类（如大小、颜色、形状）。（52个月·56个月）

2. 假装游戏

4—5岁，在游戏中可以创造出想象的人物。（52个月·56个月）

3. 建构游戏

4.5—5岁，看着一张城堡的图片，能试着用积木搭建城堡。（48个月·58个月）

4. 数的理解

4.5—5岁，能理解“多一些”“少一些”“一样多”。(52个月·56个月)

5. 数概念·唱数

4.5岁，能唱数到57。(52个月·56个月)

6. 数概念·点数

4岁多，能够正确地数20个顺序固定的物体，能算自己走几步、跳几下或重复做了几次运动。(52个月·56个月)

7. 排序

4.5—5岁，能按事物的某一特征(如大小、长度、高度)把一堆东西(4—5个)排序。比如，把从外面拣来的叶子从最大排到最小。(52个月·56个月)

8. 数概念·复述数字

4.5岁，能复述七位数，三试一成。(50个月·58个月)

9. 数概念·序数

能把1—10按次序排列。(50个月·56个月)

10. 数概念·倒数

能倒数15—1。(52个月·56个月)

11. 认识数字

能认识数字1—15。(52个月·56个月)

12. 运算

能借助实物进行7以内数的组合与分解；能借助实物做7以内数的减法及“和不超过7”的加法。(52个月·56个月)

13. 测量

能在天平的两边放不同的东西，试着使它平衡。(52个月·56个月)

14. 估算

4.5—5岁,能猜测某一组物品(不超过5)与另一组物品大致等量。比如,猜测这些杯子足够全部的人一人一个。(48个月·58个月)

15. 认识规律

4.5—5岁,在简单的AB规律中,预测下一个会出现什么。(52个月·56个月)

16. 认知钱币

4.5—5岁,能匹配和识别“1角、5角、1元、5元”等币值。(50个月·58个月)

(二) 实现途径与教育指导

1. 三维分类

提供三种颜色、三种形状、三种大小的纽扣若干,混放在一起。先让孩子按颜色将这些纽扣分类;再按形状给这些纽扣分类;再按大中小给这些纽扣分类。

2. 玩结构玩具

结构玩具包括积木、智力积塑、形象动物插片、拼图拼板、插孔玩具等,孩子可以充分发挥自己的想象力,用这些玩具拼出各种物体。成人可先做示范,待孩子大一些,也可让孩子按图纸要求去拼。

3. “从几到几”数数

比如,指定让孩子“从2数到10”“从8数到18”等,也可任意指定一个区间让孩子数。

4. 皮球跳了几下

家长把皮球从一定高度丢下(根据孩子数数能力控制丢球高度),让孩子数一数皮球跳了多少下才完全静止。

5. “实物”加法练习(7以内)

通过摆实物的方式,练习“和为7以内”的加法。如,5个核桃,再加2

个核桃，是几个核桃？可以通过点数的方式算出结果。

6. “实物”减法练习(7 以内)

通过摆实物的方式，练习“7 以内”的减法。如，7 个核桃，吃掉 3 个核桃，还剩几个核桃？

7. 倒数 15—1

让孩子先顺数 1—15，再练习倒数 15—1。关键练习 15—9 的过渡。

8. 摆数字(10—15)

先摆“10”让孩子认读，再把“10”中的“0”依次换成“1、2、3、4、5”，让孩子认读。熟练之后再采取任意换个位数的方式让孩子认读。

9. “实物”数的分解(7 以内)

比如给 7 个核桃分家。

(1) 可以分成两家：可能是“1、6”，或“2、5”，或“3、4”。

(2) 可以分成 3 家：可能是“1、1、5”，或“1、2、4”，或“1、3、3”。

10. 七位数复述

家长任意说出一个七位数，让孩子复述。

11. 估算

家长在手掌里任意放几粒花生(5 以内)，让孩子不用点数，直接估计有几粒，并继续问“够我们家一人一粒吗”。

12. 认知钱币

选取“1 角、5 角、1 元、5 元”等钱币各若干，混放在一起，让孩子把同种面值的钱币放在一起，可以问孩子“这是几角？这是几元”。

13. 找规律

家长在孩子面前按照简单的 AAB 规律摆放物品，如，黄豆—黄豆—绿豆—黄豆—黄豆—绿豆—黄豆—黄豆—绿豆……然后让孩子推算“下面该摆放什么豆子呢”。

14. 备选读物

《你好！数学 · 李家猪，张家猪》（主题：理解从 11—19 的数字）。

## 十一、认知与探索

### （一）发展进程与目标评价

1. 求知欲

4 岁，最喜欢问“为什么”，也最喜欢讲“最”的事物。（50 个月 · 58 个月）

2. 认知 · 自然现象

能说出四季的名称，由于四季重复出现，因此知道四种季节形成一个规律。（52 个月 · 56 个月）

3. 认知 · 生物的特征

能辨认动物和植物较多细节性的物理特征和简单的动作（如，移动和进食）；在散步时拣拾各种各样的落叶，仔细观察后描述它们形状、颜色和大小的差异。（52 个月 · 56 个月）

4. 探究领域 · 物理现象

4.5—5 岁，能对简单的物理现象进行操作性探究。比如，探索哪些物品会浮在水面，哪此物品会沉到水里（如，橡皮鸭浮在水面上而回形针沉到水里）。（52 个月 · 56 个月）

5. 探究技能 · 观察

4.5—5 岁，会有意识地观察一些现象，并能对“为什么”“什么”的问题猜测答案。（50 个月 · 58 个月）

6. 探究技能 · 交流发现

4.5—5 岁，在成人引导下，尝试就生物显著特征的描述和观点展开讨论。（48 个月 · 60 个月）

7. 探究技能 · 创意

4.5—5 岁，能借助各种各样的工具，通过图案、涂画或建构活动来表

达自己，并逐渐增长自我表达的控制力。（48 个月 · 58 个月）

（二）实现途径与教育指导

1. 探索"之最"

家长可以用地图或地球仪同孩子一起寻找哪条河最长、哪座山最高、哪个湖最大、哪儿最冷、哪儿最热……平时生活中也可同孩子一起探索什么最甜、什么最苦、什么最酸、什么衣服最暖和、什么衣服最凉快。对于孩子提出的"之最"问题，家长可通过查阅《十万个为什么》或《少年百科丛书》来回答，也可借此启发孩子"书籍能告诉我们许多不知道的东西"，激发孩子对知识和书籍的向往。

2. 用水搅拌

（1）准备：三玻璃杯水，三把勺子，砂糖、细盐、细沙各一勺。

（2）让孩子把砂糖放入第一个杯子，细盐放入第二个杯子，细沙放入第三个杯子。

（3）让孩子分别搅拌三杯水，问"杯子中发生了什么变化"，同孩子一起讨论所发生的变化：盐、糖都溶化在水中，但沙子却没有。

3. 小小降落伞

（1）准备：一块正方形的薄布，一个小动物玩偶，四根细线。

（2）将正方形布料的四个角分别系上四根线，将这四根线分别系在小动物玩偶的脚上和手上。用力向空中扔小玩偶，小小降落伞就做成了。

（3）可用同样方法制作不同大小的降落伞，家长和孩子比赛，看哪种降落伞在空中飘的时间长。

4. 备选读物

（1）《我的第一套趣味互动百科（第 4 辑）· 它们从哪里来》。

（2）《我的第一套趣味互动百科（第 5 辑）· 看看水从哪里来》。

（3）《我的第一套趣味互动百科（第 5 辑）· 感受大山里的四季 》。

## 十二、情绪情感

### （一）发展进程与目标评价

1. 情绪体验·理解

4.5—5岁，能觉察他人（成人或同伴）的情绪变化，能初步理解他人的情绪感受。（52个月·58个月）

2. 情感表现表达·同情

4.5—5岁，对故事中的角色表达适当的情绪（如快乐、悲伤、害怕）。（50个月·58个月）

【小贴士】一般来说，4岁幼儿比较容易关心真实世界中的人或事以及故事中的角色，而非抽象的想法或情境。

3. 情感表现表达·虚荣心

4—5岁，开始有了虚荣心，有时还喜欢炫耀自己所拥有的东西。（50个月·56个月）

【小贴士】4岁幼儿进入审美敏感期，爱美之心逐渐发展起来，开始主动关注那些美的事物，甚至还和别人攀比、争强。

### （二）实现途径与教育指导

1. 行为不纠正，小洞变大洞

维持亲子关系彼此必须要有“敬”，孩子尊敬父母，父母信任孩子。孩子不听话基本上是因为父母在他心目中已失去了被尊敬的地位，我们只有不尊敬一个人才敢对他大声，不在乎一个人才会把他的话当耳边风。但绝不能为了亲子和气而放任孩子不管。当孩子的行为不对时,父母一定要想办法纠正,小洞不补会变成大洞。

2. 如何对待虚荣心

每个孩子都会有虚荣心,虚荣心或重或轻地伴随人的一生。如果在幼儿时代正确引导(比如,把虚荣心引导到学习上),虚荣心不但不会成为缺点,还会成为进步的动力。但虚荣心过于膨胀,会导致爱慕虚荣。因此,对做事总比别人好而容易滋生虚荣心的孩子,要交给他有一定难度的任务,对他有更高要求,使他感到自己也有能力不足的时候,需要别人的指导和帮助。

## 十三、社会认知与交往

### (一) 发展进程与目标评价

1. 认识家庭·父母职业

4.5—5岁,能与他人(成人或同伴)讨论父母上班的情况。(52个月·56个月)

2. 交往态度

4.5—5岁,注意到同伴需要帮助时,能主动过去帮助。(50个月·58个月)

3. 交往技能·群体互动

4岁,能与同伴进行复杂的社会交往,能进行群体交往活动。(52个月·56个月)

4. 交往技能·集体讨论

4.5—5岁,能积极地参与集体讨论并说出自己的想法。(52个月·56个月)

5. 交往技能·合作

4.5—5岁,能与同伴合作游戏和做事。(52个月·56个月)

6. 规则・理解/遵守

4.5—5岁，开始意识到规则存在的必要性，且乐于遵守规则。比如，能说明为什么“不能打人”；能接受因为画架都有人使用，所以自己要等待才能画画。（52个月・56个月）

【小贴士】4岁幼儿可能会坚守规则，他们喜欢有清楚的规则，而且乐于遵守规则。在指引下，他们可以开始了解规则对于合作活动的重要性。

7. 人际关系・友谊

4岁，开始发展特别的友谊，也开始了解一个人可以同时有多位朋友。（52个月・56个月）

8. 品行发展・理解批评

4岁以后，能够理解妈妈的批评，能意识到“这样做人家会有什么感觉呢”或“做那种事情是羞愧的”。（52个月・56个月）

9. 社会性游戏・规则游戏

4岁，可以开始玩简单的规则游戏。比如，玩一些简单的棋子或掷骰子游戏。（52个月・56个月）

（二）实现途径与教育指导

1. 亲子约定

（1）如果有些家庭规矩执行起来始终很不顺利的话，那么坐下来和孩子协商制订一份亲子约定可能会很有帮助。

（2）制订约定前，家长首先要考虑以下几个问题：① 哪些行为应该改变？比如孩子经常大哭大闹。② 这个令人不愉快的行为多久发生一次？比如孩子每周大哭大闹几次，每次持续多久，有多激烈。③ 选择哪种后果？比如，从现在开始，如果孩子再做出那令人不愉快的行为，你会怎么做，并把这种做法写下来。比如，写“如果讲道理没有用的话，就选择暂定，只要孩子赖在地上哭闹，家长就一语不发地离开房间。如果孩子哭着跟在家长后面跑出来，就把他带进房间里，并把门关上”。④ 选择哪些激励？比如，当孩子安静下来时，就允许他回到家长这里。⑤ 如何控制成果？每天简短地将最重要的事情记录在周历、月历、日常表或自己设计的表格内。比如，当孩子遵守了一条约定好的规矩时，就可以获得一个爱心贴或笑脸贴（代表成功）；当孩子积累到五个爱心贴时，就可以得到一个奖品（奖品可以是一起玩个游戏或额外再讲个睡前故事）；当积累到十个爱心贴时，就可以得到大一点的奖品，这个可以在之前就和孩子约定好（可以是一起从事某项活动或者是物质奖励）。如果正面的激励无效的话，还有另一种可能性，那就是孩子必须达到所规定的最低要求。万一做不到，他就必须放弃某些快乐的事（如看电视），或必须负责一样额外的家务（如洗碗、扫地或类似的家务）。

2. 合作穿珠

（1）形式：可以是所有家庭成员参加，也可以是几个同伴参加，还可以是若干对亲子参加。两人一组，可分为若干组。

（2）准备：若干套串珠和鞋带（或玻璃丝）。

（3）方法：同组的人一人拿串珠，一人拿鞋带。拿串珠的站成一行，拿鞋带的站成一行，间隔 30 厘米。游戏开始后，不论哪一组的人，都只能用一只手拿住东西。拿串珠的人尽量不要动，让拿鞋带的人能顺利将鞋带穿过串珠的小孔。先完成的一组获胜。

### 十四、自我意识与个性

#### （一）发展进程与目标评价

1. 独特性

4.5—5 岁，开始知觉自己与别人的细节特征和内在特点。比如，比较

自己与他人在个人特长、兴趣爱好等方面的异同。(48 个月 · 60 个月)

2. 自我认识 · 兴趣

4.5—5 岁,能知道自己的兴趣爱好。(50 个月 · 56 个月)

3. 自主与独立

能就一些事情明确表达自己的独立观点。如对某事表示“同意”或“不同意”,“愿意”或“不愿意”。(52 个月 · 56 个月)

4. 自控与坚持

能接受困难任务的挑战,基本能有始有终地完成一件事。(52 个月 · 56 个月)

5. 自信与勇气

自信的 4 岁幼儿会参与大部分的集体活动,表达情绪,热切地探索玩具及材料,与他人互动。(52 个月 · 56 个月)

6. 自我适应

4.5—5 岁,能适应活动上的转换及变化。比如,能顺利且有意地结束自由活动,开始收拾玩具。(52 个月 · 56 个月)

(二) 实现途径与教育指导

1. 比较各自的不同

比如,比较自己和同伴的手印有什么相同和不同之处,说一说各自最喜欢做的事等,从而知道每个人都是不同的。

2. 培养孩子广泛的兴趣

家长要了解孩子喜欢什么,不喜欢什么,为什么不喜欢,同时要考虑怎样拓宽孩子的兴趣面,怎样让孩子对不感兴趣的事情慢慢地感兴趣。

3. 经常列举孩子的优点

(1) 家长可清楚地说出你在孩子身上看到的优点,如“你把你的房间整理得非常好!甚至连书桌和书架看起来都那么整齐!”“我真的很喜欢你画的画。你选的颜色真漂亮！我觉得天空画得特别好。”“你已经把餐桌摆好了！配上餐巾和蜡烛，让我感觉好温馨呀！”总而言之，你喜欢孩子什么，说得越清楚越具体越好。让孩子经常听到这样的句子，好让他觉得自己很不错。家长说的话会经常萦绕在孩子的脑中，并且变成他的一种“内在声音”，借此可以让孩子建立起健全的自信。

（2）如果孩子似乎没有什么值得称赞和肯定之处，那么挑出几件正面的小事并加以响应就显得更为重要，如“就是这个我喜欢”。家长应该多注意和强调每个小小的改进以及朝正确方向所迈出的每一步。

**十五、综合益智玩具**

玩具名称：仿真天平。

玩具组件：仿真天平架，6个仿真砝码。

近期教育功能：手眼脑协调能力；天平使用常识；观察与比较能力；简单的守恒运算；反复尝试与总结。

后期教育功能：手眼脑协调；推理、判断与验证；守恒运算；测量（如，一个橘子相当于哪几个砝码的重量）。

玩具的运用：可与本丛书中的相关游戏活动结合（多见于“精细动作”“数理逻辑”“认知与探索”活动中），也可单独开展游戏活动。但不要勉强孩子玩超越其能力水平的玩具和游戏。

**名家名言**

孩子的身上存在缺点并不可怕，可怕的是作为孩子人生领路人的父母缺乏正确的家教观念和教子方法。

（美国作家　珍妮·艾里姆）

# 第五章　56—58 个月儿童的发展与教育

**本章导读**

敏感期:56—58 这两个月的幼儿处于感官发展敏感期(0—6 岁)、空间敏感期(0—6 岁)、个性形成敏感期(1—6 岁)、注意力培养敏感期(2.5—6 岁)、审美敏感期(2.5—6 岁)、社会规范敏感期(2.5—6 岁)、语音发展敏感期(3—5 岁)、性别意识发展敏感期(3—5 岁)、人际关系敏感期(3—5 岁)、主动性发展敏感期(3—6 岁)、责任心发展敏感期(3—6 岁)、情商培养敏感期(3—6 岁)、小肌肉发展敏感期(3—6 岁)、观察能力培养敏感期(3—6 岁)、音乐敏感期(3—6 岁)、绘画敏感期(3—6 岁)、学习外语敏感期(3—12 岁)、数概念敏感期(4—5 岁)、学习书面语言敏感期(4—5 岁)、直觉思维发展敏感期(4—6.5 岁)、阅读敏感期(4.5—5.5 岁)等多个敏感期。相关敏感期的表现特点与教育指导详见“第二篇 4—5 岁儿童敏感期与教育指导”。

护理与自理:4.5 岁以后的幼儿能够接受一些基本的自救常识,但这只有在模拟场景中多次模拟演练才能转化为自救的基本技能。因此,家长有必要经常和幼儿一起玩一玩这类自救游戏。

精细动作:4.5 岁以后,幼儿的动手操作能力逐渐精细化,可以进行

3—4 步折纸，能剪出简单的平面几何图形，能泥塑和拼插简单的造型。这些都是需要经常反复的练习才能达到的精细动作水平。

绘画与书写：4.5 岁，能熟练地握持铅笔，并开始有手腕动作出现。可以开始正式锻炼幼儿使用铅笔来画画、写字。比如，学画平面几何图形。

音乐与律动：4 岁，能参与唱歌、乐器、舞蹈及创编活动。他们想象力丰富，能在扮演活动中用“比手画脚”的方式表演熟悉的事情、演出故事，以及在扮演角重现自己的生活事件。

语言发展：习惯于亲子阅读的幼儿，4.5 岁以后大多会表现出想自己阅读的倾向，这是培养幼儿自主阅读的好时机。因此，在亲子阅读中，只要幼儿有自主阅读的愿望，家长就应伺机而退，把阅读的主动权逐渐交给幼儿——孩子想读的就让孩子读，孩子想说的就让孩子说。当然，学龄前幼儿还是以亲子阅读为主的，尚不具备完全自主阅读的能力。

认识文字符号：4.5 岁以后，幼儿对文字符号的兴趣越来越浓，他们更喜欢以游戏化、艺术化的方式（如泥塑文字、数字、字母）来感知和认识文字符号。因此，家长在引导幼儿认识文字符号时，不要机械地让幼儿死记硬背，而是想方设法让幼儿在愉快的感知活动和操作活动中习得文字符号。

数理逻辑：① 4.5 岁开始，家长可以通过将实物等分的方式（比如，将一块月饼一分为二，分给 2 个人），让幼儿初步掌握等分实物的方法，为幼儿以后理解分数的概念奠定最基本的感性经验。② 4.5 岁的幼儿已能认识大部分数字，而且此时期也正处于书写训练关键期，可以开始教幼儿练习临摹数字，为今后规范书写数字做前期准备。

# 发展进程与教育指导

## 一、营养与保健

### (一) 营养保健常识

1. 健康饮品

从营养价值来看,鲜奶最高。鲜牛奶中含有很多人体所需的矿物质,比如钙、磷、钾等,其所特有的乳糖具有重要的营养功能。但有些乳糖耐受性较差的孩子喝了容易引起腹泻。

酸奶一般都是由优质的鲜牛奶经过乳酸菌发酵而成,其营养价值虽略逊色于鲜奶,但在营养成分上同鲜奶的差别并不大。3 岁以前的孩子最好不要喝酸奶,因为经过脱脂后的酸奶不利于孩子神经系统的生长发育。

豆奶的蛋白质含量与鲜奶相近,但维生素 $B_2$ 只有鲜奶的 1/3,维生素 A、C 的含量则为零,铁的含量虽然较高,但钙的含量只有鲜奶的一半。因此豆奶并不适合于生长发育过程中的孩子。

2. 水浴

水浴一年四季均可进行。对健康孩子来说,低于 20℃ 水温可引起冷的感觉,20—32℃ 为凉,32—40℃ 为温,40℃ 以上为热。可以从温水逐渐过渡到冷水。水浴包括温水浴、温水擦澡、凉水洗脸、凉水擦澡、凉水冲淋和游泳。游泳适合 4 岁以上孩子。4 岁以下孩子的身体发育情况还不适合游泳锻炼。

### (二) 家庭养育指导

1. 科学饮用

鲜奶、酸奶、豆奶:饮用时间和饮用方法各有不同。

鲜奶中含有可使人迅速入睡和具有类似麻醉镇静作用的催眠物质。因此,早晨喝鲜奶容易影响大脑的白天工作。所以鲜奶最好在傍晚或临睡前半小时饮用。

相对来说,酸奶和豆奶的时间就没那么明确,只是如果早晨喝酸奶,除了防止空腹外,最好先喝一些白开水。如果是喝豆奶,建议每天早晚各喝一杯。

此外,鲜奶不能和果汁、糖、茶、咖啡、巧克力等混在一起喝。不应为了“加强杀菌效果”而将鲜奶煮沸,只要加热至温即可。牛奶在100℃时乳糖开始焦化,营养价值降低。牛奶久煮,蛋白质变性出现沉淀,维生素也会流失。

酸奶不宜空腹饮用,空腹时喝酸奶,乳酸菌很容易被胃酸杀死。酸奶也不宜加热饮用,酸奶蒸煮加热后,所含的大量活性乳酸菌会被杀死。

由于鲜豆奶中含有的胰蛋白酶抑制物要煮沸3—5分钟才能分解,所以豆奶要煮熟煮透才适宜饮用。

2. 游泳

必须在已适应冲淋、日光和风的作用之后才开始游泳。游泳的水温不低于20℃(可从30℃开始),气温在26℃左右,开始时每次1—2分钟,以后逐渐延长。游泳锻炼时应注意的是:不可空腹或刚进食时即进行;出汗后应擦干再下水;入水前先热身;入水时先弄湿头和胸部,然后以全身浸入水中;在水中不宜停留不动,可用手摩擦全身。最初几次游泳不应超过2分钟,以后可逐渐延长至5分钟。游泳时如果孩子脸色发青、打寒战,应立即出水并穿好衣服。

## 二、护理与自理

### (一) 发展进程与目标评价

1. 进食

4.5—5岁,能熟练地用平勺把牛油或果酱涂在面包上。(54个月·58个月)

2. 如厕

能习惯于使用普通卫生间，能撕下所需的厕纸（卷装）。女孩小便后能自行用厕纸清洁。（54个月·58个月）

3. 穿戴

能拉合开尾拉链，解开小纽扣，尝试系鞋带。（54个月·58个月）

4. 盥洗

在成人指导下，练习用梳子粗略地梳理短发。（54个月·58个月）

5. 劳动

能在家长的指导下参与简单的购物活动。比如，和家长一起买菜时会问价格，会挑选自己喜欢的蔬菜。（54个月·58个月）

6. 安全意识

4.5—5岁，能做出火灾时的基本自救方法：停、蹲、滚，用湿毛巾罩口鼻，找安全出口。（52个月·60个月）

（二）实现途径与教育指导

1. 学习购物

家长带孩子到便利商店买东西时，可请孩子选购物品和付款，家长在旁给予必要的建议和指导。如果去购物前和孩子一起列一份购物清单（可让孩子简单地画下欲购物品）就更好了。

2. 培养孩子应对危险的能力

危险无处不在，家长应在平时教会孩子如何应对危险。家长应该花时间分析每一件事危险的地方在哪里，它的后果可能是什么。孩子其实都不笨，知道了后果都能顺应情境去避免，最怕的是不知自己行为可能带来什么危险。家长不可能跟在孩子后面一辈子，只有教会他如何应对各种危险才能保证相对安全。

3. 教孩子怎样防火

（1）跟孩子谈论防火安全知识，包括教他们如何在起火的时候遵循

"停下、蹲下、滚动"的原则,以及如何"在烟雾下面贴着地爬行"。

(2) 教育孩子在闻到烟味并且怀疑着火的时候,应该迅速离开房子,跑到外面;知道向邻居求助、用邻居家的电话报火警。

(3) 制订一个在火灾中逃跑的计划,让全家人多演习几遍。

## 三、粗大动作

### (一) 发展进程与目标评价

1. 折返跑

在前面5米处放一个凳子,用5秒跑过去并绕过凳子,再跑回起点。(48个月·58个月)

2. 攀登

能在保护下尝试攀登攀岩墙。(52个月·60个月)

3. 走平衡

能身形平稳地踩着脚印走。(52个月·60个月)

4. 跳高

能跳高约25厘米,且双脚同时着地。(50个月·58个月)

5. 动作控制

在稍有挑战的跳跃活动(如"跳布袋"游戏)中能较稳定地控制身体姿态。(48个月·58个月)

6. 跨跳

能连续助跑跨跳3个障碍物(20—30厘米高)。(48个月·66个月)

7. 双脚交替跳

单脚跳2下,换另一只脚单脚跳2下,交替跳走至少8步。(54个月·58个月)

【小贴士】4—5 岁幼儿体能训练标准:(1) 25 米跑,男孩、女孩均为 7—8 秒;(2) 原地跳远,男孩 70—90 厘米,女孩 60—80 厘米;(3) 投垒球,男孩 3—5 米,女孩 2—4 米。

### (二) 实现途径与教育指导

1. 巩固性训练

双脚交替跳、转身跳、跳高、跳格子、攀岩。

2. 5 米折返跑

在相距 5 米的两个支撑物上各挂一个铃铛(或小鼓、小锣)。给孩子一个鼓槌,让孩子在听到信号后立即起跑,在折返点用鼓槌敲一下铃铛后立即折返跑回到起点,到达起点再敲一下铃铛并立即折返跑。看半分钟能敲几次铃铛。运动前要做好热身活动,不得让孩子运动过激。

3. 踩脚印

用硬纸给孩子剪 10—12 个脚印,把脚印按左右脚排开,左右脚印之间的距离同孩子的肩宽,每一步的距离比孩子平时走的距离略大一些,让孩子踩着脚印走。熟练后可随意调整脚印间的距离和脚印摆放的方式(如弧线、波浪线、圆圈、矩形等)。

4. 助跑跨跳

把几个高约 25 厘米的玩具以 1.5 米的间隔依次排开,让孩子连续助跑跨跳过每个玩具。可根据孩子的跨跳能力调整障碍物的个数和高度。

5. 跳布袋

让孩子双脚站在大小适中的布袋里,双手提着袋口,做各种跳的动作,如原地跳、前后左右跳、转圈跳、行进跳等。

6. 身体锻炼

在幼儿园,每天都有相应的身体锻炼时间和锻炼项目。在家里,家长应多陪孩子一起散步,天气好的时候一定要带孩子去户外。如果附近有(儿童)公园,要让孩子在那里玩。只要指导有方,4—5岁的孩子可以学习游泳、骑两轮童车。

## 四、精细动作

### (一) 发展进程与目标评价

1. 夹

能尝试用筷子夹起花生米大小的颗粒状物品。(50个月 · 60个月)

2. 别回形针

4.5岁以后,能尝试在纸上别回形针。(52个月 · 60个月)

3. 折纸

能自己完成3—4步的折纸。(50个月 · 62个月)

4. 剪纸

沿着画线能剪出圆形、方形、三角形、五角形等形状。(54个月 · 58个月)

5. 泥工

能模仿用油泥做出兔子、小猪、鱼等动物造型。(48个月 · 60个月)

6. 拆装

能比较熟练地用“玩具拆装工具”(如玩具平口起、梅花起、扳手和老虎钳等)拆装由螺母螺钉固定的复杂组装玩具,如拆装仿真自行车等。(50个月 · 62个月)

7. 拼插

能模仿用插塑、雪花片等积塑材料拼插出结构比较复杂的物体(如楼房、汽车、树、人、动物等)。(50个月 · 62个月)

8. 握笔

能熟练地握持铅笔,并开始有手腕动作出现。(50 个月·62 个月)

9. 操作工具

4.5—5 岁,能比较熟练地用打孔机在纸上打孔,用剪刀剪断胶带或利用胶带上的自带锯齿弄断胶带。(54 个月·58 个月)

(二) 实现途径与教育指导

1. 巩固性训练

用筷子夹花生米,用积木或橡皮泥造型,开锁等。

2. 折纸

4.5 岁以后的孩子可以选择对边折、对角折和集中一角对边折三种折纸形式。经过一段时间的练习后,再学习难度较大的折双正方形和三角形。同属于一种折纸形式但难度也不一样,如“对中心点折,东西南北、衣服、篮子”等难度较小,可以先教,而难度较大的“裤子、兔子、钱包”等稍后再教。可以将折法相近的内容放在一块教,如将“房子、白鹅、帆船”等放在一起教,它们的折法相似,都是两边向中间折。如果孩子觉得学起来有点难,可以采用“恢复原形法”,即家长先把难度比较大的作品折好,再让孩子看看、拆拆、想想、试试,然后按原样折好。家长可以购买幼儿适用的折纸书,也可在网络上搜集和学习一些折纸法,学会后再教孩子。

3. 泥工(捏小兔子)

先将橡皮泥分成小、中、大三块,把中、大两块泥团圆,中泥团当作头,大泥团当作身体;再将小块泥搓成两只耳朵,粘在头上面;最后给小兔子做短尾巴、红眼睛、三瓣嘴。还可和孩子探讨猪、鱼、蛇、乌龟、鸭子、鹅、青蛙等的做法。

4. 用剪刀剪几何图形

家长在纸上画出直径 4 厘米的圆形,让孩子右手拿剪刀,左手握纸缓慢转动,使剪刀沿着圆周剪出圆形;再画出边长 4 厘米的正方形或边长 5 厘米的正三角形,要求孩子转角时沿着线条剪出正确角度。

5. 拼插高楼

(1) 准备:图片或范例、积塑、胶粒。

(2) 出示范例,引导孩子说一说高楼的拼插方法,重点讲解衔接地方的拼插,再根据范例尝试拼插高楼。

**五、视觉空间**

(一) 发展进程与目标评价

1. 图形 · 制作

4.5 岁以后,在没有图形轮廓线的情况下,能尝试剪出不太规则的平面几何图形和其他物体的轮廓图。(54 个月 · 62 个月)

2. 拼图

4.5—5 岁,能完成由 15—16 片组成的画面复杂一些的拼图,能用两块积木组成一个新的形状(如用两块正方形组成一个长方形)。(54 个月 · 58 个月)

3. 图形切分与拼合

4.5—5 岁,能将长方形、正方形二等分或四等分,并能将切分的形块拼合起来。(54 个月 · 58 个月)

4. 空间想象

4.5—5 岁,在规整的积木造型中(如积木墙)能看实物算出看不到(即被遮住的)的积木块数。(→66 个月)

5. 空间方位

4.5—5 岁,与对方相对站立时,能尝试分清对方的左右手、左右眼、左右耳、左右肩、左右膝、左右腿、左右脚。(52 个月 · 58 个月)

6. 读图能力

4.5—5 岁,能依照一张简单的寻宝图(如一张代表家庭的平面图),在

房间内寻宝。(→62 个月)

(二) 实现途径与教育指导

1. 长方形、正方形 1/2、1/4 的切分与拼合

将长方形或正方形沿一条对角线对折,就可切分成 1/2;如果依次沿两条对角线对折,沿折痕剪开,就可切分成 1/4。尝试将混合形块重新拼合。

2. 拼搭新形状

将 2 个长方形、2 个正方形以及长方形、正方形的 1/2 拼块混在一起,让孩子将这些形块随意组合,拼出新的形状。

3. 用立方体积木砌墙

家长用 27 块正方体小积木搭建一个大的正方体造型,让孩子站在指定的角度来算一算这个大的积木造型一共有多少块小积木,看孩子能否把被遮挡的积木也统计在内。

4. 左右方位游戏

家长和孩子面对面站立,轮流发口令,共同做动作,比如"举右手""抬左脚""伸右臂""闭左眼"等,家长可刻意把动作做得比孩子慢一点,以观察孩子做得对不对。

5. 看图寻宝

家长画一幅家庭空间布局平面图,并在图上的某一个位置画上一件孩子喜欢的"宝物"(如毛绒熊),然后让孩子按照图示在房间内寻宝。

6. 备选读物

(1)《数学绘本·阿锤和阿蛋愉快的一天——空间概念》。

(2)《迪士尼益智拼图书》或《芭比益智拼图书》(含 16 块拼片的拼图)。

## 六、绘画与书写

(一) 发展进程与目标评价

1. 调色

4.5—5 岁,会调过渡色及用深浅色画画。(52 个月·60 个月)

2. 理解与欣赏

在成人引导下，4岁幼儿能开始对别人的作品发表意见、询问所用的方法，对别人所表达的感受有兴趣或能注意到一些细节。(50个月 · 62个月)

3. 表达与创作

4.5—5岁，能以不同的方式在画板上画水彩。(52个月 · 60个月)

4. 艺术材料

能在某种物品上涂上水彩或墨水来拓印。(54个月 · 58个月)

【小贴士】拓印法：一般是在平放的玻璃板上(玻璃板底下衬白布或白纸)随意地泼洒，倒上或画上水彩颜料；用水彩纸覆盖在上面，上下左右用手轻按，使水彩均匀沾到印纸上；觉得无遗漏后，拎住两角提起，平放在画板上，一幅妙趣无限、变幻莫测的图画就基本形成了。

5. 书写

4.5—5岁，能用铅笔模仿写自己的名字，但往往字符又大又不整齐。(52个月 · 60个月)

(二) 实现途径与教育指导

1. 学习调色

给孩子一个调色盘，几支调色笔，以及红、黄、蓝三种颜色的颜料若干量，示范并引导孩子用不同比例的基础色(红、黄、蓝)调过渡色(可以用任意两种颜色，或三种颜色)，加不同比例的水来调颜色深浅。用三原色和调好的过渡色分别在白纸上画线条，比较不同色彩的差别。

2. 用手混合颜料

(1) 准备一张手指画纸，将两种不同颜色的颜料分别滴入两个色盘中。

(2) 让孩子将两手的食指分别蘸一种颜料,将颜料滑到纸的中心部位,将两种颜料混合,鼓励孩子说一说他看到了什么颜色。例如,黄色和蓝色两种颜色混合后就变成了绿色。

(3) 可以再选择其他颜色进行混色实验。使用红、黄、蓝三原色调配,可以调出彩虹中的所有颜色。

(4) 通过此活动让孩子认识到,将不同的颜色混合在一起可以生成其他颜色。

(5) 在以后的水粉画中,如果只有红、黄、蓝三种基本颜色,只要任意混合,就可以调和出其他颜色。

3. 拓印叶子

(1) 收集各种不同大小和形状的叶子。

(2) 示范怎样拓印叶子:将一片叶子底面朝上放在光滑的桌面上,盖上一张纸,用一根蜡笔在纸上来回摩擦,叶子的印迹就慢慢地出现在纸上了。

(3) 让孩子亲自体验拓印的过程。如果叶子小,一次可同时拓印几种不同叶子。

(4) 引导孩子观察不同叶子拓印出的不同叶脉图案。

## 七、音乐与律动

### (一) 发展进程与目标评价

1. 节奏

4.5—5 岁,能按照音乐节拍踏步,落步能与音乐节拍相符。(54 个月 · 60 个月)

2. 歌曲创编

4.5—5 岁,能尝试为扮演活动创编歌词。(48 个月 · 62 个月)

【小贴士】歌词创编活动是指给熟悉的歌曲增编新的歌词或改变部分歌词以达到以培养想象力和创造力为主要目标的音乐活动，也是发展幼儿语言表达能力的重要手段。歌词创编活动能培养幼儿全面的音乐素养，促进他们的音乐记忆能力、感受能力、即兴创编能力和表现能力的发展。

3. 舞蹈创编

4.5—5岁，随录音或团体的歌唱，创造新奇的舞步。（52个月·62个月）

4. 理解与表达

4.5—5岁，在聆听音乐作品时，能用动作来诠释或展现某种感受、现象，如成长的植物、暴风雨。（50个月·62个月）

5. 角色扮演

4岁，在扮演活动中能凭借自己的理解以自己的方式表演熟悉的事情、故事，重现自己的生活事件。（54个月·58个月）

【小贴士】4岁幼儿能参与唱歌、手指游戏、乐器及随音乐走步等活动。他们想象力丰富，能在扮演活动中用“比手画脚”的方式表演熟悉的事情、演出故事，以及在扮演角重现自己的生活事件。

（二）实现途径与教育指导

指导孩子创编歌曲

（1）创编歌曲的选择：要尽量选择贴近孩子生活的、易于表演、易于创编的歌曲，尤其是选择的歌曲要具有开放性，给孩子留有创编的余地。

(2) 歌曲创编的形式包括：替换或仿编歌词，根据歌曲创编动作，用不同的形式、不同的感情、不同的速度演唱歌曲等。比如，在《我爱我的小动物》的歌词创编中，原歌词内容是“我爱我的小猫，小猫怎样叫？喵喵，喵——喵喵，喵——喵喵，喵喵，喵——”，成人在引导孩子创编时可以提问“我们还可以唱什么小动物，它会怎么叫”，孩子可能会想到“小狗，小狗汪汪叫”，于是，成人可以和孩子一起把“小狗汪汪叫”的内容填进歌词中，唱道“我爱我的小狗，小狗怎样叫？汪汪，汪——汪汪，汪——汪汪，汪汪，汪——”。还可以进一步启发孩子，看他能不能想出其他动物，如“小鸡叽叽叫”“小鸭嘎嘎叫”等。

(3) 歌曲创编的指导方法：① 平时要有意识地抓住可以让孩子进行歌曲创编的机会，鼓励孩子自由自在地自编自唱。要鼓励孩子大胆创造，大胆想象，不怕出错，哪怕是“胡编乱造”中有一点一滴的合理成分或新颖的东西都要加以肯定。② 给予孩子必要的引导，让孩子获得成功体验，使孩子逐步对创编感兴趣。③ 成人要掌握必要的引导技巧，可以用突出“关键词”的方式帮助孩子整理创编思路。比如，在上面的例子中，要替换“小猫”（动物）和“喵喵”（叫声）这两个部分，成人就可以启发式地提问“我们还可以唱什么小动物，它会怎么叫”。④ 在进行创编时，孩子一旦编出来了一段，成人也跟在孩子后面学唱、学跳，这样孩子创编的兴趣就会更浓厚。成人还可以帮助孩子记录创编的歌词，把孩子的演唱录制下来，并和孩子一起学唱。

## 八、学习能力

### （一）发展进程与目标评价

#### 1. 观察・概括性

4—5 岁，观察开始注重事物之间的简单关系，能根据观察结果提出

问题，并大胆猜测答案，但仍难判别事物的本质特征。(54 个月 · 60 个月)

2. 创造性

4—5 岁，就如何做事提出创造性的、不寻常的观点(如“我有一个极好的点子！咱们倒着走到卧室中去吧”)。(46 个月 · 64 个月)

3. 计划性

幼儿中期，能在成人引导下制订计划，并开始实施计划，但之后可能转向其他更感兴趣的活动。(48 个月 · 60 个月)

(二) 实现途径与教育指导

1. 按照连续的指令做

成人依次把下列 3 个命令告诉孩子，然后让他按顺序完成。第一个命令：把门打开。第二个命令：把茶叶放到杯子里，盖上盖子。第三个命令：把 3 个玩具(成人任意说 3 个玩具)拿到桌子上来。这类游戏有助于培养孩子的注意力、记忆力。

2. 看图记忆

让孩子看一张画有好几种动物的图片，限定在一定时间内看完(一开始时间可以长些，然后逐渐缩短看的时间)后将图片拿走，让孩子说出图片上有哪些动物。如果他记住的不多，可以将动物分类记，如兽类有几种，鸟有几种，这样就能记得快些。

3. 听觉注意训练——听报数字

家长报出一个 7 位数，要求孩子听完后立即报出来。如 2984348、6845971、2875634。

4. 听辨事物

念一组事物的名字给孩子听，让孩子听到有关动物的名字时就举起右手，听到有关电器的名字时举左手。比如，猫、狗、电话、冰箱、兔子、狐狸、电风扇、老虎、洗衣机、电视、公鸡、母鸡、电饭锅、狗熊等。

5. 集中注意力训练

让孩子盯住一张画看一会儿，然后闭上眼睛，回忆整幅画面的内容，如画中的人物、衣着及各种摆设等。回忆后睁开眼睛再看一下原画，如记忆得不够完整，再重新闭上眼睛回忆一遍。这个训练既可培养集中注意力，也可提高注意更广范围的能力。

6. 观察游戏

给孩子一个有各种图案的图片或物品（如小花瓶），让他观察一分钟，然后让他转过身去，背对着花瓶，说说上面有几朵花或有几条鱼等。

7. 在绘本阅读中发展孩子的观察能力

绘本生动的画面，能引发孩子主动、认真、深入的观察，成人主要从局部观察、对比观察、整体观察等方面，提升孩子观察的目的性、持续性、细致性和概括性。局部观察，可以帮助孩子抓住事物的基本特征；对比观察，可以帮助孩子感知角色的细节变化；整体观察，可以帮助孩子从画面的细节把握整体。

【小贴士】我国学者丁祖荫研究指出，幼儿图画观察能力的发展要经历四个阶段：① 认识“个别对象”阶段。幼儿只能看到个别对象或各个对象的一个方面。② 认识“空间联系”阶段。幼儿可以看出图画中各个对象之间可直接感知的空间联系。③ 认识“因果联系”阶段。幼儿能认识到图画中各个对象之间不能直接感知的因果联系。④ 认识“对象总体”阶段。幼儿能从意义上把握图画书的总体，理解图画书的主题。

8. 创造性培养

（1）尊重孩子的独特想法：保持好奇心对于培养创造力来说是非常重

要的。所以家长在面对孩子提出的问题时，要表现出特别的惊喜，对于孩子新颖独特的想法，家长要给予特别的赞赏，哪怕想法很幼稚甚至错了，也要先肯定他的想法，不管问题有多难或是有多简单，家长都可以跟孩子一起去寻找答案，让孩子在这个过程中丰富知识，使求知欲得到满足。

（2）接纳与众不同的孩子，不管是过分顽皮的，还是倔强的，或者是性格古怪的。心理学家指出：越有反抗精神，越有判断力；古怪脾气与乖僻者，往往比较聪明；撒谎的孩子一般想象力比较丰富；解决问题过程中错误多的孩子，往往具有更快的发展可能性；疑问多的孩子比样样都理解的孩子更有前途；越是顽皮的孩子越有丰富的创造力。家长要悦纳这些孩子，尊重他们的成长特性。

9. 计划性——由口头计划向书面计划转变

当孩子可以用自己的言语较为清楚地说明自己的计划，并开始有意识地按计划实施自己的活动时，家长就可以进一步引导孩子开始做书面计划了。书面计划可以提醒孩子关注并落实自己的计划。比如，家长和孩子讨论“下周我们一家要去秋游，想一想我们需要带什么东西”，让孩子把自己和家人想带的东西画在纸上。如果发现孩子把纸张画得满满的，看不出来有哪些东西，就可以和孩子一起讨论怎么用横线隔开，或用不同颜色的笔写，或画表格等方法进行区分。这样，从口头计划渐渐引入书面计划，讨论如何用计划清晰地呈现自己的想法，不断激发孩子的主动性，培养孩子做事的条理性和计划性。

## 九、语言发展

### （一）发展进程与目标评价

1. 音韵

4.5—5 岁，玩声母或韵母替换游戏时，能替换字的第一个字母，并试着念出，如“好”与“老”。（54 个月 · 58 个月）

2. 理解

4岁,在听故事时会开始问为什么。(50个月·60个月)

3. 听从指令

能跟随录像带或光盘中的画面和音乐节奏,做出各种不同的动作。(54个月·58个月)

4. 口语·讨论

4岁,开始能讨论不在眼前、有点抽象或记忆中的事情,但在团体中持续讨论同一个话题仍有困难。(54个月·58个月)

5. 语词

4.5—5岁,会说常用物品的量词,能用夸张的词语引人注意。(54个月·58个月)

6. 自主阅读

4.5—5岁,以看插图并猜测故事大概内容来"读"一本不熟悉的书。(54个月·58个月)

7. 描述

4.5—5岁,能绘声绘色地描述自己梦中的情节。(→54个月)

8. 谈话

4—5岁,能根据聆听者的年龄来调整自己的语言。比如,当和比自己小的孩子谈话时,比对成人讲话所使用的语言更简短。(54个月·58个月)

9. 提问

4.5—5岁,能提出相关的问题或意见来使讨论的话题持续下去。(54个月·58个月)

10. 讲述

4.5—5岁,看图讲故事时有条理,能讲清前后顺序及因果关系。(54

个月·60个月）

11. 复述

4.5—5岁，能复述多步骤的说明。（54个月·58个月）

12. 续编故事

4.5—5岁，能为熟悉或新故事创编新奇或有创意的结局。（54个月·58个月）

13. 认字

4.5—5岁，“读”故事书时，会使用视觉线索来记忆最喜欢的故事里的字。（54个月·58个月）

14. 认字母

4.5—5岁，能依据字母的外形辨别并正确认出一些字母。（54个月·58个月）

15. 抄写字母

4.5—5岁，能从室内外的标示或告示上抄写字母，很享受“写字”的乐趣。（54个月·58个月）

16. 制作清单

4.5—5岁，去商店购物前会用图画、涂鸦和像字的符号来制作一张购物清单。（54个月·58个月）

（二）实现途径与教育指导

1. 音韵辨别训练——替换声母

家长给孩子读一个字，如“好（hao）”，读的时候可以有意识地读慢一点，声音拖长一点，声母和韵母分开读，然后对孩子说“我现在要把这个字的前半个音‘h’换成另一个音‘l’，变成另一个字‘老（lao）’”，问孩子“你能不能也把‘好（hao）’的前半个音换成另一个音，变成另一个字”。如果孩子变换起来有困难，家长可以再列举一对让孩子进行比较，如“好

(hao)”变成“跑(pao)”。还可用此方法进行其他字的声母替换练习。

2. 在话题讨论中提高表达能力

在日常生活中,家长和孩子总有共同感兴趣的话题,家长可用此契机,和孩子就某个话题自由讨论。家长可用“我觉得”“我认为”等语句表达自己的观点,用“你是怎么想的”“你为什么这样想”“你觉得呢”等来引导孩子说出自己的想法。

3. 学说常用量词

如,一个碗、一朵花、一双筷子、一双鞋子、一双手、一支笔、一条裤子、一台电视机等。

4. 描红

家长可以用铅笔在纸上为孩子写几个大一点的非常简易的汉字、数字或字母,鼓励孩子用彩笔把这些字描成自己喜欢的彩色。

5. 泥塑文字(数字、字母)

家长示范,孩子模仿,把油泥搓成细条状,然后塑造出1、2、3、4、5、6、7、8、9等数字造型。也可以用油泥塑造字母及简易汉字等造型。

6. 制作清单

家长带孩子去商店购物前,可以和孩子一起盘算一下要买哪些东西。为了不至于忘记,可鼓励孩子和家长一起制作一张购物清单,孩子可以用图画、涂鸦、字形符号等自己能够理解的方式进行自主记录,到商店后照单采购。

7. 备选儿歌

(1) 量词歌——一头牛,两匹马,三条鲤鱼四只鸭,五本书,六支笔,七棵果树八朵花,九架飞机十辆车,量词千万别说错。

(2) 七个果果——一二三四五六七,七六五四三二一。七个阿姨来摘果,七个篮子手中提。七个果子摆七样,苹果、桃儿、石榴、柿子、李子、栗子、梨。

(3) 树的变化——一棵树儿高又大,树上鸟儿叫喳喳。春天大树发新芽,夏天大树开红花。秋天北风呼啦啦,冬天鸟儿就搬家。

(4) 数星星——天上星星亮晶晶,一闪一闪眨眼睛。我和妈妈数星星。一颗星,两颗星,三颗四颗五颗星,数来数去数不清。

(5) 跑步——北风北风呼呼呼,娃娃娃娃去跑步,绕着院子转圈圈,脸上淌着汗珠珠,小狗一看摇铃铛,一二三四帮计数。

8. 备选读物

(1)《一寸虫》(主题:机智/测量)。

(2)《聪明豆绘本系列·小猪变形记》(主题:想象/创意/自寻其乐)。

(3)《贝贝熊系列·实话实说》(主题:诚实/信任/宽容)。

(4)《贝贝熊系列·钱的学问》(主题:合理用钱/挣钱)。

(5)《贝贝熊系列·电视迷》(主题:生活/休闲)。

(6)《贝贝熊系列·凌乱的房间》(主题:自理/整理房间)。

## 十、数理逻辑

### (一) 发展进程与目标评价

1. 分类·三维

4.5—5 岁,能使用 2—3 种属性来给物品分类,并能说明如此分类的依据。(54 个月·58 个月)

2. 想象力

在 4—5 岁时,可以在游戏中创造出想象的人物。(→50 个月)

3. 构思·规划能力

4.5—5 岁,能运用上一次的经验思考目前要如何做比较好。(50 个月·62 个月)

4. 假装游戏

4.5—5 岁,能自然地、没有困难地进行装扮游戏。(54 个月·58

个月）

5. 数的理解

4.5—5岁，知道10以内各数的前后、大小、多少的关系。（54个月·58个月）

6. 比较

4.5—5岁，在反复比较实物数量的基础上，进一步比较“5以内”任意两个数的大小。（50个月·60个月）

7. 数概念·唱数

能唱数到68。（54个月·58个月）

8. 数概念·点数

能口手一致地正确点数20以上顺序固定的物体，点数之后能说出总数。（54个月·58个月）

9. 排序

4.5—5岁，已具备归类、排序等组织能力，会使用比较性质的测量用语。（54个月·58个月）

10. 数概念·序数

在5个序列中，知道每样东西是排在第几位。（54个月·60个月）

11. 数概念·倒数

能倒数19—1。（54个月·58个月）

12. 认识数字

能认识数字0。（54个月·58个月）

13. 测量

4.5—5岁，能尝试使用量杯和汤匙来量东西，能计算要几小杯的水才能装满一个水壶。（54个月·58个月）

14. 运算

4.5—5岁，能借助实物进行8以内数的组合与分解。能借助实物做8

以内数的减法和“和不超过8”的加法。（54个月·58个月）

15. 量的理解

能理解“全部”“一半”的意思。（52个月·60个月）

16. 理解分数

学会将圆形食物（如月饼）一分为二，分给2个人。（→58个月）

17. 写数字

4.5—5岁，可以开始练习临摹数字1—10。（→62个月）

18. 认识规律

4—5岁，能依据颜色、形状或大小的规律来穿珠。（54个月·58个月）

（二）实现途径与教育指导

1. 倒数（19—1）

让孩子先顺数1—19，再练习倒数19—1。

2. “实物”数的分解（8以内）

比如给8个核桃分家。

（1）可以分成两家：可能是“1、7”，或“2、6”，或“3、5”，或“4、4”。

（2）可以分成3家：可能是“1、1、6”，或“1、2、5”，或“1、3、4”，或“2、2、4”，或“2、3、3”。

3. “实物”加法练习（8以内）

通过摆实物的方式，练习“和为8以内”的加法。如4个核桃，再加4个核桃，是几个核桃？

4. “实物”减法练习（8以内）

通过摆实物的方式，练习“8以内”的减法。如8个核桃，吃掉3个核桃，还剩几个核桃？

5. 扑克牌加法（8以内）

把一副扑克牌中所有面值为“1、2、3、4”的扑克都挑出来，洗好牌。家长和孩子各分一半，牌背面向上，按自上而下的顺序出牌（出牌时不准看牌面是几），同时翻牌，把两个牌面数字加起来，再把两个牌面的“点子”加起来，检验结果是否正确，看谁算得又快又准。

6. 长短、高矮排队

把筷子分别截成 2、4、6、8、10、12、14、16、18、20 厘米长，共 10 根。每根都以 2 厘米为单位标画出若干段，每根的若干段再以“红白相间”的方式涂上“红色”（如将 8 厘米的一根筷子划分为 4 段，涂成“红—白—红—白”，最好每根都以“红色”开始），做成“色棒”。可以挑选这 10 根色棒中的任意几根让孩子进行长短排序。开始排序练习时可以少选几根，而且要长度差别明显的，易于比较，以后逐渐增加比较难度。也可借助“红白相间的刻度”来计算筷子的长短差距。

7. 多变的绳子

家长用绳子摆出一个数字（如“5”字，或 0—9 的任何数字），让孩子模仿。除数字造型外，还可摆出各种几何图形、实物造型以及其他造型。熟练后可由孩子自己开动脑筋，用绳子摆出各种有趣的造型来。

8. 切油泥饼

让孩子把一团油泥压成圆饼，然后家长示范如何将圆饼切成均等的两半，再将两半拼合成一个整圆，并让孩子学习怎样把圆饼切成两个一样大小的半圆。

9. 临摹数字（1—10）

（1）家长用红色水彩笔在纸上写几个数字“1”，让孩子用黑色水彩笔把数字描黑。2—10 数字以此类推。

（2）经过多次描写数字后，让孩子模仿家长，直接学写数字 1—10。

（3）也可买数字描红本练习。

10. 排黑白棋

准备黑白围棋子（或纽扣）若干。家长按照一定的规律排棋子，如“黑黑白黑黑白黑黑……”然后让孩子观察并找出规律,继续往下摆。

11. 备选读物

《你好！数学·装得满满的篮子》(主题:理解数字“0”的概念)。

【注解】从几个事物开始,到渐渐地减少,最后成了一个都没有的状态,学习表示这种状态的零(0)的概念。

**十一、认知与探索**

(一) 发展进程与目标评价

1. 认知·生命周期

4.5—5 岁,能描述室内外动植物的生命周期的某些部分(如,观察到毛毛虫变成了蝴蝶,但是不确定它们是同一生物体)。(54 个月·58 个月)

2. 认知·植物

4.5—5 岁,能依据外形与颜色来分类收集到的叶子。(54 个月·58 个月)

3. 探究领域·动物

4.5—5 岁,能使用 2—3 种标准来给自己熟悉的动物分类,并能说明如此分类的依据。(44 个月·62 个月)

4. 探究领域·种植

比如,探究插条植物(如柳条)的种植方法,并乐于照顾这些植物。(50 个月·60 个月)

5. 探究领域·科技产品

4.5—5 岁,能尝试操纵简单的科技产品,如用手机、相机、录音机、电视机、平板电脑等。(50 个月·60 个月)

6. 探究领域·物理现象

比如,用磁铁去吸各种不同的东西,探究哪些物体能被磁铁吸引,哪些物体不会被磁铁吸引。(54 个月·58 个月)

7. 探究技能·收集数据

4.5—5岁,能尝试独立使用手持透镜或笔形电筒等工具,更好地观察动植物的细节。(50个月·62个月)

8. 探究技能·反思经验

4.5—5岁,能以前期的观察结果和经验数据为基础,尝试独立地进行预测和解释。(50个月·62个月)

9. 探究技能·运用探究工具

4.5—5岁,在成人指导下,能运用简单的工具及设备(如显微镜)进行探究。比如,用放大镜看蚯蚓身上的环结。(52个月·60个月)

(二) 实现途径与教育指导

1. 养蚕宝宝

(1) 把蚕宝宝放在一个透气的盒子里,在盒底铺放一大张白纸,再把蚕放进去。蚕吃的桑叶要洗净、晾干;小一点的蚕得吃嫩叶。每天清理蚕的粪便时,可将白纸取出,用羽毛或毛笔轻轻地把蚕扫到一边,再把蚕沙倒掉。蚕室温度宜保持在24—25℃。

(2) 观察和记录蚕的生命周期:蚕蛾产下的卵→孵蚕→做茧变蛹→化蛾。

2. 广泛收集各种动物的信息

孩子除了直接接触动物外,还可通过阅读动物图书、参观动物园、看电视节目《动物世界》等迅速了解大量动物的信息。家长也可有意识地鼓励孩子在日常生活中通过各种途径收集动物图片,并尝试按照自己的标准给这些动物分类,比如分类的标准可以是外部特征(毛发、鳞片、羽毛)、运动方式(走、爬、飞、游)、栖息地(泥土中、树上、水中)、生长方式(野生的还是家养的)等。接受孩子的分类标准,并让他说一说为什么这样分。

3. 插条种植

像柳树、葡萄树、仙人掌、秋海棠、天竺葵等植物,都可以将茎切成

5—10厘米长度不等的小段，待切口干燥后插入培植土中，插时注意上下不可颠倒。保持土壤的湿度，观察茎秆什么时候开始发芽。

4. 用磁铁给物品分类

(1) 在家中挑选一些小物品，其中有些是能被磁铁吸引的，有些是不能被磁铁吸引的。

(2) 给孩子一块磁铁，让他用磁铁分别去接触每件物品，了解磁铁吸引了哪些物品，哪些物品没有被磁铁吸引。把被吸引的物品归为一类，没有被吸引的物品归为另一类。

(3) 引导孩子分析一下，被磁铁吸引的物品都是什么材料制作的。

(4) 让孩子拿着磁铁去吸一吸家里其他的东西，看看哪些东西是能被吸引的，哪些是不能被吸引的。

5. 备选读物

(1)《我的第一套趣味互动百科(第5辑)·与火赛跑的消防员》。

(2)《我的第一套趣味互动百科(第6辑)·与大海快乐游戏》。

(3)《我的第一套趣味互动百科(第6辑)·观察蔬菜成长记》。

## 十二、情绪情感

### (一) 发展进程与目标评价

1. 情绪表达·平和

4.5—5岁，一般情绪状态较好，能用较为平和的方式表达情绪，较少出现极端情绪。(52个月·62个月)

2. 情绪调控

4.5—5岁，知道调控自己的情绪，努力保持愉快的情绪。(52个月·60个月)

3. 情感体验

4岁多，会表现出他们知道同伴的感受，而有些则需要大人的教导才

能注意到别人的感受,并了解他人的情绪与经验。(52个月·60个月)

4. 情感表现表达·安慰他人

4.5—5岁,开始自觉地提供帮助,安慰别人,或把东西给别人。(54个月·58个月)

(二) 实现途径与教育指导

1. 一家人的微笑

(1) 准备:收集空姐、护士、售货员等微笑服务的图片,难过和微笑的图片各一张,小镜子一个。

(2) 引导孩子照着镜子做出不同的表情,说一说每种表情所表示的心情。

(3) 让孩子观察收集来的许多微笑的图片,问孩子,“你在看这些微笑的图片时的心情是怎样的”,再出示一些难过表情的图片,引导孩子说出看到这些图片时的感受。通过比较,让孩子感受到微笑给人带来的愉快体验,引导孩子学做笑口常开的人。

(4) 观察爷爷、奶奶、外公、外婆、爸爸、妈妈等人的笑有什么相同或不同。

2. 留时间付出关怀

无论孩子行为如何,家长每天都要尽量留出一些时间(每天10、30或60分钟)向孩子表示关怀。可以是一个手势、亲吻、慈爱的眼神、即兴的拥抱,或和孩子依偎在一起,倾听他说话。在和谐平静的时刻向孩子表达:“真高兴有你!”

**十三、社会认知与交往**

(一) 发展进程与目标评价

1. 认识家庭·父母职业

4.5—5岁,能简单介绍家庭成员上班所用的工具,如头盔、公文包等。

(54 个月 · 58 个月)

2. 认识社会 · 职业

4.5—5 岁,能在游戏中生动表现自己所熟悉或了解的行业的工作情形和内容。比如,在扮演区模仿使用收款机、邮局的磅秤、听筒或其他职业所用的工具;分角色表演鞋店里的店员如何服务的情形。(52 个月 · 60 个月)

3. 交往技能 · 合作/分享

4—5 岁,喜欢和同伴一起玩,在活动中逐渐学会交往与合作,会与同伴共同分享快乐,获得领导同伴或服从同伴的经验。(54 个月 · 58 个月)

4. 交往技能 · 小组合作

比如,能与几位同伴共同玩节奏乐器。(54 个月 · 58 个月)

5. 交往技能 · 交流/合作/协商

4.5—5 岁,会正确使用礼貌用语;会正确表达自己的需要与请求,初步掌握与同伴交流、合作的技巧,以及协商解决冲突的方法。(54 个月 · 58 个月)

6. 规则 · 遵守/维持

4.5—5 岁,能适应和遵守集体生活与学习规则,能将规则纳入活动中,并能初步学习维护规则。开始发生不愿和不遵守规则的小朋友一起玩等矛盾。(54 个月 · 58 个月)

7. 人际关系 · 领导者意识

4.5—5 岁,开始意识到领导者的意义,爱指挥和批评他人。比如,在扮演游戏中假装是爸爸、妈妈、保姆或老师,显示出一些领导行为。(54 个月 · 58 个月)

【小贴士】领导的角色是一个抽象的概念。很多4岁的幼儿只能了解他们周围的一些具体的领导人物，如教师、园长。有时他们也能知觉到父母或保姆所展现的领导水平。

8. 品行发展·理智感

4.5—5岁，开始理解某种行为会产生某种结果。(54个月·58个月)

9. 社会性游戏·角色游戏

4.5—5岁，开始和同伴一起玩简单的序列游戏，如，在“医院”戏剧游戏中挂号、看病、取药等。(54个月·58个月)

(二) 实现途径与教育指导

1. 角色扮演

引导孩子以家庭成员上班的常用工具(如头盔、公文包等)为道具，尝试扮演家长工作的情形。家长可适当客串。

2. 认识各种商店和公共设施的功能

家长平时带孩子所到之处，都要有意识地向孩子介绍各种公共设施(如菜场、超市、商铺、医院、书店、文具店、理发店、银行、邮局、车站等)的功能，并尽量让孩子参与其中亲身体验，如让孩子自己买他喜欢的书。

3. 合作运水

(1) 形式：可以是所有家庭成员参加，也可以是几个同伴参加，还可以是若干对亲子参加。2人一组，可分为若干组。

(2) 准备：若干套脸盆(大小相同)，即一组2个脸盆，其中一个脸盆装水，另一个脸盆空着等待盛水；若干套塑料杯(大小相同)，即每组一人一个杯子。

(3) 方法和步骤：① 画好起点线、终点线和中间线，起点和终点距离中间线均为5米。各组在终点线各放一个装满水的脸盆,在起点线各放一个空盆。② 各组成员同时站在中间线上,手持塑料杯。③ 比赛开始,各组其中一人站在中间线上不动,另一人跑到终点,用杯子在自己组的水盆里取一杯水,反身回到中间线,把水倒入同伴手中的空杯子里,然后返回终点继续取水。与此同时,同伴则端着水来到起点,把水倒入自己组的空盆里。直到各组把各自终点线上满满一盆水都运到起点线为止。④ 评选结果:起点线上水盆装水最多的一组获胜。

4. 老猫抓鱼

(1) 形式和人数:集体游戏,10人。

(2) 准备:参加游戏的人手拉手围成一个圆圈,扮作"老猫"的人用布蒙上双眼,站在圈子中央。

(3) 玩法:大家围在"老猫"身边,用手去摸"老猫"或者大叫,尽可能引起"老猫"的注意,同时巧妙地躲避"老猫"的出击;如果被"老猫"抓住,这个人就要蒙上双眼装"老猫",直到抓到下一位。

5. 激励——先苦后甜

孩子有时会对你提出很多愿望和要求。他想玩、想看电视、想要你送他到朋友家或去参加活动等。立刻实现孩子的每个愿望并不是好主意,这样他学不会如何顾及他人的需求,或如何完成他不喜欢的任务。比较好的做法是,提醒孩子记得他的义务和家里的规矩。只要他按要求完成了他的任务,他的愿望就会实现。这类激励不会让孩子不高兴,反而会让他觉得很值得追求。比如,如果孩子说"我想看那个米老鼠的节目",家长可以说"好啊! 只要所有玩具都收进箱子,你就可以打开电视";如果孩子说"我朋友今天要来我们家玩",家长可以说"好啊! 快去整理房间,你们才能在那里玩"。这些激励常常会帮助孩子完成他不喜欢的任务。

## 十四、自我意识与个性

### （一）发展进程与目标评价

1. 性别观念

4—5岁，开始意识到男女的性别，对异性身体的差异表示关注，并会向家长提出一些有关性方面的疑问。（54个月·60个月）

2. 自主与独立

4.5—5岁，积极地响应别人要他尝试新事物的建议。比如，投入一个新的活动（如肥皂画或烹饪），并持续一段时间。（54个月·58个月）

3. 自我与内省

4.5—5岁，能逐渐了解“自我”与“他人”的关系，懂得蛮横、无理、任性和霸道是不受人欢迎的。（50个月·60个月）

4. 自控与坚持

4岁后半期，已具有一定的自我控制能力，能努力完成稍有难度的任务。（54个月·58个月）

5. 自尊与评价

4岁后半期，对周围的人逐渐采取新的应对方式，并开始在意别人怎样看待自己了。有了羞耻感，萌发了不想把自己不好的一面显示于人的意识。（50个月·60个月）

6. 自信与勇气

4.5—5岁，喜欢做引人注意的表演，如在集体活动中或在大家面前唱歌。（54个月·58个月）

7. 自我适应

4.5—5岁，在事先告知的情况下，能没有抗议地接受活动的转换。比如，这集动画看完就出去散步。（54个月·58个月）

（二）实现途径与教育指导

1. 性教育

4—5岁的孩子可能会提出诸如“宝宝是从哪里来的”“为什么你们结婚以后才有孩子”或“爸爸和生孩子有什么关系”之类的问题。在回答这些有关生活真相的问题时，家长要尽量自然地回答。要知道，即使那些让你感到难为情的问题，对孩子来说也只不过是出于简单的好奇心才问的。也许只要简单明了地给他说“爸爸秘密地给了妈妈一颗神奇的种子，妈妈把它种在自己的肚子里，然后慢慢长成小宝宝。当妈妈肚子装不下的时候，宝宝就要闹着出来了”，他的好奇心也就得到满足了。如果孩子继续追问诸如“怎么给的”之类问题，妈妈可以说“这可是爸爸和妈妈之间的秘密呦！每个人都有秘密的！是不可以告诉别人的”。

2. 应对孩子的磨蹭

（1）虽然有些孩子天生就比别的孩子缺乏自我约束能力，但是磨蹭的孩子并非天生就是那样。大多数磨蹭的习惯是逐渐养成的，而且几乎都是父母的不断催促使孩子养成了一种既漫不经心又执拗的态度。孩子们天生都是慢性子，如果父母在日程安排上能留出足够的时间，让孩子从容地做完自己的事情，催促就会大大减少。

（2）有些孩子总是磨磨蹭蹭，那可能是做事缺乏条理或精神不集中。在这种情况下，父母可以帮孩子制作一个图表，用图形简单地表示需要完成的任务，如果孩子能认识字的话，也可以写出这些任务，然后将图表塑封，让孩子完成一项任务后就用可涂改的白板笔在上面做出标记。把计时器设置好，让孩子尽量在铃响之前把清单上的事情全部都做好。在他按时完成任务之后，给他一点小小的奖励。

**十五、综合益智玩具**

玩具名称：雪花片塑料积木。

玩具组件:五颜六色的雪花片塑料积木若干片。

近期教育功能:锻炼捏、拼插、链接等精细动作与手眼协调能力;颜色认识与分类;造型(简单的平面与立体造型)。

后期教育功能:数数与简单运算;不同模式的间隔排序;造型(复杂的平面与立体造型);自由想象与创造。

玩具的运用:可与本丛书中的相关游戏活动结合(多见于“精细动作”“视觉空间”“数理逻辑”“认知与探索”活动中),也可单独开展游戏活动。但不要勉强孩子玩超越其能力水平的玩具和游戏。

**名家名言**

让儿童在没有殴打、没有暴力、没有厌恶的气氛中,总之,在和蔼可亲和愉快的气氛中喝下科学饮料。

(捷克教育家　夸美纽斯)

# 第六章　58—60 个月儿童的发展与教育

本章导读

敏感期:58—60 这两个月的幼儿处于感官发展敏感期(0—6 岁)、空间敏感期(0—6 岁)、个性形成敏感期(1—6 岁)、注意力培养敏感期(2.5—6 岁)、审美敏感期(2.5—6 岁)、社会规范敏感期(2.5—6 岁)、语音发展敏感期(3—5 岁)、性别意识发展敏感期(3—5 岁)、人际关系敏感期(3—5 岁)、主动性发展敏感期(3—6 岁)、责任心发展敏感期(3—6 岁)、情商培养敏感期(3—6 岁)、小肌肉发展敏感期(3—6 岁)、观察能力培养敏感期(3—6 岁)、音乐敏感期(3—6 岁)、绘画敏感期(3—6 岁)、学习外语敏感期(3—12 岁)、数概念敏感期(4—5 岁)、学习书面语言敏感期(4—5 岁)、直觉思维发展敏感期(4—6.5 岁)、阅读敏感期(4.5—5.5 岁)等多个敏感期。相关敏感期的表现特点与教育指导详见“第二篇 4—5 岁儿童敏感期与教育指导”。

运动能力:4 岁末的幼儿可以进行简单的游戏性器械运动,如扔飞盘、颠羽毛球、运球等。

音乐与律动:4—5 岁幼儿听觉发育已完善,是开发幼儿音乐智能最关键的一个阶段,而且 4—5 岁幼儿的脑功能、手指的柔韧性、矫捷性以及手脑之间的协调性，都足以胜任弹奏乐器的需要。有兴趣的幼儿可以学习一种简单的弹奏乐器，如电子琴、钢琴。但学习弦乐器对这个时期的幼儿来说还是不太适宜的，古筝、小提琴至少要到5岁以后才能学，二胡至少要到6岁以后才能学。

数理逻辑与探索：4—6岁是儿童直觉思维（或具体形象思维）发展的关键期。这个时期幼儿思维的主要特征是思维直接受知觉到的事物的显著特征所左右。因此，培养幼儿的思维能力仍然要以具体事物为媒介，让幼儿在实践活动和操作活动中锻炼自己的思维能力。这一时期的数理逻辑活动和认知探索活动仍要以感知、操作、探索、试验为主。对于幼儿发出的各种疑问和求助，家长不要简单地告诉他们答案，或只满足于幼儿机械地记住了某个答案，这无助于幼儿思维的发展，而要尽量让幼儿在探索活动中获得对疑难问题的理解。

社会认知与交往：4岁末的幼儿对领导者的作用有了粗浅的理解，并将这种理解运用到活动中。对幼儿来说，领导在他们的心目中就是说话算数、能安排别人的事情的那类人（如教师、园长或幼儿集体活动中的小组长）。培养幼儿的领导者角色最主要的就是要锻炼他们良好的组织能力和说话算数的责任心。在一些无关紧要的家庭事务中，家长不妨经常给幼儿一些“小鬼当家”的机会。

自我意识与个性：4岁末的幼儿具有了一定的自我规划能力、自我服务能力和自我管理能力，也能有始有终地完成一件事。因此，家长应该让幼儿做些力所能及的事情，让他负起自我管理的责任，再也不可包办代替了。

# 发展进程与教育指导

## 一、营养与保健

### （一）营养保健常识

甜食与健康：糖是高热量食物，从能量造成肥胖这个角度讲，1克糖产生4千卡热量，1克油产生9千卡热量，控制体重更多的是控制脂肪的摄入量，而不是糖，更不是粮食。在正常进食的情况下，人体内根本不缺乏糖分。虽然目前尚无科学证据证明吃糖是人发胖的唯一或直接原因，但糖吃多了会影响对其他营养物质的摄取，导致体内蛋白质、维生素、矿物质缺乏，极易造成营养不良。长期过量食用甜食会增加胰岛的负担，有发生糖尿病的危险，还易诱发龋齿。

### （二）家庭养育指导

人对甜味的需求是与生俱来的，科学食用甜食对人体有益。

（1）上午十点左右和下午四点左右：此时段适当品尝一点甜食，可消除疲劳，调整心情，减轻压力。

（2）恶心、呕吐或腹泻时：此时肠胃功能紊乱，有脱水症状，喝一些盐糖水，有利于肠胃功能恢复。

（3）运动前：人体在运动中付出大量体能，而运动前又不宜饱餐，此时适量吃些甜食可满足必要的能量供应。

（4）过于疲劳与饥饿时：这时体内热能失去过多，人体虚弱，吃些甜食可比一般食物更快地被血液吸收，迅速补充体能。

（5）避免过多食用甜食：吃惯甜食的孩子，往往不喜欢无甜味的食品，长期下去，会导致食欲不振，还会诱发龋齿，因此还要特别注意，吃过甜食以后一定要刷牙或漱口。

## 二、护理与自理

### （一）发展进程与目标评价

1. 进食

4岁末，能撕开食物的包装袋；能将饮品从小瓶（如矿泉水瓶）倒入小口杯中而不倾泻。（56个月·60个月）

2. 如厕

4岁末，大便后能撕下厕纸折叠好，熟练地用厕纸揩干净屁股。（56个月·60个月）

3. 穿戴

4岁末，能自己拉开、拉合拉链，解开、扣上纽扣，初步会系鞋带。（56个月·60个月）

4. 盥洗

能将牙膏挤在牙刷上，能用正确的方法仔细地刷牙。（56个月·60个月）

5. 劳动

4岁末，能在家长辅助下学习制作简单的水果点心或水果拼盘；睡前能将脱下来的衣服有序摆放。（56个月·60个月）

6. 健康意识

4岁末，吃完点心，不需要太多的提醒，会把自己的面前擦干净，把杯子放到指定的地方。（54个月·62个月）

### （二）实现途径与教育指导

1. 倒水游戏

给孩子一个空的矿泉水瓶和一个小口径杯子，让孩子先把矿泉水瓶注满水，然后再将这瓶水倒入杯子中。也可以让两个小朋友比赛，看谁倒水时倾泻出来的水最少。

2. 拉拉锁

选择末端分开的拉锁上衣，让孩子在每天穿衣服时自己合上拉锁。要选择便于对齐、容易拉动的拉锁来练习。

3. 让孩子自己挤牙膏

孩子第一次挤牙膏可能会太用力而挤得太多，下一次就会调整力道，学会恰如其分地用力。

4. 制作水果色拉

(1) 把水果洗净、去皮，切下果肉，盛入果盘中。

(2) 家长示范把大果肉切成丁，让孩子照样子切一切果肉。

(3) 把切好的果肉放入小碗中，让孩子在水果上倒上适量的色拉酱，搅拌均匀后就可以食用啦。

5. 有序摆放衣服

睡前自己脱衣服时，要把脱下的衣服自下而上或从左到右等有序地摆放或挂起。比如，先脱的叠放在下面，后脱的依次叠放在上面。这样，起床穿衣时正好自上而下依次拿取、穿上，以此逐渐让孩子养成生活条理有序、不乱扔乱放的好习惯。

**三、粗大动作**

(一) 发展进程与目标评价

1. 跑

4 岁末，跑的技能已很熟练，如立即停止、转圈圈、向后转、加速、减速等。(→56 个月)

2. 纵跳

能跳起触摸到指尖之上 10 厘米处的吊球。(→42 个月)

3. 跳高

能跳高 25 厘米，双脚着地。(56 个月 · 70 个月)

4. 骑车

骑三轮车时，能让前轮沿着直线行进。（54 个月 · 62 个月）

5. 动作控制

在慢速旋转身体的过程中能保持平衡。（56 个月 · 60 个月）

6. 双脚交替跳

一只脚单脚跳 2 下，换另一只脚单脚跳 2 下，两脚可以有节奏地轻快交替，持续跳走时，手在旁自然摆动。（→56 个月）

7. 转身跳

原地转身跳 180°后，基本上能在原地站稳。（54 个月 · 64 个月）

8. 脚运球

用脚运球时能将球的滚动路线控制在较窄的区域内。（54 个月 · 64 个月）

9. 投掷

能用沙包、飞镖、刺猬球、飞盘对固定的目标投掷，偏离较小。（54 个月 · 62 个月）

10. 抛接球

能尝试在自抛、自接球的间隙间拍手。（52 个月 · 60 个月）

11. 拍球

能尝试边跑边拍球。（54 个月 · 62 个月）

12. 颠羽毛球

能用小羽毛球拍连续颠羽毛球 2 次以上。（→60 个月）

（二）实现途径与教育指导

1. 巩固性训练

踩脚印走、双脚交替跳、跨跳、跳高、跳格子、跳布袋、攀登、折返跑。

2. 蹦高触物

把一个球或大玩具吊在孩子站立伸手时指尖之上 5 厘米处，让孩子跳起来去够取。后由5厘米升至7厘米、10厘米、12厘米,逐渐加大难度。

3. 转身跳

在地上画两个40厘米×40厘米的相邻方格,让孩子左右脚分别站在两个方格内,双手叉腰,双脚跳起时转身180°,使左右脚仍能交换落在两个方格内。

4. 区间内运球

在地上画两条长约4米、间距约1米的平行线,让孩子在平行线内用脚运球走,控制球不出边线。

5. 扔飞盘

(1)投垒:在箱子上叠起6只纸杯,孩子从4米远处投掷飞盘,打落纸杯。

(2)投篮:在离投掷线4米处放置一只开口箱子,开口处朝向孩子,孩子在投掷线处把飞盘投进箱子。

(3)定位投掷:在相距5米处,各画一个直径约1米的圆圈。家长和孩子各站在一个圈内,合作进行"投掷—接抓"活动。

6. 自抛自接球

练习在抛球和接球的空隙间拍拍手(即将球高高抛起后,迅速拍一下手,再接住下落的球),以后可逐渐增加连续拍手的次数;也可以将球抛起后,迅速转身360°,再接住下落的球。

7. 边跑边拍球

可让孩子和同伴一起进行"边跑边拍球"的比赛,若球中途停止,要从停止处拾起后,再继续拍球向前。可设定起点和终点。

8. 颠羽毛球

在孩子练习颠羽毛球时,家长应让孩子掌握正确的握拍姿势,握拍时要放松,使球接触拍弦后顺着原来的方向弹回。颠球的高度大概和肩一样高最好。

## 四、精细动作

### （一）发展进程与目标评价

1. 剪纸

4岁末，能沿线剪出梯形、菱形、其他多边形。（56个月·60个月）

2. 折纸

能模仿折叠一些简单的物体，并能进行适当装饰。（56个月·60个月）

3. 建构

能根据物体特点和功能，比较灵活、准确、熟练地操作、摆弄和建构简单造型，如能用不同形状、不同颜色的积木搭建楼房、城堡等。（54个月·62个月）

4. 掌控

4.5—5岁，能按照规定的路线或图案摆放骨牌。（52个月·66个月）

5. 操作工具

4岁末，能比较熟练地用钥匙开小挂锁、用榔子把铁钉钉进软木里。（56个月·60个月）

### （二）实现途径与教育指导

1. 巩固性训练

用筷子夹花生米，泥塑、拼插，操作精细工具拆装玩具等。

2. 剪图形

在纸上画出梯形、菱形等多边形让孩子剪出来；也可练习把旧书和旧杂志上的图片剪下来，分类贴到自己的图片收集薄上。

3. 折纸、添画和粘贴

教孩子模仿折叠一些简单的物体。比如将纸折成小飞机、小蝴蝶、小风车、小衣服、小裤子、小船等。大人也可先将纸片剪成花瓣，让孩子把它们贴在图纸上拼成一朵朵的鲜花；或家长用一条纸带，折成一个蝴蝶结，再让孩子用笔进行添画，形成一幅图画。

4. 摆骨牌

家长和孩子共同设计一种图案（如花瓣），并在地板上画出这个图案，然后按照图案排列骨牌。开始画的图案可以简单一点，此后可逐渐复杂以增加难度。

## 五、视觉空间

### （一）发展进程与目标评价

1. 立体图形·辨识/命名

4.5—5岁，能准确辨认和命名"球体""半球体""正方体""长方体""圆柱体""圆锥体""三棱柱""三棱锥""台体"等立体图形。（54个月·60个月）

2. 拼图

能完成由17—18片组成的画面复杂一些的拼图。（56个月·60个月）

3. 图形切分与拼合

能将圆形切分为1/6、1/8并拼合。（56个月·60个月）

4. 空间方位

认识路线并能带路去熟悉的地方。（56个月·60个月）

5. 空间布局

能根据自己居住的社区或街区的总体格局、代表性设施，尝试使用各种玩具、模型或积木材料布置出一个微型"社区或街区"。（→54个月）

6. 时间概念

在日常交流中能自如使用常用时间用语。（54个月·60个月）

（二）实现途径与教育指导

1. 圆形 1/6、1/8 的切分

（1）将圆形对折成 2 个半圆，再将半圆的弧线三等分，分别从三个等分点经圆心画直线直到另一半圆的弧线上，就把圆切分成了 1/6。

（2）将圆切分为 1/4 后，再把 1/4 圆弧二等分，从等分点经圆心画直线直到另一弧线上，就切分成 1/8 了。然后尝试重新拼合。

2. 立体几何图形分类

家长把球体、半球体、正方体、长方体、圆柱体、圆锥体、三棱柱、三棱锥、台体等立体几何图形各若干放在一起。家长挑选其中一个图形，让孩子说出图形上立体图形的名称，再让孩子把含有相同形状的图形都挑选出来归为一类，直到把所有的图形都归类为止。

3. 布置一个微型的"社区或街区"

家长平时带孩子散步的时候，可有意识地和孩子一起观察和认识社区或街区有哪些街道、代表性设施等，鼓励孩子使用各种玩具、模型或积木材料尝试复制出一个微型的"社区或街区"。如果一开始布置起来觉得模糊的地方，可以再去观察，回来后再调整、丰富。

4. 备选读物

《数学绘本·吃了魔法药的哈哈阿姨——图形构成》。

**六、绘画与书写**

（一）发展进程与目标评价

1. 绘画

4 岁末，能用马克笔画图，并决定所画的是"狗""怪物"或"我"。（54 个月·62 个月）

2. 画几何图形

4 岁末，能照着样图画出等边三角形、正方形、菱形等几何图形。（54

个月·62个月）

3. 艺术材料

4岁末，能创新材料的用法，如尝试用棉花棒画画或用吸管吹画。（56个月·60个月）

【小贴士】美术和创造不是画家的专利。只要我们稍加用心，就可以创造性地运用某些工具和材料，创作出好看的作品，如日常用品印图、水果印画、蔬菜印画、树叶印画、线绳印画、吸管吹画、棉花棒点画、滚筒画、弹珠滚画等。

（二）实现途径与教育指导

1. 手指印画

（1）按指印：示范用无名指醮上颜色，在纸上摁一个指印，问"这个手指印像什么"，鼓励孩子大胆表达出自己的想象。

（2）添画：家长根据孩子刚才的回答进行添画，用水彩笔简单勾勒出物品的基本特征。比如，跳舞的小人、毛毛虫、花、小鸡等。

（3）孩子根据示范，创作自己的手指印画。

2. 吸管吹画

（1）材料：纸张，吸管，水溶颜料。

（2）画法：用水稀释颜料。在纸的下端滴几滴颜料，用吸管吹颜料，直到吹出自己想要的图案；把纸张转一下，滴几滴其他颜色的颜料，重复上述过程，直到完成一幅画；最后晾干即可。

3. 创意画

水果印画、蔬菜印画、树叶印画、线绳印画、棉花棒点画、滚筒画、弹珠滚画等创意画都可以在网络上搜索到相应的画法指导。家长可以先学,然后再教孩子。

**七、音乐与律动**

(一) 发展进程与目标评价

1. 演奏乐器

快5岁的幼儿已能熟练地使用简单的音乐器具(如节奏棒、铃鼓、鼓),且对更复杂的乐器(如钢琴或吉他)所发出来的声音及如何演奏很感兴趣。(52个月 · 60个月)

2. 理解与欣赏

能初步感受到音乐作品中某些突出的感情色彩。如进行曲的雄壮,舞曲的活泼,叙事曲的欢快,摇篮曲的悠然。(54个月 · 62个月)

3. 戏剧表演

能按照故事的主要情节完成故事表演,能运用语调、表情、动作去表现人物的形象。(56个月 · 62个月)

【小贴士】戏剧表演是一种融语言、音乐、美术等多种表征手段为一体的表现形式,是一种寓教于乐的体验活动,包括对角色的体验、对文学作品的体验、对生活的体验。同时,戏剧表演也是一种想象活动,它能使表演者在表演中用动作、语言、表情来充分展现自己对表演内容的理解。在戏剧表演中,孩子们可以展开想象的翅膀,自由尽情地宣泄情感、模拟装扮,在表演艺术的天空中自由自在地飞翔,获得情感、社会性、能力等多方面的综合发展。

（二）实现途径与教育指导

1. 不同风格的乐曲

（1）舒缓悠然的乐曲:《献给爱丽丝》《田园交响曲》《圣母颂》《月光奏鸣曲》《仲夏夜之梦》《雨中漫步》《天鹅湖》《神秘园之歌》《思乡曲》《永恒的爱》《迷雾森林》《万福玛丽亚》《G 弦上的咏叹调》《友谊地久天长》《仙境》《清晨》《梁祝小提琴协奏曲》。

（2）欢快活泼的乐曲:《蓝色狂想曲》《春之声圆舞曲》《拉德斯基进行曲》《小步舞曲》《森林狂想曲》《克罗地亚狂想曲》《杜鹃圆舞曲》《四小天鹅》《小夜曲》(莫扎特)等。

（3）雄壮激昂的乐曲:《命运交响乐》《英雄交响曲》《西班牙斗牛士》等。需要注意的是,选择的音乐作品一定要适合孩子的音乐欣赏水平。欣赏过程中应允许孩子想象,允许孩子根据音乐自由舞动,自由表达对音乐的感受。

2. 亲子戏剧表演

（1）剧本的选择:在选择剧本时,首先要选择孩子熟悉的剧本,其次要选择那些有明显不同、对比强烈的角色的剧本,包括语言、动作、神态的不同,这样可以使孩子更好地体验角色之间的变化。在戏剧表演开展初期,可以表演诸如《白雪公主》《小红帽》《灰姑娘》《狼和小羊的故事》《小老鼠和大老虎》《三只小猪盖新房》等童话故事。

（2）剧务和角色的安排:家长一定要与孩子一起讨论每个成员所负责的剧务和所担任的角色,熟悉了解每一个角色的台词、场位、服装、道具。每次表演同一戏剧时,各演员还可轮换角色。

## 八、学习能力

（一）发展进程与目标评价

1. 记忆

5 岁左右,有意记忆有了明显发展,不仅能努力记住和再现所需要的

材料，还能运用一些最简单的记忆方法加强自己的记忆，但对抽象的词句或生疏的事物仍记得不牢。（50个月·60个月）

2. 专注

4—5岁，能集中注意于自己应该完成的任务，可以忽略更多的干扰和打搅。（例如，即使有孩子在旁边说话，也可以集中注意力画一幅作品，并会说“我一会儿再和你玩儿，我要先完成这个”。）（54个月·62个月）

（二）实现途径与教育指导

1. 适于5岁左右孩子的记忆力训练法

（1）让孩子讲自己的故事：选择一个让孩子印象深刻的经历，和他一起回忆这段经历。开始的时候，主要由家长叙述，适当地让孩子做补充，慢慢地让孩子做主讲人。长期下来，孩子的记忆丰富了，能绘声绘色地描述自己的经历，而且能有条理地整理、重现过去的经历。

（2）运用教具：一些具体形象、生动鲜明的物体能引起孩子的兴趣，容易被孩子识记。因此，家长可利用一些教具，如实物、模型、标本、图画等给孩子演示、讲解，让孩子能较快地对某样事物产生形象记忆，从而提高孩子的记忆力。

（3）善用比喻：比喻的一个很大作用就是把抽象事物形象化。因此，在提升孩子记忆力的过程中，家长可以适当运用比喻，把一些事物运用浅显易懂的手法让孩子能迅速在脑海中留下难忘印象，从而加深孩子的记忆力。

2. 重复句子

家长读一个长句子，让孩子听完后再重复出来。练习时可从短句开始，逐渐加长。如以下例子。

（1）我有一个书包。

（2）我有一个红色的书包。

（3）我有一个红色的带白色花瓣的书包。

（4）我有一个红色的带白色花瓣的双肩背的书包。

（5）我有一个漂亮的红色的带白色花瓣的双肩背的书包。

3. 睡前时光

尽量在睡觉之前跟孩子讲一些他比较感兴趣的故事或者生活常识，也可以跟他回忆一下今天所发生的事，共同探讨他比较感兴趣的话题，让孩子在不知不觉中记住许多东西。

4. 观察数字

提供两组数字符号，观察它们是否相同。比如，第一组是 84736590，第二组是 84736390，两组数字符号可以呈上下对齐排列，以便于对比观察。

5. 快速画线

在几组数字中重复的数字下面画一条线，越快越好。如，25<u>66</u>38567<u>44</u>680239<u>9</u>01，根据孩子注意力集中的时间长短，每次做 6—10 组。

6. 圈字游戏

（1）出示圈字表（由从 0—9 之间的 10 个数字随机排列而成的数字方阵），如，5987231548932871326238940236478965234835795168421，9757562156788757752216513211641257745682485456987，8469916330156709804617678921401158515657111010977，6417410051797925165440041911545252113244974178486。

（2）让孩子用红色笔以最快的速度把表中所有的“7”圈出来。

（3）用黑色笔以最快的速度把所有的“2”圈出来。

（4）用蓝色笔以最快的速度把所有的“5”圈出来。

（5）用黄色笔以最快的速度把所有的“1”圈出来。可以经常做这类圈字游戏，以培养孩子的观察力和注意力。

## 九、语言发展

### （一）发展进程与目标评价

1. 音韵

4岁末，能听出押韵的音，并找出一些同韵的字，如吃饱、大小、快跑（尾字都押ao韵）。（56个月·60个月）

2. 倾听

4岁末，听录音带或唱片，能通过肢体语言、适当的图片或复述所听到的内容来表达自己了解了。（54个月·62个月）

3. 听从指令

4岁末，能听懂并完成团体中的指令，如“把这张通知单带回家，告诉爸爸妈妈要看，看完要签字，然后带回来”。（56个月·62个月）

4. 口语·表达

4岁末，能使用话语来表达自己的感受；在集体交流中能在同伴的意见上加入自己的一些想法。（56个月·60个月）

5. 语词

能理解表示时间的介词，如“一周后”；能理解有关身体的方向定位的词“左”和“右”以及“在……左边”“在……右边”。（56个月·60个月）

6. 阅读

4岁末，开始认识书本的文字作者与插图作者。（56个月·60个月）

7. 阅读·讨论

4岁末，观看动画片后，能对动画片里的故事进行讨论。（56个月·60个月）

8. 谈话

4岁末，开始能讨论不在眼前、有点抽象或记忆中的事情。（56个月·62个月）

9. 提问

4岁末,能提出与故事有关的问题或意见。(56个月·62个月)

10. 复述

4岁末,能按照故事的基本顺序复述故事。(56个月·60个月)

【小贴士】4岁幼儿开始以各种方式来复述故事(如,看图编故事,演出故事的部分内容,利用绒毛板说故事)。

11. 表演

4岁末,能替故事里的角色配上台词。(54个月·60个月)

12. 改编故事

4岁末,能通过拼凑或改换故事头尾的方式对一个熟悉的故事进行部分改编。(56个月·60个月)

13. 创编故事

会尝试自编故事,自编的故事有角色、有情节、有结尾。(56个月·60个月)

14. 认读文字

4岁末,能用字母印章(或汉字印章)盖出一些字,然后对别人“念”出上面的信息。(56个月·60个月)

15. 认字母

4岁末,能辨别出自己与别人名字中某一个字的开头的相同字母(如,“李明”和“刘兵”的第一个字的第一个字母都是“l”)。(56个月·60个月)

16. 认字母

4岁末,唱字母歌时能认出大写的字母。(56个月·60个月)

17. 写名字

4岁末，能在作品上靠记忆写下自己的名字，能自发地写一些字母。（56个月·60个月）

18. 书面表达

4岁末，能很有创意地探索字的写法与字的发音。（48个月·64个月）

（二）实现途径与教育指导

1. 音韵辨别训练——列举押韵的词

家长说出一对押韵的词，如“吃饭”和“鸡蛋”，读的时候可以特别强调一下两个词最后一个字的韵母“an”，让孩子能够找准两个词共押的韵母“an”，然后启发孩子“你还能不能找到一个最后以‘an’这个音结尾的词”，如果孩子找不到，家长可以列举更多，让孩子来分辨和体会，如“好看”“懒汉”“伙伴”等。

2. 复述故事

家长讲图片中的故事给孩子听，让他按故事的顺序复述。要让孩子对故事熟悉到一定程度之后再鼓励孩子复述。因为复述对任何年龄的孩子来说都具有一定的挑战性，所以不要让孩子对复述产生排斥心理。其实，只要孩子愿意复述就要鼓励他，不要在意复述得是否完整，必要时家长可给予提示。

3. 故事创编

阅读故事时，可以鼓励孩子对自己感兴趣的故事自编故事结尾或改编故事结局。

4. 自编故事

练习自编故事时，可按事情出现的先后、因果关系把故事讲清楚。家长要鼓励孩子发挥想象，也可以对不合理之处提问，帮助孩子把故事编得更加合理、完整。

5. 回答“因为”“所以”的问题

让孩子通过推理去把握事物的因果关系，利用图片或故事书练习回答推理的问题。比如在《龟兔赛跑》中，“因为”兔子跑得快，“所以”它认为睡一觉起来乌龟还是赶不上，结果是虽然它跑得快却输了。

6. 制作家庭日历

家长先和孩子一起制作一些日历里将会用到的文字和数字卡片，如“年”“月”“日”“星”“期”“一”“二”“三”“四”“五”“六”“日”“晴”“阴”“雨”等文字卡片，以及“1—31”等数字卡片；再制作一张带有插袋的日历空表，比如最上一排表示今年是“××年”，第二排表示这个月是“××月”，第三排表示今天是“××日”，第四排表示今天是“星期×”，第五排表示今天是“晴、阴、雨”等；然后悬挂或张贴在墙面上，每天由孩子根据当天的日期和天气，从备选的文字和数字卡片中挑选相应的文字和数字卡片，插在日历空表的相应插袋里，这样就制作成当天的日历表了。自制家庭日历表，既可帮助孩子掌握日期，又可帮助孩子每天认识与日历有关的汉字和数字。

7. 初步接触汉语拼音字母

先从认识家庭成员的汉字及拼音姓名开始，初步了解每个人的姓名既可以用汉字（如“李明”）表示，也可以用拼音（如“li ming”）表示，进而让孩子知道人们说的每一个字都可以分别用“汉字”和“拼音”来表示。此外，还可以通过让孩子学唱字母歌、玩字母印章等方式认知一些字母。

8. 备选儿歌

（1）别说我小——妈妈您别说我小，我会穿衣和洗脚。爸爸您别说我小，我会擦桌把地扫。奶奶您别说我小，我会种花把水浇。爸爸妈妈工作忙，我做的事也不少。

（2）穿衣——清早起，笑嘻嘻，宝宝自己来穿衣。鞋带衣扣都会系，整整齐齐真神气。

(3) 小白兔盖新房——小白兔,盖新房,小猴小狗来帮忙。拿的拿,扛的扛,小房盖得真漂亮。进屋一看黑漆漆,原来忘记留个窗。

9. 备选读物

(1)《青蛙弗洛格的成长故事 · 我就是喜欢我》(主题:要学会对自己有信心)。

(2)《青蛙弗洛格的成长故事 · 特别的日子》(主题:学会热爱生活)。

(3)《青蛙弗洛格的成长故事 · 弗洛格找宝藏》(主题:学会战胜困难)。

(4)《青蛙弗洛格的成长故事 · 弗洛格和陌生人》(主题:学会接纳与自己不一样的人)。

(5)《青蛙弗洛格的成长故事 · 弗洛格学钓鱼》(主题:耐心)。

(6)《青蛙弗洛格的成长故事 · 弗洛格生气了》(主题:耐心/情绪控制)。

## 十、数理逻辑

### (一) 发展进程与目标评价

1. 分类 · 多维

4 岁末,可以按几种不同的方法将一组物品分类。(56 个月 · 62 个月)

2. 假装游戏

4 岁末,能进行逐渐复杂的装扮游戏来表明自我和他人的角色、关系以及责任。(56 个月 · 62 个月)

3. 建构游戏

4 岁末,能够建造复杂的建筑,同时照顾到垂直的、水平的和对称的因素。(54 个月 · 64 个月)

4. 数的理解

4岁末，能够理解数字0的概念。(56个月·62个月)

5. 数概念·唱数

能唱数到83。(56个月·60个月)

6. 数概念·点数

能点数6个移动的物体。(56个月·60个月)

7. 排序

能按照从最矮到最高、从最小到最大的顺序排列物体(5—6个)。比如，按从小到大的顺序摆放石头。(56个月·60个月)

8. 数概念·复述数字

能复述八位数，三试一成。比如，能记住家中8位数的固定电话号码。(54个月·62个月)

9. 数概念·倒数

能倒数20—1。(56个月·60个月)

10. 认识数字

能认识数字1—19。(56个月·60个月)

11. 测量

4岁末，能尝试用非标准的单位进行测量活动，比如，用手掌测量一条积木道路有多长，用牙签测量积木塔有多高。(56个月·60个月)

12. 估算

4岁末，能用双手比画某一物体的大致长度。比如，把两只手张开，中间约30厘米宽，用来表示他们用黏土捏的蛇有多长。(54个月·62个月)

13. 运算

4岁末，能借助实物进行9以内数的组合与分解。能借助实物做9以内数的减法及“和不超过9”的加法。比如，放5块红色积木到4块蓝色积

木那里，发现共有9块积木。（56个月·60个月）

14. 认识规律

4岁末，画手指画时，能画一些有规律的图案。（56个月·60个月）

15. 认识钱币

能匹配和识别1角、5角、1元、5元、10元、20元、50元、100元等币值。（54个月·60个月）

16. 理解分数

4岁末，学会分等大的月饼给4个人。（56个月·60个月）

（二）实现途径与教育指导

1. 记电话号码

先让孩子记住家庭电话号码、爸爸妈妈的单位或手机号码，然后让孩子用家庭电话试拨爸爸妈妈的手机号码，在实际演练中加强记忆。演练时爸爸妈妈可以给孩子一两次通话的机会，告诉孩子平时有需要时可给家人打电话。通过玩"给家人打电话"的方式练习和巩固记数和认数能力，同时渗透安全教育。

2. 摆数字（10—19）

先摆"10"让孩子认读，再把"10"中的"0"依次换成"1、2、3、4、5、6、7、8、9"，让孩子认读，熟练之后再采取任意换个位数的方式让孩子认读。

3. 倒数20—1

让孩子先顺数1—20，再练习倒数20—1。

4. 数的比较（9以内）

在反复比较"实物"数量的基础上，进一步比较"9以内"任意两个数的大小。比如，可以直接问孩子"9个苹果多还是8个苹果多"，进而问"是9大还是8大"。

5. "实物"数的分解（9以内）

比如给9个核桃分家。

(1) 可以分成两家：可能是“1、8”，或“2、7”，或“3、6”，或“4、5”。

(2) 可以分成3家：可能是“1、1、7”，或“1、2、6”，或“1、3、5”，或“1、4、4”，或“2、2、5”，或“2、3、4”。

6. “实物”加法练习(9以内)

通过摆实物的方式，练习“和为9以内”的加法。如“5个核桃，再加4个核桃，是几个核桃”，可以通过点数的方式算出结果。

7. “实物”减法练习(9以内)

通过摆实物的方式，练习“9以内”的减法。如“9个核桃，吃掉6个核桃，还剩几个核桃”，可以通过点数的方式算出结果。

8. 扑克牌加法(9以内)

把一副扑克牌中所有数值为“1、2、3、4、5”的扑克都挑出来，洗好牌。家长和孩子各分一半，牌背面向上，按自上而下的顺序出牌(出牌时不准看牌面是几)，同时翻牌，比赛把两个牌面的数字加起来，再把两个牌面的“点子”加起来，检验结果是否正确。

9. 扑克牌减法(9以内)

把一副扑克牌中所有数值为“1、2、3、4、5、6、7、8、9”的扑克都挑出来，洗好牌。家长和孩子各分一半，牌背面向上，按自上而下的顺序出牌(出牌时不准看牌面是几)，同时翻牌，比赛用大牌上的数字减去小牌上的数字，再通过用大牌的“点数”减去小牌的“点数”的方法，检验结果是否正确。

10. 切分月饼给4人或8人

学习将圆切分为4等份和8等份。把一个小碗倒扣在纸上，用铅笔围绕着碗口画出一个圆形当作月饼。让孩子在当中先切分为1/2，再垂直切分成1/4，再斜向交叉两刀切成1/8。

11. 备选读物

(1)《你好！数学·忧虑虫，麦尔龙》(主题：比较长度和高度)。

(2)《你好！数学·勇敢敏捷的猫》(主题:掂量或测量重量)。

## 十一、认知与探索

### (一) 发展进程与目标评价

1. 求知欲

4岁多,对什么事情都好奇,爱提问,对于别人的回答,会再提问题以澄清想法或获得更多的信息,而不是一直问“为什么”。(54个月·62个月)

2. 认知·物品功能

4岁末,知道常见物品是什么做的,能说出常见物品(至少8件)的用途。(56个月·60个月)

3. 认知·动物

4岁末,能用适当的名字称呼动物的幼崽(如以“小马”而不是以“马的宝宝”来称呼),并能把动物以及它的幼崽配成对。(56个月·60个月)

4. 探究领域·物理现象

4岁末,能关注到一些科学现象,并产生探究欲望。如用凸透镜在纸上聚光取火。(56个月·60个月)

5. 探究技能·观察

4岁末,观察各种动植物时,能关注它们外表和行为的相似性和差异性,并探索其中的原因。(54个月·62个月)

6. 探究技能·调查

尝试独立调查某一特定的且有答案的问题,如“两只脚的动物有哪些?四只脚的动物有哪些?有很多只脚的动物有哪些”等。(52个月·62个月)

7. 探究技能·记录

4岁末,能通过绘画和捏塑来体现动植物的某些细节特征。(52个

月 · 64 个月）

8. 探究技能 · 创意

4 岁末，能尝试以不同的方式制作，如用黏土做成一个蛋糕或雪人。（54 个月 · 60 个月）

（二）实现途径与教育指导

1. 透镜取火

让阳光透过放大镜（凸透镜）聚焦照射易燃物（布中抽出的纱线、薄纸片、干木屑等）取火。教给孩子放大镜聚焦的方法，观察易燃物在光点灼热过程中的变化。

2. 比较磁力

（1）家长和孩子各拿一块磁铁，两块磁铁的大小要有所不同。准备一些回形针。

（2）家长先示范，把一个回形针吸在磁铁上，再拿第二个回形针，吸在第一个回形针的尾巴上，呈悬挂状，再取第三、第四、第五、第六个回形针，依次接下去，看这块磁铁最多能吸多少个回形针而不会掉下来。

（3）让孩子用自己的磁铁也按上面的方法做，并和家长比一比，谁的磁铁吸的回形针多。

（4）也可以用同样大小的铁钉、铁针或螺丝帽来玩这个游戏。

4. 观察游戏——质量守恒

找两个杯子，一个“瘦高”，一个“矮胖”，先在其中一个杯子中倒入半杯水，让孩子看清楚，然后再把水倒进另一个杯子。引导孩子仔细观察先后两个杯子的水面高度有何变化，引导孩子思考：第二个杯子里的水比第一个里的少了吗？

5. 种子的收集与配对

（1）引导孩子平时就注意收集各种植物的种子，如吃水果时的水果种子(西瓜、葡萄、苹果、李子、梨子、橙子、桃子等),家里做饭做菜所用食材的种子(如冬瓜子、南瓜子等),野外活动时采集的种子(如草种、树种等)。把这些种子洗净、晒干,分类保存。

(2) 当积累足够多的种子时,家长从每种种子中各取两个,并把取出的这些种子混在一起,让孩子把相同的种子再找出来并配对。可经常做这个游戏,积累的种子逐渐增多,孩子的观察、比较和分类能力就会相应的逐步提高。

6. 备选读物

(1)《我的第一套趣味互动百科(第 6 辑)·在农场过一天》。

(2)《我的第一套趣味互动百科(第 6 辑)·走进森林世界》。

(3)《我的第一套趣味互动百科(第 7 辑)·四季变变变》。

## 十二、情绪情感

### (一) 发展进程与目标评价

1. 情绪体验·理解

4 岁末,能觉察他人微妙的情绪变化,能理解他人的情绪感受。(54 个月·64 个月)

2. 情感表现表达·关心

对有行为问题或肢体残障的同伴表现出接受与支持。(54 个月·60 个月)

3. 情感表现表达·挫折感

当失败时,会努力用成人建议的方式表达挫折。(56 个月·60 个月)

### (二) 实现途径与教育指导

有适度压力,对孩子是好事。孩子成长过程中,家长不要总是担心孩子有压力、有挫折。其实,每次的挫折经验就好像注射预防针一样,会让孩子慢慢产生抗体,提高适应力。这些早期经验可以提高孩子以后处理人际关系和调节自我情绪的能力。爱孩子,要培养孩子百折不挠的精神。但家长在培养孩子抗压能力方面,要把握好"适度"的原则,要确保孩子有能力、有信心"扛"过去。不然,频繁的挫折感就会使孩子滋生畏难情绪,适得其反。

### 十三、社会认知与交往

(一) 发展进程与目标评价

1. 认识家庭·父母职业

4 岁末,能简单介绍家庭成员的工作内容及所用工具,如电脑、仪器、机械等。(56 个月·60 个月)

2. 交往态度

会经常主动发起与小朋友的交往。(54 个月·60 个月)

3. 交往技能·协商

能用适宜的方法(如协商)自己解决与小朋友的冲突。(56 个月·60 个月)

4. 交往技能·沟通

会使用面部表情或手势来沟通需求,能听从同伴的建议来进行游戏。(56 个月·60 个月)

5. 规则·制定/遵守/维持

4 岁末,已能自觉遵守规则;能用猜拳决定顺序等方式进行有规则的集体游戏,能耐心等待轮到自己;会很严厉地批评犯规的小朋友。(56 个月·60 个月)

6. 社会性游戏·规则游戏

4 岁末,可以玩稍微复杂的规则游戏,如棋盘游戏或扑克牌游戏。(56 个月·60 个月)

7. 人际关系·领导者意识

4 岁末,对领导者的作用有了非常粗浅的理解,并将这种理解运用到活动中。比如，玩乐器时假装自己是乐团的指挥；在积木搭建活动中，选出一位领导者，并在做的过程中讨论领导者的意义。（56 个月 · 60 个月）

8. 品行发展 · 品格习惯

4 岁末，能初步了解成人的劳动，知道珍惜成人的劳动成果；勇于承认错误，改正缺点；初步养成诚实、守纪律等良好的品德行为。（56 个月 · 60 个月）

（二）实现途径与教育指导

1. 同伴交往

让孩子多接触同龄伙伴，对孩子进行友爱教育，让他懂得谦让和分享，学会如何与小朋友和睦相处。

2. 抓尾巴游戏

（1）准备 2 条长一点的废纸条，在地面上画一个直径约 2 米的大圆圈。

（2）玩法：两个小朋友各自把废纸条绑在腰间，或用胶带粘贴在后衣襟上，做成一个尾巴。做好后，两个人都站在圆圈里，面对面站着。“开始”令一下，双方就立刻伸手去抓对方的尾巴，可以转动身体以躲避被对方抓住，但不能跑到圈外。一次没抓着，可以继续绕到对方的背后去抓，谁先抓到谁就获胜。拽下的尾巴再绑上（或粘贴上），继续下一轮抓尾巴游戏。

（3）为提高游戏难度，可将圆圈缩小，或增加游戏人数。

3. 占圈游戏

（1）形式和人数：集体游戏，5—10 人。

（2）准备：在地上画一个直径约 5 米的大圆圈，再在大圆的圆周上均等地画出若干直径约 0.5 米的小圆圈，且小圆圈的个数比参加游戏的人数少一个。

(3) 玩法:(以"5 人游戏,4 个小圆圈"为例)先用猜拳方式产生一人(比如是 A),此人将是第一个站在大圆圆心的人,其他 4 人分别占领一个小圆圈。大家可事先商定游戏规则,比如,没有占到小圆圈的人(如 A)可以表演一样才艺,表演一结束,A 就迅速发出指令"换位"。这时站在小圆圈里的人和 A 一起去抢占其他人的小圆圈,结果会有一个人没有占到小圆圈。重复上面的游戏。游戏的人要互相监督,如果有人还站在原来的圆圈里而没有换位的,就算犯规,罚他站在大圆心上表演节目。

4. 正确对待游戏中的输赢

做游戏,免不了有输赢。从表面上看,孩子的游戏似乎也是计较输赢的,实际上孩子对游戏中的输赢并不是很在乎。孩子们玩游戏,不是为了胜负,而是为了游戏本身,游戏本身便是一种愉悦身心的活动,即使输了,还要再玩,而且玩得很开心。家长不要在意或计较孩子在游戏中的输赢,不要处处拿孩子与他人比较,不要给孩子增加游戏之外的心理负担。

## 十四、自我意识与个性

### (一) 发展进程与目标评价

1. 自主与独立

4 岁末,能根据任务要求自己制订一个计划,然后设法完成自己的计划。比如,寻找材料(如剪刀、胶带、马克笔)制作一个假照相机来照相。(56 个月 · 60 个月)

2. 自控与坚持

4 岁末,能接受困难任务的挑战,能有始有终地完成一件事。(56 个月 · 60 个月)

3. 自信与勇气

4 岁末,有信心完成有难度的任务。(56 个月 · 60 个月)

4. 自我适应

4岁末,能自觉而顺利地从一个活动转换到另一个活动(如从“自由活动”转到“收拾玩具”)。(56个月·60个月)

(二) 实现途径与教育指导

赋予孩子力所能及的责任:孩子经常做事拖拉,大多因为没有养成自我责任意识。比如在早晨上幼儿园这件事上,家长的任务就是准时送孩子到幼儿园,而孩子能否穿戴整齐,且还有时间从容不迫地吃早餐——这些决定可以交给孩子。当他觉得自己有责任时,就不会那么拖沓了。因此,应该让孩子负起规划自己时间的责任。如果家长事事包办、督促,孩子根本无从认识自己的需求和能力,也不可能养成自我责任意识,而且孩子被规划的时间越多,诸如“妈妈,我该做什么”此类的问题就越会常出现。相反,孩子自我规划的机会越多,就越容易回答“我该做什么”这个问题。当然,在赋予孩子责任的同时,家长还要赋予孩子真诚的信任,如“我知道你可以自己决定”“我相信你会做出正确的决定”。家长的信任能大大帮助孩子做出自己的决定并负起责任。

**十五、综合益智玩具**

玩具名称:好习惯多米诺。

玩具组件:一款学习知识、培养习惯的多米诺,每片骨牌上都印有好习惯的图案和标识。

近期教育功能:精细动作和手眼协调;数数与运算;构思与造型;耐性与专注;反复尝试,不气馁;在玩骨牌的同时,耳濡目染一些生活道理和习惯。

后期教育功能:手眼协调;数数与运算;耐性与专注;自由想象与创造;培养好习惯。

玩具的运用:可与本丛书中的相关游戏活动结合(多见于“精细动作”

“视觉空间”“数理逻辑”“认知与探索”“社会认知与交往”等活动中），也可单独开展游戏活动。但不要勉强孩子玩超越其能力水平的玩具和游戏。

**名家名言**

问题不在于教他各种学问，而在于培养他爱好学问的兴趣，而且在这种兴趣充分增长起来的时候，教他以研究学问的方法。

（法国哲学家、教育家　卢　梭）

## 本篇重要参考资料


· 许积德,顾菊美.家庭育儿全书[M].上海:上海科学技术出版社,1997.

· 范秀华.图解养育宝宝大百科[M].杭州:浙江科学技术出版社,2011.

· [美]赫尔(Herr,J.),斯温(Swim,T.).摇摇铃,脸对脸:0~6个月婴儿教养方案[M].秦佳,等译.北京:北京师范大学出版社,2007.

· 郎景和.孕育经典全书[M].长春:吉林科学技术出版社,2009.

· 区慕洁.玩游戏学数学——0—6岁儿童数学能力培养方案[M].上海:第二军医大学出版社,2001.

· 杨婷舒.婴幼儿益智游戏[M].上海:华东师范大学出版社,2001.

· [意]玛丽亚·蒙台梭利.蒙台梭利幼儿教育法[M].蒙台梭利教育研究组,编译.兰州:兰州大学出版社,2002.

· 彭书淮.教育书[M].北京:海潮出版社,2002.

· [日]多湖辉.这样培养孩子行吗[M].王洁,译.北京:商务印书馆国际有限公司,2003.

· [日]松田道雄.育儿百科[M].王少丽,等译.北京:华夏出版社,2002.

· [德]卡尔·威特.卡尔·威特的教育[M].刘恒新,译.北京:京华出版社,2001.

· [美]M.S.斯特娜.M.S.斯特娜的自然教育[M].张艳华,译.北京:京华出版社,2001.

· 陈鹤琴.家庭教育[M].上海:华东师范大学出版社,2006.

· 戴淑凤. 中国儿童早期教养工程 · 3—7 岁方案[M]. 北京:中国妇女出版社,2006.

· 吴中匡,等. 0—6 岁宝宝养育万事通[M]. 南京:江苏科学技术出版社,2009.

· 高丽芷. 感觉统合(中篇) · 全脑开发[M]. 南京:南京师范大学出版社,2008.

· 高丽芷. 感觉统合(下篇) · 因材施教[M]. 南京:南京师范大学出版社,2008.

· 甘剑梅. 学前儿童社会教育[M]. 北京:中央广播电视大学出版社,2007.

· 白爱宝. 幼儿发展评价手册[M]. 北京:教育科学出版社,1999.

· GESELL 发展量表

· [美]盖伊 · 格朗伦,贝夫 · 英吉儿. 聚焦式幼儿成长档案——幼儿完全评估手册[M]. 季云飞,等译. 南京:南京师范大学出版社,2007.

· [美]托尼 · W. 林德. 在游戏中评价儿童:以游戏为基础的跨学科儿童评价法[M]. 陈学锋,等译. 上海:华东师范大学出版社,2008.

· [美]马戈 · 迪希特米勒,等. 作品取样系统:3—6 岁儿童发展指引[M]. 廖凤瑞,等译. 南京:南京师范大学出版社,2009.

· [美]英格里德 · 查鲁福,卡仁 · 沃斯. 与幼儿一起探索自然[M]. 张澜,等译. 南京:南京师范大学出版社,2005.

· 金正扬. 幼教儿歌[M]. 上海:上海社会科学院出版社,1999.

· 徐兴华,等. 实用儿童歌谣大全[M]. 南京:江苏少年儿童出版社,1993.

· 梁庆伟. 塑造完美品质的亲子游戏全集[M]. 北京:海豚出版社,2010.

· [韩]金世永. 阶梯数学大教室 · 4 岁(基础篇)[M]. 长沙:湖南少年儿童出版社,2011.

· [韩]金世永. 阶梯数学大教室 · 4 岁(提高篇)[M]. 长沙:湖南少年儿童出版社,2011.

· [韩]金世永. 阶梯数学大教室 · 5 岁(基础篇)[M]. 长沙:湖南少年儿童出版社,2011.

· [韩]金世永. 阶梯数学大教室 · 5 岁(提高篇)[M]. 长沙:湖南少年儿童出版社,2011.

· 卢娜. 0—6 岁儿童数学能力培养[M]. 北京:中国人口出版社,2012.

· 洪兰. 让孩子的大脑动起来:如何成为孩子脑力发展的好帮手[M]. 南京:南京师范大学出版社,2010.

· 洪兰. 科学教养与学习:如何用对的方式教孩子[M]. 南京:南京师范大学出版社,2010.

· [美]维科夫,优内尔. 孩子不好好吃饭,妈妈怎么办? [M]. 毛娜,译. 上海:上海锦绣文章出版社,2010.

· [日]山本克彦. 小小科学家养成手册 · 自然篇[M]. 王伦,译. 北京:北京科学技术出版社,2011.

· [日]金田洋一郎. 小科学家养成手册 · 植物篇[M]. 李秀芬,译. 北京:北京科学技术出版社,2011.

· [日]高家博成,等. 小小科学家养成手册 · 动物篇[M]. 李秀芬,译. 北京:北京科学技术出版社,2011.

· [美]洛克威尔,等. 科学发现——幼儿的探索活动之一[M]. 廖贻,等译. 北京:北京师范大学出版社,2005.

· [美]温尼特,等. 科学发现——幼儿的探索活动之二[M]. 刘占兰,等译. 北京:北京师范大学出版社,2005.

· 袁宗金. 小小家庭实验室:与孩子一起探索未知世界[M]. 北京:中国纺织出版社,2010.

· 雪莲,乐乐. 世界儿童游戏大百科[M]. 北京:教育科学出版社,1991.

· [英]艾莉森·马洛尼. 好妈妈的第一本亲子游戏书[M]. 刘国伟,译. 南昌:江西科学技术出版社,2010.

· [英]克里斯·斯蒂芬. 好爸爸的第一本亲子游戏书[M]. 杨永辉,译. 南昌:江西科学技术出版社,2010.

· [英]"合家欢"编辑部. 全家一起玩的亲子游戏[M]. 刘国伟,译. 西安:陕西师范大学出版社,2010.

· [德]卡斯特-察恩. 每个孩子都能学好规矩[M]. 陈素幸,译. 北京:中信出版社,2010.

· [德]卡斯特-察恩,莫根罗特. 每个孩子都能好好吃饭[M]. 陈素幸,译. 北京:中信出版社,2010.

· [德]卡斯特-察恩. 每个孩子都能管好自己[M]. 张蕊,译. 北京:中信出版社,2010.

· 张峰. 聪明宝宝科学养育全书[M]. 重庆:重庆出版社,2009.

· 中华人民共和国教育部. 3—6岁儿童学习与发展指南[Z]. 2012.

· [美]安·S. 爱泼斯坦. 学习品质:关键发展指标与支持性教学策略[M]. 霍力岩,等译. 北京:教育科学出版社,2018.

· [美]希森. 热情投入的主动学习者:学前儿童的学习品质及其培养[M]. 霍力岩,等译. 北京:教育科学出版社,2016.

· 钟敏. 尝试让小班幼儿做计划[J]. 幼儿教育,2017(C4).

· 梅舒红,张永英. 培养大班幼儿的计划能力[J]. 教育导刊,2019(8).

· 但菲,冯璐,王琼.教师态度、言语指导对3—6岁幼儿坚持性的影响[J].学前教育研究,2008(4).

· 彭杜宏,苏蕙,疏德明.小班幼儿坚持性发展的纵向追踪研究[J].早期教育(教育科研),2017(11).

· 丁悦.小班幼儿自主性观察活动研究[D].南京:南京师范大学,2017.

· 王敏.如何培养幼儿的观察能力[J].小学科学(教师版),2011(8).

· 钟建春.如何有效提升幼儿的观察能力[J].学前教育,2015(6).

## 网络资源

· 宝贝中心 baby center　http://www.babycenter.com

· 育婴百科大全　http://www.bbcms.net

· 太平洋亲子网　http://www.pcbaby.com.cn

· 搜狐母婴　http://baobao.sohu.com

· 育儿网　http://www.ci123.com

· 摇篮网　http://www.yaolan.com

· 中国家庭教育网　http://www.jiaj.org

· 中国育婴网　http://www.babyschool.com.cn

· 39 健康网　http://www.39.net

## 附录一：儿童权利宣言（节选）

Declaration of the Rights of the Child

[联合国大会1959年11月20日第1386(XIV)号决议]

序　言

鉴于儿童因身心尚未成熟，在其出生以前和以后均需要特殊的保护及照料，包括法律上的适当保护；

鉴于人类有责任给儿童以必须给予的最好待遇。

以此，大会，发布这一儿童权利宣言，以期儿童能有幸福的童年……

原则一

儿童应享有本宣言中所列举的一切权利。一切儿童毫无任何例外均得享有这些权利，不因其本人的或家族的种族、肤色、性别、语言、宗教、政见或其他意见、国籍或社会成分、财产、出身或其他身份而受到差别对待或歧视。

原则二

儿童应受到特别保护，并应通过法律和其他方法而获得各种机会与便利，使其能在健康而正常的状态和自由与尊严的条件下，得到身体、心智、道德、精神和社会等方面的发展。在为此目的而制订法律时，应以儿童的最大利益为首要考虑。

原则三

儿童应有权自其出生之日起即获得姓名和国籍。

原则四

儿童应享受社会安全的各种利益，应有能健康地成长和发展的权利。

为此，对儿童及其母亲应给予特别的照料和保护，包括产前和产后的适当照料。

儿童应有权得到足够的营养、住宅、娱乐和医疗服务。

原则五

身心或所处社会地位不正常的儿童,应根据其特殊情况的需要给予特别的治疗、教育和照料。

原则六

儿童为了全面而协调地发展其个性,需要得到慈爱和了解,应当尽可能地在其父母的照料和负责下,无论如何要在慈爱和精神上与物质上有保障的气氛下成长。尚在幼年的儿童除非情况特殊,不应与其母亲分离。

社会和公众事务当局应有责任对无家可归和难以维生的儿童给予特殊照顾。采取国家支付或其他援助的办法使家庭人口众多的儿童得以维持生活乃是恰当的。

原则七

儿童有受教育之权,其所受之教育至少在初级阶段应是免费的和义务性的。

儿童所受的教育应能增进其一般文化知识,并使其能在机会平等的基础上发展其各种才能、个人判断力和道德的与社会的责任感,而成为有用的社会一分子。

儿童的最大利益应成为对儿童的教育和指导负有责任的人的指导原则;儿童的父母首先负有责任。

儿童应有游戏和娱乐的充分机会,应使游戏和娱乐达到与教育相同的目的;社会和公众事务当局应尽力设法使儿童得享此种权利。

原则八

儿童在一切情况下均应属于首先受到保护和救济之列。

原则九

儿童应被保护不受一切形式的忽视、虐待和剥削。

儿童不应成为任何形式的买卖对象。

儿童在达到最低限度的适当年龄以前不应受雇用。绝对不应致使或允许儿童从事可能损害其健康或教育、或者妨碍其身体、心智或品德的发展的工作。

原则十

儿童应受到保护使其不致沾染可能养成种族、宗教和任何其他方面歧视态度的习惯。应以谅解、宽容、各国人民友好、和平以及四海之内皆兄弟的精神教育儿童,并应使他们充分意识到他们的精力和才能应该奉献于为人类服务。

## 附录二：儿童权利公约（节选）

Convention on the Rights of the Child

（1989年11月20日第44届联合国大会第25号决议）

第一条

为本公约之目的，儿童系指18岁以下的任何人，除非对其适用之法律规定成年年龄低于18岁。

第二条

1. 缔约国应遵守本公约所载列的权利，并确保其管辖范围内的每一儿童均享受此种权利，不因儿童或其父母或法定监护人的种族、肤色、性别、语言、宗教、政治或其他见解、民族、族裔或社会出身、财产、伤残、出生或其他身份而有任何差别。

2. 缔约国应采取一切适当措施确保儿童得到保护，不受基于儿童父母、法定监护人或家庭成员的身份、活动、所表达的观点或信仰而加诸的一切形式的歧视或惩罚。

第三条

1. 关于儿童的一切行为，不论是由公私社会福利机构、法院、行政当局或立法机构执行，均应以儿童的最大利益为一种首要考虑。

2. 缔约国承担确保儿童享有其幸福所必需的保护和照料，考虑到其父母、法定监护人或任何对其负有法律责任的个人的权利和义务，并为此采取一切适当的立法和行政措施。

第五条

缔约国应尊重父母或于适用时尊重当地习俗认定的大家庭或社会成员、法定监护人或其他对儿童负有法律责任的人以下的责任、权利义务，以符合儿童不同阶段接受能力的方式适当指导和引导儿童行使本公约所确认的权利。

第六条

1. 缔约国确认每个儿童均有固有的生命权。

2. 缔约国应最大限度地确保儿童的存活与发展。

第九条

1. 缔约国应确保不违背儿童父母的意愿使儿童和父母分离,除非主管当局按照适用的法律和程序,经法院的审查,判定这样的分离符合儿童的最大利益而确有必要。在诸如由于父母的虐待或忽视或父母分居而必须确定儿童居住地点的特殊情况下,这种裁决可能有必要。

2. 缔约国应尊重与父母一方或双方分离的儿童同父母经常保持个人关系及直接联系的权利,但违反儿童最大利益者除外。

第十二条

1. 缔约国应确保有主见能力的儿童有权对影响到其本人的一切事项自由发表自己的意见,对儿童的意见应按照其年龄和成熟程度给以适当的看待。

2. 为此目的,儿童特别应有机会在影响到儿童的任何司法和行政诉讼中,以符合国家法律的诉讼规则的方式,直接或通过代表或适当机构陈述意见。

第十三条

1. 儿童应有自由发表言论的权利;此项权利应包括通过口头、书面或印刷、艺术形成或儿童所选择的任何其他媒介,寻求、接受和传递各种信心和思想的自由,而不论国界。

2. 此项权利的行使可受某些限制约束,但这些限制仅限于法律所规定并为以下目的所必需:

(A) 尊重他人的权利和名誉;

(B) 保护国家安全或公共秩序或公共卫生或道德。

第十四条

1. 缔约国应遵守儿童享有思想、信仰和宗教自由的权利。

2. 缔约国应尊重父母并于适用时尊重法定监护人以下的权利和义务,以符合儿童不同阶段接受能力的方式指导儿童行使其权利。

3. 表明个人宗教或信仰的自由,仅受法律所规定并为保护公共安全、秩序、卫生或道德或他人之基本权利和自由所必需的这类限制约束。

第十五条

1. 缔约国确认儿童享有结社自由及和平集会自由的权利。

2. 对此项权利的行使不得加以限制,除非符合法律所规定并在民主社会中为国家安全、公共秩序、保护公共卫生或道德或保护他人的权利和自由所必需。

第十六条

1. 儿童的隐私、家庭、住宅或通信不受任意或非法干涉,其荣誉和名誉不受非法攻击。

2. 儿童有权享受法律保护,以免受这类干涉或攻击。

第十八条

1. 缔约国应尽其最大努力,确保父母双方对儿童的教育和发展负有共同责任的原则得到确认。父母或视具体情况而定的法定监护人对儿童的教育和发展负有首要责任。儿童的最大利益将是他们主要关心的事。

2. 缔约国应采取一切适当措施确保就业父母的子女有权享受他们有资格得到的托儿服务和设施。

第十九条

1. 缔约国应采取一切适当的立法、行政、社会和教育措施,保护儿童在受父母、法定监护人或其他任何负责照管儿童的人的照料时,不致受到任何形式的身心摧残、伤害或凌辱,忽视或照料不周,虐待或剥削,包括性侵犯。

2. 这类保护性措施应酌情包括采取有效程序以建立社会方案,向儿童和负责照管儿童的人提供必要的支助,采取其他预防形式,查明、报告、查询、调查、处理和追究前述的虐待儿童事件,以及在适当时进行司法干预。

第二十条

1. 暂时或永久脱离家庭环境的儿童,或为其最大利益不得在这种环境中继续生活的儿童,应有权得到国家的特别保护和协助。

2. 缔约国应按照本国法律确保此类儿童得到其他方式的照顾。

3. 这种照顾除其他外,包括寄养、监护、收养或者必要时安置在适当的育儿机构中。在考虑解决办法时,应适当注意有必要使儿童的培养教育具有连续性和注意儿童的族裔、宗教、文化和语言背景。

第二十一条

凡承认和(或)许可收养制度的国家应确保以儿童的最大利益为首要考虑并应:

(A) 确保只有经主管当局按照适用的法律和程序并根据所有有关可靠的资料,判定鉴于儿童有关父母、亲属和法定监护人方面的情况可允许收养,并且判定必要时有关人士已根据可能必要的辅导对收养表示知情的同意,方可批准儿童的收养;

(B) 确认如果儿童不能安置于寄养或收养家庭,或不能以任何适当方式在儿童原籍国加以照料,跨国收养可视为照料儿童的一个替代办法;

(C) 确保得到跨国收养的儿童享有与本国收养相当的保障和标准;

(D) 采取一切适当措施确保跨国收养的安排不致使所涉人士获得不正当的财务收益;

(E) 在适当时通过缔结双边或多边安排或协定促成本条的目标，并在这一范围内努力确保由主管当局或机构负责安排儿童在另一国收养的事宜。

第二十三条

1. 缔约国确认身心有残疾的儿童应能在确保其尊严、促进其自立、有利于其积极参与社会生活的条件下享有充实而适当的生活。

2. 缔约国确认残疾儿童有接受特别照顾的权利，应鼓励并确保在现有资源范围内，依据申请斟酌儿童的情况和儿童的父母或其他照料人的情况，对合格儿童及负责照料该儿童的人提供援助。

3. 鉴于残疾儿童的特殊需要，考虑到儿童的父母或其他照料人的经济情况，在可能时应免费提供按照本条第 2 款给予的援助，这些援助的目的应是确保残疾儿童能有效地获得和接受教育、培训、保健服务、康复服务，就业准备和娱乐机会，其方式应有助于该儿童尽可能充分地参与社会，实现个人发展，包括其文化和精神方面的发展。

第二十四条

1. 缔约国确认儿童有权享有可达到的最高标准的健康，并享有医疗和康复设施；缔约国应努力确保没有任何儿童被剥夺获得这种保健服务的权利。

2. 缔约国应致力充分实现这一权利，特别是应采取适当措施，以确保向社会各阶层、特别是向父母和儿童介绍有关儿童保健和营养、母乳育婴优点、个人卫生和环境卫生及防止意外事故的基本知识，使他们得到这方面的教育并帮助他们应用这种基本知识。

3. 缔约国应致力采取一切有效和适当的措施，以期废除对儿童健康有害的传统习俗。

第二十六条

1. 缔约国应确认每个儿童有权受益于社会保障、包括社会保险,并应根据其国内法律采取必要措施充分实现这一权利。

2. 提供福利时应酌情考虑儿童及负有赡养儿童义务的人的经济情况和环境,以及与儿童提出或代其提出的福利申请有关的其他方面因素。

第二十七条

1. 缔约国确认每个儿童均有权享有足以促进其生理、心理、精神、道德和社会发展的生活水平。

2. 父母或其他负责照顾儿童的人负有在其能力和经济条件许可范围内确保儿童发展所需生活条件的首要责任。

第二十八条

1. 缔约国确认儿童有受教育的权利,为在机会均等的基础上逐步实现此项权利,缔约国尤应:

(A) 实现全面的免费义务小学教育;

(B) 鼓励发展不同形式的中学教育、包括普通和职业教育,使所有儿童均能享有和接受这种教育,并采取适当措施,诸如实行免费教育和对有需要的人提供津贴;

(C) 根据能力以一切适当方式使所有人均有受高等教育的机会;

(D) 使所有儿童均能得到教育和职业方面的资料和指导;

(E) 采取措施鼓励学生按时出勤和降低辍学率。

2. 缔约国应采取一切适当措施,确保学校执行纪律的方式符合儿童的人格尊严及本公约的规定。

第二十九条

缔约国一致认为教育儿童的目的应是:

(A) 最充分地发展儿童的个性、才智和身心能力;

(B) 培养对人权和基本自由以及《联合国宪章》所载各项原则的

尊重；

（C）培养对儿童的父母、儿童自身的文化认同、语言和价值观、儿童所居住国家的民族价值观、其原籍国以及不同于其本国的文明的尊重；

（D）培养儿童本着各国人民、族裔、民族和宗教群体以及原为土著居民的人之间谅解、和平、宽容、男女平等和友好的精神，在自由社会里过有责任感的生活；

（E）培养对自然环境的尊重。

第三十一条

1. 缔约国确认儿童有权享有休息和闲暇，从事与儿童年龄相宜的游戏和娱乐活动，以及自由参加文化生活和艺术活动。

2. 缔约国应尊重并促进儿童充分参加文化和艺术生活的权利，并应鼓励提供从事文化、艺术、娱乐和休闲活动的适当和均等的机会。

第三十二条

1. 缔约国确认儿童有权受到保护，以免受经济剥削和从事任何可能妨碍或影响儿童教育或有害儿童健康或身体、心理、精神、道德或社会发展的工作。

2. 缔约国尤应：

（A）规定受雇的最低年龄；

（B）规定有关工作时间和条件的适当规则；

（C）规定适当的惩罚或其他制裁措施以确保本条得到有效执行。

第三十三条

缔约国应采取一切适当措施，包括立法、行政、社会和教育措施，保护儿童不至非法使用有关国际条约中界定的麻醉药品和精神药物，并防止利用儿童从事非法生产和贩运此类药物。

第三十四条

缔约国承担保护儿童免遭一切形式的色情剥削和性侵犯之害,防止:

(A) 引诱或强迫儿童从事任何非法的性生活;

(B) 利用儿童卖淫或从事其他非法的性行为;

(C) 利用儿童进行淫秽表演和充当淫秽题材。

第三十五条

缔约国应采取一切适当的国家、双边和多边措施,以防止为任何目的或以任何形式诱拐、买卖或贩运儿童。

第三十七条

缔约国应确保:

(A) 任何儿童不受酷刑或其他形式的残忍、不人道或有辱人格的待遇或处罚。对未满 18 岁的人所犯罪行不得判以死刑或无释放可能的无期徒刑;

(B) 不得非法或任意剥夺任何儿童的自由。对儿童的逮捕、拘留或监禁应符合法律规定并仅应作为最后手段,期限应为最短的适当时间;

(C) 所有被剥夺自由的儿童应受到人道待遇,其人格固有尊严应受尊重,并应考虑到他们这个年龄的人的需要的方式加以对待。特别是,所有被剥夺自由的儿童应同成人隔开,除非认为反之最有利于儿童,并有权通过信件和探访同家人保持联系,但特殊情况除外;

第三十九条

缔约国应采取一切适当措施,促使遭受下述情况之害的儿童身心得以康复并重返社会:任何形式的忽视、剥削或凌辱虐待;酷刑或任何其他形式的残忍、不人道或有辱人格的待遇或处罚;或武装冲突。此种康复和重返社会应在一种能促进儿童的健康、自尊和尊严的环境中进行。

## 附录三：儿童生存、保护和发展世界宣言（全文）

（1990年9月30日联合国世界儿童问题首脑会议通过）

1. 我们聚集一堂，举行世界儿童问题首脑会议，目的是做出共同的承诺并向全世界紧急呼吁：让每个儿童有更好的未来。

2. 世界上的儿童是纯洁、脆弱、需要依靠的。他们还充满好奇，充满生气，充满希望。儿童时代应该是欢乐、和平、游戏、学习和生长的时代。他们的未来应该在和谐和合作之中形成。他们应该在开拓视野、增长新的经验的过程中长大成人。

3. 但是，对许多儿童来说，童年的现实却与此完全不同。

4. 每一天，世界上有无数的儿童面临危险，使他们的生长和发展受到阻碍。他们的苦难无穷无尽；他们因战争和暴力遭受伤亡；他们是种族歧视、种族隔离、侵略、外国占领和吞并的受害者；他们成为难民和流离失所的儿童，不得不离弃自己的家园和根基；他们成为残疾人；或成为遭受忽视、残暴和剥削的受害者。

5. 每一天，千百万儿童因贫穷和经济危机而遭受苦难——他们遭受着饥饿和无家可归之苦、传染病和文盲之苦以及环境恶化之苦。他们因外债问题所造成的严重影响以及因许多发展中国家，特别是最不发达国家，不能取得长期和持久的增长而要受苦受难。

6. 每一天，4万名儿童死于营养不良和疾病，包括后天免疫机能丧失综合征（艾滋病），死于缺少干净水和卫生条件不足，并死于毒品造成的影响。

7. 这些挑战是我们作为政治领袖所必须面对的。

8. 我们各国在一起，拥有手段和知识，能够保护儿童的生命和极大地减轻他们的苦难，促进充分发展他们的人的潜力，并使他们认识到自己的需要、权利和机会。《儿童权利公约》提供了新的机会,真正使全世界尊重儿童的权利和福利。

9. 最近国际政治气候的改善有助于推动这项工作。通过国际合作和团结一致,现在应该可以在许多领域取得具体的成果——振兴经济增长和发展,保护环境、预防致命和致残疾病的传播以及实现更多的社会和经济正义。目前裁军方面的活动也意味着可以腾出大量的资源用于非军事目的。在重新分配这些资源时,提高儿童福利必须是非常高度的优先。

10. 第一项责任是改善儿童健康状况和营养,而且这也是一项现在已经有了解决办法的任务。因为可以轻而易举地防止引起他们死亡的原因,每天可以挽救千千万万男女儿童生命。世界许多地方的儿童和婴儿死亡率高得令人不能接受,但是利用现已知道的、很容易获取的办法就可以大大降低死亡率。

11. 应该给予残疾儿童和处境非常困难的儿童更多的关心、照顾和支持。

12. 普遍加强妇女的作用,确保她们的平等权利,将有利于全世界的儿童。必须在一开始就给予女孩同等待遇和机会。

13. 目前,1 亿以上儿童得不到基本教育,其中三分之二是女孩。为所有儿童提供基本教育和识字是可以为世界儿童的发展所作的最重要的贡献之一。

14. 每年有五十万母亲死于与分娩有关的疾病。必须用一切可能的方法来促进母亲的安全。必须把重点放在负责任地规划生育数量和生育间隔。家庭是儿童成长和幸福的基本群体和自然环境,应予以所有必要的保护和帮助。

15. 必须通过致力于儿童福利的家庭和其他保育人员,使儿童在一个安全的、保护性的环境中能够发现自己的特性,认识到自己的价值。必须使他们准备好在一个自由的社会负责任地生活。从他们的童年起，就应鼓励他们参与他们社会的文化生活。

16. 经济条件将继续大大影响儿童的命运，特别是在发展中国家。为了所有儿童的未来，紧迫地需要保证或恢复所有国家的持久和持续的经济增长和发展，并继续迫切注意及早、广泛和持久地解决发展中负债国所面临的外债问题。

17. 这些任务需要所有国家通过国家行动和国际合作，进行持久协调的努力。

18. 儿童幸福需要最高一级的政治行动，我们决心采取这样的行动。

19. 我们在此庄严承诺，对儿童的权利，对他们的生存、及对他们的保护和发展给予高度优先。这也将保证所有社会的幸福。

20. 我们同意我们将在国际合作和我们各自的国家中，共同采取行动。我们现在对保护儿童权利和改善生活的以下十点方案做出我们的承诺：

（1）我们将努力推动尽早批准和执行《儿童权利公约》。应该在全世界推行各种方案，以鼓励传播关于儿童权利的资料，同时顾及不同国家不同的文化和社会价值。

（2）我们将努力推动扎实的全国性和国际性行动，以增进儿童健康、提高产前保健，并降低所有国家、所有民族的婴儿和儿童死亡率。我们将促进所有社区为其全体儿童提供干净用水，并使所有人享有卫生条件。

（3）我们将努力通过消除饥饿、营养不良和饥荒的措施，使儿童获得最大程度的成长和发展，从而使千百万儿童在一个能够使其所有公民吃饱的世界上免受悲惨的苦难。

（4）我们将努力加强妇女的作用和地位。我们将促进负责任的生育数量、生育间隔、母乳喂养和母亲安全计划。

（5）我们将努力做好工作，从而尊重家庭在抚养儿童方面的作用，并支持父母、其他保育人员和社区对儿童，从早期童年至青春期的教育和照料。我们还认识到与家庭分离的儿童的特殊需要。

（6）我们将努力制定方案，内容包括：减少文盲，并为所有儿童，无论其背景和性别，提供教育机会：使儿童为生产性就业作好准备和终身学习的机会，即通过职业培训：让儿童在一个支持性的、培育性的文化和社会环境中长大成人。

（7）我们将努力改善千百万生活在特殊困难环境中的儿童的命运——种族隔离和外国占领的受害者；孤儿和街头流浪儿童以及移徙工人的孩子；流离失所的儿童以及自然灾害和人为灾害的受害者：残疾儿童和受虐儿童，社会处境不利的儿童和受剥削的儿童。必须帮助难民儿童寻找生活中新的根。我们将努力对工作儿童给予特殊保护，并废除非法使用童工，我们将竭尽全力确保不使儿童成为非法毒品之灾难的受害者。

（8）我们将做出慎重努力，保护儿童免遭战争之灾祸，并采取措施以防止更多的武装冲突，以便给予所有各地的儿童一个和平与安全的未来。我们将在儿童教育中宣传和平、谅解和对话的价值。即使是在战争中、在充满暴力的地区，也必须保证儿童和家庭的基本需要。我们建议，为了儿童的利益，在仍然发生战争和暴力的地方规定平静期间和设立特别救济走廊。

（9）我们将做出努力，采取共同措施，在所有层次保护环境，从而使所有儿童享有一个更为安全健康的未来。

（10）我们将做出努力，向贫穷发起全球性进攻，这将立即促进儿童的福利。发展中国家，特别是最不发达国家的儿童易受伤害，他们有特殊的需要，对此，应给予优先地位。但是，需要所有国家，通过国家行动和国际合作，来促进增长和发展的需要。这就需要向发展中国家转移适当的额外资源，以及改善贸易条件，进一步贸易自由化和减免债务措施。这还意味着促进世界经济增长的结构调整，特别是在发展中国家，同时保证人口中最脆弱的部分，特别是儿童的福利。

21. 世界儿童问题首脑会议向我们提出了挑战，要我们采取行动。我们同意接受这一挑战。

22. 我们特别在儿童之中寻找我们的伙伴。我们呼吁他们参与这项努力。

23. 在促进儿童的福利的世界性努力中，我们还寻求联合国系统和其他国际及区域组织的支持。我们要求非政府组织更多的参与，以补充这方面的国家努力和国际联合行动。

24. 我们决定通过并实施一项《行动计划》，以此作为更加具体的国家和国际行动的纲要。我们呼吁我们的同僚核准这一《计划》。我们准备为履行这些承诺提供资源，以此作为我们国家计划优先事项的一部分。

25. 我们做此努力不仅是为了现在这一世代，也是为了今后所有世世代代。让每个儿童享有更美好的未来，这是一项最为崇高的使命。

1990年9月30日　纽约